VIE

DE LA

RÉVÉRENDE MÈRE SAINTE-THAÏS

SUPÉRIEURE GÉNÉRALE

DES SŒURS DE LA SAINTE-ENFANCE

DE DIGNE

Conserver la Couverture

> Le royaume des Cieux souffre violence et il n'y a que les violents qui l'emportent.
>
> (MATH.)

> Je recommande que l'on observe bien la sainte Règle. Tout est là.
>
> (PAROLES DE LA R. MÈRE MOURANTE.)

DIGNE

IMPRIMERIE CHASPOUL ET Vᵉ BARBAROUX

20, *Place de l'Évêché,* 20

1895

VIE

RÉVÉRENDE MÈRE SAINTE-THAÏS

VIE

DE LA

RÉVÉRENDE MÈRE SAINTE-THAÏS

SUPÉRIEURE GÉNÉRALE

DES SŒURS DE LA SAINTE-ENFANCE

 ### DE DIGNE

> Le royaume des Cieux souffre
> violence et il n'y a que les violents
> qui l'emportent.
>
> (MATH.)
>
> Je recommande que l'on observe
> bien la sainte Règle. Tout est là.
>
> (PAROLES DE LA R. MÈRE
> MOURANTE.)

DIGNE

IMPRIMERIE CHASPOUL ET Vᵉ BARBAROUX

20, Place de l'Évêché, 20

1895

APPROBATION

Nous autorisons l'impression de l'ouvrage intitulé : *Vie de la Très Rérérende Mère Sainte-Thaïs, Supérieure générale de la Congrégation de la Sainte-Enfance.*

La lecture de ce livre, écrit spécialement pour les Religieuses de cette Congrégation, les aidera à imiter les vertus et à conserver l'excellent esprit de celle qui fut longtemps leur Supérieure et qui peut être considérée comme leur Fondatrice.

Digne. le 7 mars 1895.

† PIERRE, *Évêque de Digne.*

DÉDICACE

Jésus Enfant, Roi et Seigneur de la Congrégation, daignez bénir ce modeste travail, dédié à votre plus grande gloire. Agréez-en l'hommage avec votre ineffable bonté. Que tous les membres de la famille religieuse, qui vous est consacrée, soient remplis de votre esprit ! Que les vertus de votre divine enfance soient leur plus belle parure et le plus cher objet de leur prédilection !...

O Marie, Reine et Maîtresse de l'Enfant-Dieu, bon saint Joseph, protecteur de Jésus, offrez-lui vous-mêmes ces pauvres pages : présentées par vos mains virginales, elles seront accueillies favorablement et obtiendront sa bénédiction.

Ainsi consacrées, elles deviendront pour l'Institut une source de lumières et de grâces, un aliment pour la vie parfaite, un foyer d'amour divin.

AVANT-PROPOS

Écrire la vie de la Révérende Mère Sainte-Thaïs, c'est peindre la femme forte de l'Ecriture et l'athlète généreux qui combattit vaillamment les bons combats ; c'est reproduire la radieuse pureté des anges ; c'est personnifier l'abnégation et le sacrifice, le dévouement et la charité.

Ces pages, consacrées à une mémoire bien chère et pieusement vénérée, seront assurément accueillies avec un religieux respect, méditées avec un indicible amour. Les enfants bien nés ne tressaillent-ils pas au souvenir de leur mère ? Et quand cette mère est couronnée d'une auréole de vertu et de sainteté, quand leur vive tendresse s'est épurée au foyer de la sainte dilection, oh ! que leur bonheur est pur, qu'il est profond, qu'il est délicieux en la retrouvant après une longue absence !

En lisant cette biographie, les filles de la Mère Sainte-Thaïs pourront la revoir, l'entendre, la suivre toujours. Toujours aussi cette digne Supérieure sera avec elles, pour les instruire, les fortifier, partager leurs joies et leurs peines, les entourer de sa vigilance et de sa protection.

Ce travail du cœur, hommage de respectueuse reconnaissance et de filiale affection, travail où les artifices de la rhétorique profane n'ont pu prendre part, a pour but unique d'édifier et d'affermir dans le bien, tout en conservant religieusement le souvenir d'une mère bien-aimée qui fut un guide sûr, un modèle accompli.

La vie de la Révérende Mère Sainte-Thaïs est divisée en trois parties.

La première embrasse depuis sa naissance jusqu'à son entrée en religion.

La deuxième contient sa vie religieuse et son long supériorat.

La troisième traite de ses vertus et de sa sainte mort.

Tous les faits ici relatés sont puisés aux sources les plus certaines et les plus authentiques. On a recueilli avec soin, sur les livres de l'excellente Mère Sainte-Marie, sa sœur et sa compagne inséparable, les détails concernant les jeunes années de notre vénérée Supérieure et sa vie dans le siècle. Ces lignes, celles particulièrement qui représentent la noble figure de M. Michel, auront, il n'est point permis d'en douter, un charme tout spécial.

La suite du récit offre les mêmes garanties de véracité historique : mille voix témoigneraient hautement en sa faveur. Souvent même, on a cité textuellement les documents et les remarques fournis par de respectables Sœurs, témoins oculaires et auriculaires des faits et gestes de cette précieuse vie. On peut ainsi avancer, sans contredit, que les auteurs de ce modeste ouvrage, ce sont les enfants de la Révérende Mère.

Malgré la similitude et le peu de valeur intrinsèque de certaines relations, on n'a pas cru déplaire en les reproduisant, vu le prix et l'importance attachés à tout ce qui rappelle une personne si tendrement chérie, si justement vénérée (1).

L'histoire étant un juge impartial et fidèle, on n'a point passé sous silence les obstacles que la nature impétueuse de la Mère Sainte-Thaïs opposait à l'accomplissement du devoir et à la pratique du bien. Ses mérites les plus précieux ressortent des violences qu'elle se fit constamment : une énergie de volonté, une force d'âme extraordinaire a pu seule, aidée de la grâce, assurer son triomphe et multiplier ses couronnes. A son exemple et sur ses pas, marchons généreusement dans la voie du sacrifice. Entendons-la nous dire : « Soyez mes imitatrices, comme je l'ai été moi-même de Jésus-Christ, notre divin Époux. »

L'auteur déclare professer la plus parfaite soumission aux décrets de N. T. S. P. le Pape Urbain VIII. Conséquemment, le titre de saint décerné à quelques personnes dans le cours de cet ouvrage, comme aussi la relation de certains faits extraordinaires et merveilleux, sont pris dans un sens large et relatif, sans prétendre devancer en rien la décision de la Sainte Église.

---

(1) Les notes qui n'ont pu trouver place dans ce recueil sont soigneusement conservées dans nos archives et pourront être lues avec édification.

VIE

DE LA

RÉVÉRENDE MÈRE SAINTE-THAÏS

PREMIÈRE PARTIE

NAISSANCE. — ÉDUCATION. — SOUVENIRS DE FAMILLE.
VIE LABORIEUSE. — SUCCÈS DANS L'ENSEIGNEMENT.

CHAPITRE PREMIER

Naissance et première éducation. — Voyages divers.
Vie de famille.

Delphine-Aimée-Antoinette-Jeannette Michel naquit à Grenoble, le 24 juin 1800, de parents vertueux et chrétiens. Ils ne lui transmirent point les richesses de la fortune, le Seigneur s'était plu à les en dépouiller pendant la tourmente révolutionnaire ; mais ils lui communiquèrent, comme avec le sang, une solide piété, la crainte et l'amour de Dieu.

Son père, Jean-Étienne Michel, né à Vesoul, était un homme très honorable et très religieux. Sa mère, Marie-Angélique Gérard, issue d'une respectable famille du Dauphiné, possédait des qualités précieuses. L'un et l'autre avaient des mœurs très pures ; l'honneur et la foi étaient héréditaires chez leurs ancêtres.

Jean-Étienne suivit de bonne heure la carrière militaire ; il se distingua dans les guerres de la République française et, jeune encore, fut nommé officier d'artillerie. En garnison à Grenoble, il y épousa Mlle Gérard. Cette alliance, fondée sur des bases chrétiennes, fut bénie du ciel : dès le principe, les deux époux vécurent dans une parfaite conformité de sentiments et d'inclinations. Tout faisait espérer le bonheur et un bonheur durable, lorsque M. Michel, appelé soudain à suivre le premier consul en Italie, dut laisser en Dauphiné sa femme qui allait devenir mère. La séparation fut bien triste ; de noirs pressentiments agitaient les âmes : la prière, la confiance en Dieu purent seules leur apporter force et consolation en cette pénible conjoncture. Ce ne fut point en vain qu'on y eut recours de part et d'autre.

Nous ne suivrons pas M. Michel sur le champ d'honneur ; nous dirons seulement qu'après s'être signalé en maints endroits divers, il engageait sa chère compagne à prier toujours beaucoup et à tout espérer. Après la grande bataille de Marengo, il avait failli obtenir un congé de quelques jours ; mais la guerre, suspendue un moment en Italie, se poursuivant avec fureur sur d'autres points, il lui fallut voler à de nouveaux combats.

C pendant, au milieu des camps et des batailles, la nouvelle qu'il était devenu père vint réjouir son cœur vaillant. Au sein de la famille Gérard, la joie fut grande à l'arrivée du cher petit ange envoyé par le ciel. Une circonstance remarquable parut d'un heureux augure : la cathédrale de Saint-Hugues, indignement profanée par la Révolution, venait d'être de nouveau rendue au culte catholique, et la chère enfant qui nous occupe reçut la première, dans le temple purifié, le sacrement de la régénération spirituelle. Il sembla que le Seigneur se plaisait à inaugurer, en faveur de l'innocente créature, une ère nouvelle où la Religion et l'Église, consolées et triomphantes, fêtaient son entrée dans la vie.

La coïncidence de la Nativité du saint Précurseur avec la naissance de la petite Delphine attira aussi l'attention des parents. « Que sera-t-elle un jour? » se demandait-on. La voix de Zacharie ne frappa point les oreilles, mais les cœurs croyaient l'entendre annoncer de grandes choses.

L'espérance et la joie inondaient la jeune mère lorsque sa vue reposait sur sa chère enfant; elle recueillit avec amour son premier sourire et tressaillit aux premiers bégaiements de ses lèvres. Enfin, en avril 1801, tous ses vœux furent comblés par le retour de M. Michel. Une telle entrevue ne saurait se décrire...... L'heureux père prodigua ses caresses à celle dont les grâces enfantines lui faisaient oublier toutes les douleurs du passé. Souvent il prenait ses délices à la faire amuser, à observer les traits expressifs de sa fille; il déposait sa gravité martiale pour ne suivre que les inspirations de son cœur paternel.

Un jour, il lui montre sa tabatière. Delphine, à cette vue, agite ses petites mains et manifeste une grande impatience de posséder l'objet qui frappe ses yeux. M. Michel se plaît à le lui faire désirer longtemps; enfin, voyant l'ardeur de l'enfant à le demander, et du geste, et du regard, il fait rouler à terre la tabatière convoitée. Aussitôt, ferme et dégagée, la petite envieuse va la ramasser presque en courant. Il faut noter que, jusqu'à ce jour, elle n'avait point encore marché sans soutien. Depuis lors, elle était toujours en mouvement. L'incident de la tabatière fut marqué comme un petit événement de famille et plus d'une fois, dans la suite, rappelé à celle qui en avait été le héros.

Après quelques mois de repos, l'officier d'artillerie, s'arrachant à une vie pleine de charmes, alla reprendre son poste de dévouement et de périls. Mᵐᵉ Michel l'eût suivi volontiers, mais ses parents firent tant d'instances pour la retenir à Grenoble qu'elle dut céder à leurs désirs.

Delphine croissait en âge et en gentillesse, sous les regards satisfaits de ses grands parents qui la choyaient beaucoup. Son joyeux petit babil, à travers lequel perçait déjà une certaine finesse d'esprit, réjouissait toute la maison. Dès le berceau, on prit le plus grand soin de lui inspirer le goût de la piété et l'amour du bien. L'enfant répondait à la sollicitude dont elle était l'objet et annonçait déjà d'heureuses dispositions. On remarquait cependant, non sans crainte, sa pétulance excessive. Tout ce qui, d'ordinaire, effraye le premier âge, semblait la réjouir et lui plaire ; elle aimait beaucoup le bruit et l'agitation. Lorsque le vent soufflait avec violence, elle montrait une joie extraordinaire et importunait jusqu'à ce qu'on l'eût exposée au grand air. Alors c'étaient des sauts et des danses sans fin.

Vers la mi-décembre 1802, Mme Michel fut plongée dans la plus pénible anxiété qui puisse affliger une mère : la variole avait atteint sa chère Delphine et menaçait de la ravir à sa tendresse. Pendant trois semaines, nuit et jour, elle lui prodigua les soins les plus attentifs, exposa sa santé, sa vie même, pour sauver sa fille. Le médecin ayant déclaré que la petite malade perdrait infailliblement la vue sans un remède dont l'héroïsme maternel était seul capable, Mme Michel trouva dans son cœur la force et même la joie de l'appliquer : tous les jours et à plusieurs reprises, elle suça le pus des ulcères qui couvraient les paupières de sa pauvre enfant.

Le docteur, pénétré d'admiration pour un si courageux dévouement, s'écria : « Oh ! vous n'êtes pas mère à demi, Madame ! » Le mal céda enfin ; la petite malade ouvrit les yeux et, peu à peu, la convalescence se déclara. Elle fut longue et pénible ; cependant les forces revinrent, et insensiblement les stigmates de la maladie s'effacèrent. Delphine, appelée depuis *Trompe-la-Mort*, fut d'autant plus chère qu'elle avait coûté plus de peines et d'inquiétudes.

Quelques mois plus tard, M. Michel venait mettre le

comble au bonheur des siens. Le traité d'Amiens et le Concordat avaient rendu la paix à l'Europe et la joie au vrai peuple français. C'était de toutes parts, on le sait, un élan admirable de foi et de piété. A Grenoble, les manifestations du culte catholique furent plus que touchantes. Le pieux officier en jouit largement, au milieu de son heureuse famille. Son aimable enfant, grandie et alors florissante de santé, redoublait encore, par ses témoignages de naïve affection, les délices de son cœur. Dès qu'il fut un peu remis des fatigues de l'expédition, il partit avec sa femme et sa fille pour Lyon, où habitaient sa mère et deux de ses sœurs, MM^{lles} Antoinette et Aimée. Le plaisir de cette visite fut grand et bien senti de part et d'autre. Mme Michel, mère, âgée et infirme, pressa tendrement sur son cœur son cher Jean-Étienne et les nouvelles filles qui venaient réjouir sa vieillesse. Dès le premier jour, Delphine fut l'objet d'une prédilection particulière de sa part; elle était aussi la petite gâtée de ses tantes. Sa présence dissipa la tristesse et les ennuis que causait l'état pénible de sa grand'maman, pour laquelle elle avait de délicates attentions au-dessus de son âge. Ainsi, le matin, dès qu'elle était habillée et avait fait sa prière, on la voyait arriver dans la chambre de Mme Michel, monter sur une chaise, la caresser doucement et demander de ses nouvelles avec une grâce et une politesse ravissantes. Elle arrivait invariablement aussi aux heures des repas, se postait de manière à pouvoir suivre tous les mouvements de la malade et disait : « Maman, tu vas prendre volontiers ce petit plat. Qu'il est bien préparé ! Il doit être excellent ! » Puis, le flairant, elle ajoutait: « Il sent très bon. C'est pour toi; prends-le tout. Je n'en veux pas, moi : je ne suis pas malade. »

C'était curieux de l'entendre bégayer paroles semblables, avec un petit air grave et désintéressé, en apparence, pendant que certains regards, jetés furtivement, trahissaient sa convoitise.

Un jour, présente à la visite du médecin, elle lui dit d'une voix suppliante : « Monsieur, je vous en prie, guérissez grand'maman et je vous aimerai bien ! » Le docteur, touché de cette tendre expression de l'amour, frappé de la physionomie intéressante de l'enfant, la caressa et lui promit de bien soigner sa bonne maman. Depuis ce jour, Delphine fut sa chérie. Il prenait plaisir à la faire causer et il ne la voyait jamais sans lui donner des marques de douce sympathie ; pour elle, il avait souvent en réserve quelque dragée et toujours un mot du cœur. « Que cette enfant est aimable ! disait-il. Elle fera la joie de ses parents. »

Delphine accompagnait quelquefois sa maman et ses tantes à la promenade. Légère comme un papillon, elle volait au devant, puis revenait demander l'explication de ce qu'elle avait vu, s'éloignait de nouveau et accourait encore. « Mesdames, leur dit-elle une fois avec une petite bonne grâce charmante, relevez vos queues. Voilà un ruisseau : vous pourriez vous salir. » (A cette époque, les dames portaient les robes à queue.) On répondit à cette prévenance enfantine par un sourire et un doux baiser, et l'enfant reprit sa course et ses ébats. Plus loin, un groupe de jeunes garçons encombrant le chemin, elle leur dit : « Mes petits amis, écartez-vous, s'il vous plaît. Quand j'ai pris mon élan, je ne puis m'arrêter. Prenez garde ! Je pourrais vous faire mal. » C'était plaisant de l'entendre, si petite et si frêle, parler ainsi à ces adolescents.

En rentrant à la maison, sa première visite était pour la grand'maman, qu'elle égayait par ses gracieux récits, qu'elle accablait de caresses et de questions. Aussi, cette chère dame se sentait-elle revivre auprès de cet ange d'innocence qui semblait venu tout exprès pour éclairer de quelques rayons de bonheur les derniers jours de sa pénible existence. Elle assistait avec une suave consolation à l'épanouissement de cette fleur virginale qui l'embaumait de son premier parfum. Elle découvrait avec grande satisfaction, en sa petite chérie, le germe de cette piété tendre et solide qui devait croître avec l'âge et prendre une si grande extension, et son bonheur eût été d'en suivre le complet développement. Mais tels n'étaient pas les desseins du Seigneur.

M. et Mme Gérard faisaient des instances réitérées pour le retour de la jeune famille, que, d'autre part, on voulait retenir indéfiniment à Lyon. M. Michel, après y avoir passé quelques semaines, avait dû rejoindre son régiment. Il revint pour ramener sa femme et sa fille à Grenoble. Toutefois, avant de s'y rendre, il les conduisit à Vesoul visiter ses autres parent francs-comtois. Sa sœur aînée, établie au pays natal, fit l'impossible pour ajourner leur départ. Elle engagea même fortement son frère à y fixer pour toujours la chère sœur et l'aimable petite nièce qu'il lui avait suffit de connaître pour les aimer. Malgré ses plus gracieuses sollicitations, il fallut se quitter. En passant à Lyon, on prit congé des êtres chéris qu'on y avait laissés. Les adieux furent tristes et émouvants. Jean-Étienne pressa longtemps sur son cœur celle qui lui avait donné le jour et qu'il ne devait plus, hélas ! revoir ici-bas. Quand il sentit les larmes de sa vieille mère malade baigner son visage, ce soldat, courageux et intrépide, s'émut à son tour et pleura abondamment. Mais rien ne saurait dépeindre l'affliction de Delphine, en cette circonstance : elle couvrit sa grand'maman de baisers et de pleurs et ne voulait pas la quitter. Le cœur de la respectable aïeule parut vouloir se briser en voyant s'éloigner la chère petite qui avait si bien répondu à son amour. Admirable sympathie des vieillards pour les enfants ! Cette vive tendresse qu'ils éprouvent pour des êtres qui les caressent avec la sincérité de l'innocence est un dernier bienfait du ciel.

Après avoir longtemps confondu sa douleur et ses regrets avec ceux de sa mère et de ses sœurs, M. Michel prit la route du Dauphiné, emmenant sa femme et sa fille. Le voyage ne put dissiper tout leur chagrin et, quelques mois plus tard, ils pleuraient la mort de leur mère bien-aimée, qui succomba à l'hydropisie dont elle était atteinte.

Cette excellente dame, vaillante et franche chrétienne, avait élevé quatorze enfants; les onze garçons prirent tous la carrière des armes et servirent bien leur pays. On a parlé ci-dessus, en passant, des trois sœurs de M. Jean-Étienne.

Cependant, dans l'antique Gratianopolis, la famille Gérard salua avec bonheur le retour du cher groupe qui rappelait si bien la trinité de Nazareth. Delphine embrassa mille fois son cher grand-papa et cette autre bonne maman dont elle parlait souvent pendant son absence et qu'elle désirait tant revoir. Les grands parents lui prodiguèrent les soins les plus affectueux et se plurent à écouter ses interminables récits. Ils la trouvaient toujours plus gentille, la gâtaient même un peu, favorisant parfois ses petits caprices. Mme Michel, au contraire, savait résister à sa fille, quand besoin en était. Aussi Delphine n'était-elle guère impressionnée des reproches qui lui arrivaient d'autre part; mais, lorsqu'elle faisait la volontaire, ce qui arrivait assez souvent, sa maman n'avait qu'à lui dire : « Si tu n'es pas sage, l'homme noir te prendra », pour la voir céder aussitôt, car elle avait grand'peur d'un nègre qu'elle voyait fréquemment.

Avec d'excellentes dispositions pour la vertu, l'enfant révélait aussi certains travers : vive, pétulante, absolue, elle aurait voulu que tout pliât devant elle. Quand on la contrariait, elle savait user de représailles.

Cette colère d'enfant excitait l'hilarité, tout en décelant des passions naissantes qu'une bonne éducation sut heureusement diriger vers le bien.

La première institutrice de Delphine fut Mme Gérard, qui, en habile maîtresse, s'attacha d'abord à plaire à son élève et à lui inspirer le désir de s'instruire. En cela, elle fut parfaitement bien servie par les inclinations naturelles de la chère enfant. Celle-ci était avide de connaissances : elle aurait voulu tout savoir, tout comprendre. On la voyait, malgré sa vivacité excessive, assidue auprès de sa grand'maman, qu'elle accablait de questions et qu'elle écoutait avec une attention étonnante. En quelques semaines, elle sut lire, et il lui suffisait de parcourir une seule fois sa leçon pour en rendre un compte fidèle. Mme Gérard était fière de ses progrès; elle lui expliquait surtout avec bonheur les éléments de notre sainte religion. Delphine aimait beaucoup ces pieux entretiens, qu'elle provoquait souvent et auxquels elle n'aurait pas voulu mettre de terme.

A mesure qu'elle grandissait, on voyait se développer en elle un jugement droit et sûr et une énergie de caractère que les difficultés n'affaiblissaient pas. Pendant la promenade, sa bonne la menaça un jour de la faire prendre par un gendarme, qui était sur le chemin, si elle n'obéissait tout de suite. Aussitôt, se détachant vivement de sa main, elle court se presser contre le gardien de la sûreté publique, le considère attentivement et se jette dans ses bras. Celui-ci, étonné de l'air triomphant de la petite fille, en demande la cause. La bonne, stupéfaite et désappointée, ne s'avisa plus d'épouvanter sa jeune maîtresse.

Vers la fin de 1804, Delphine fêtait l'arrivée d'un petit frère; fière et heureuse, elle se livra à de vifs transports. Depuis cette époque, elle devint plus raisonnable et plus docile, ne voulant pas être moins sage que son cher Gédéon.

Bientôt après ce joyeux événement, la famille fut de nouveau plongée dans la tristesse : M. Michel dut partir soudainement pour la campagne d'Outre-Rhin (1805). Il combattit sous les yeux de Napoléon Ier, entra à sa suite à Vienne, où il eut le plaisir de voir Mme Goujon, aïeule de sa femme. Cette respectable personne, alors presque centenaire, éprouva un bonheur indicible en embrassant le gendre de sa fille, restée en France. Il lui sembla qu'elle revoyait sa patrie bien-aimée et tous les êtres chers à son cœur qu'elle avait dû y laisser (1). Elle prodigua au vaillant officier les témoignages de la plus sincère affection, l'entretint très longtemps et lui fit promettre de ne point partir sans venir prendre une riche cassette qu'elle lui destinait. La grande armée de l'empereur n'ayant fait que passer dans la capitale de l'Autriche, M. Michel, peu soucieux de s'enrichir, oublia l'or de son aïeule pour remplir son devoir de soldat.

Après la victoire d'Austerlitz, il entendit, avec un légitime orgueil, ces paroles du grand triomphateur : « Soldats, je suis content de vous ! Il vous suffira de dire : J'étais à la bataille d'Austerlitz, pour qu'on vous réponde : Voilà un brave ! »

Ce titre de brave, M. Michel l'avait bien mérité. Il n'entre pas dans notre cadre de traiter cette question ; ce qui nous importe, c'est qu'après le licenciement de l'armée, il revint embrasser sa chère famille. La joie du retour se devine et ne saurait se décrire, vu surtout les craintes fondées qu'on avait eues de ne plus se revoir. Les douces émotions qu'il éprouva, jointes aux soins délicats dont il fut l'objet, eurent bientôt réparé ses forces épuisées. Il serait superflu de dire qu'il avait beaucoup souffert pendant la dernière campagne : trois longs mois durant, il n'avait pris du repos que sur la terre nue, et le bruit du canon l'avait tellement fatigué que, longtemps après son arrivée à Grenoble, ses oreilles en saignaient encore avec abondance.

A peine rétabli, il dut repasser le Rhin pour prendre part à une nouvelle expédition. La soif des combats domi-

---

(1) Mme Goujon avait perdu sous la Terreur son mari, membre du parlement de Grenoble. Dépouillée de tous ses biens, chargée de cinq enfants, elle implora l'assistance de Mme Royale, se rendant en exil. La fille de l'infortuné Louis XVI l'emmena en Autriche avec deux de ses filles et assura leur avenir ; l'aînée des demoiselles avait été mariée à M. Gérard. Les deux fils Goujon ne quittèrent pas la France.

nant la nature, il partit joyeux, malgré les déchirements
de son cœur de père et d'époux. Cet enchaînement de
plaisirs et de tristesses ne pouvait se perpétuer. M. et
Mme Gérard, fort ennuyés de voir leur fille presque toujours séparée de son mari, engagèrent vivement leur
gendre à demander un emploi fixe dans l'administration
militaire. Leurs instances furent d'abord repoussées :
M. Michel aimait passionnément le métier des armes ; il
disait que la guerre est la vie du soldat et qu'il ne connaissait pas de plus grand bonheur que de servir sa patrie et
son Dieu. Enfin, après son retour, vaincu par les impor-
tunités de ses parents, il promit de songer à leur proposition, mais ne s'occupa guère qu'à jouir pour lors des
douceurs de la famille. Delphine lui réservait ses meilleures tendresses, se pressait auprès de lui et se montrait
insatiable du récit de ses aventures belliqueuses. Le noble
soldat ne tarissait jamais sur ce point ; mais, en chrétien
sincère, il se plaisait surtout à lui parler du bon Dieu, lui
apprenait à le prier et à l'aimer. L'enfant répondait à la
sollicitude de son père et lui procurait de bien douces
consolations.

Cependant, la guerre succédant à la guerre en ces temps
orageux, M. Michel se disposait encore à y prendre part.
La famille Gérard lui fit une opposition invincible et le
força à faire des démarches pour rester en France. Un
frère de Mme Michel fit le voyage de Paris pour amener
une prompte et heureuse conclusion à cette affaire. Le
succès couronna ses efforts : il obtint que son beau-frère
fût nommé garde d'artillerie à Versailles. Lorsqu'il apprit
sa nomination, le modeste officier, qui avait autant d'horreur pour l'éclat que d'amour pour son pays, trouva moyen
de permuter avec un de ses amis et obtint d'être désigné
pour l'humble poste de Colmars, dans nos Alpes. « Si
j'allais à Versailles, dit-il, ma femme et mes enfants devraient figurer dans le grand monde ; ils pourraient en
prendre l'esprit, ce que je ne veux point. Mieux vaut pour

eux et pour moi l'obcurité et la retraite. » Et, au grand
déplaisir de ses parents, il se rendit tout heureux dans la
petite cité des Alpes.

Delphine avait sept ans. C'est dans cette ville ignorée
que s'écoulèrent les derniers jours de son enfance, jours
sereins et purs, dont elle conserva le plus consolant souvenir. Son digne père se chargea de continuer lui-même
l'éducation si bien commencée par Mme Gérard. Tout en
cultivant l'esprit de sa fille, il forma soigneusement son
cœur. Il exigeait qu'elle fût polie envers tout le monde. Il lui
apprit de bonne heure à mépriser les vanités et les richesses de la terre, à estimer les biens éternels, à respecter les
choses saintes et à pratiquer les vertus de son âge. Sous
une direction si chrétienne et si sage, la chère enfant
contracta d'heureuses habitudes. Ignorant totalement le
mal, soumise et pleine de déférence envers ses honorables
parents, qu'elle aimait d'une vive tendresse, Delphine était
très intéressante. Elle chérissait aussi son petit Gédéon,
qui, à son troisième printemps à peine, partageait déjà
avec elle les soins et les leçons du bon M. Michel. Toutefois, son affection devait être contenue dans de justes
bornes ; pas de démonstrations puériles ou trop vives,
mais toujours une sévère bienséance : ainsi le voulait le
sage Mentor. Les parents étaient sobres d'embrassements
et de caresses et n'usaient point de ces cajoleries et de ces
mignardises qui ne servent qu'à énerver et à amollir.

Peu après leur arrivée à Colmars, Delphine et Gédéon
célébrèrent la naissance d'une sœur qu'ils entourèrent à
l'envi de leurs tendres attentions. C'était à qui l'aimerait
davantage et la visiterait plus souvent. Rien n'égalait le
bonheur de cette vie de famille, comme aussi rien n'était
mieux réglé que l'intérieur de cette maison. Toujours et
partout, M. Michel était resté fidèle aux bons principes
qu'il avait reçus ; toujours, il avait rempli exactement ses
devoirs religeux ; mais, fixé à Colmars, il y vécut comme
un saint. Sa vertu, quoique austère, n'avait rien de sombre

et de rebutant : rigide pour lui-même, il était plein de douceur et de miséricorde pour les autres. Aussi, eut-il bientôt acquis l'estime générale des bons habitants de la cité bas-alpine, qui ne tardèrent pas à le vénérer. Mme Michel marchait sur les traces de son respectable mari ; plus jeune que lui d'une vingtaine d'années, elle n'avait cependant que des goûts simples et modestes ; détestant l'éclat, elle se plaisait dans la vie cachée. A pareille école, les enfants ne pouvaient que devenir solidement vertueux.

On ne saurait oublier la chère enfant à qui sont consacrées ces pages, en parlant de ses dignes parents. Citons encore quelques faits les concernant. Dans sa vie paisible et retirée, M. Michel n'avait rien perdu de son humeur guerrière, et le patriotisme s'unissait parfaitement en lui à la plus douce piété. Il voulait que son fils partageât, dès lors, ses sentiments de chrétien et de soldat. Un jour, lui montrant son grand sabre : « Promets-moi, lui dit-il, que tu défendras ta religion et ta patrie, ton Dieu et ton roi ! — Oui, mais pas avec un sabre qui coupe, répondit Gédéon, tout effrayé. Pas avec des armes qui font du sang. Je me battrai à coups de poings, moi ! — A coups de poings ! Pas avec un sabre qui coupe ! reprit vivement M. Michel, rouge d'indignation et de colère ; lâche !... tu n'es pas digne d'être le fils d'un militaire, tu parles comme un petit portefaix. Femme (cette expression lui était familière), dit-il à Mme Michel, cet enfant-là sera ma honte ; il nous fera rougir !....... » Et comme elle cherchait à le calmer, lui représentant qu'à un âge si tendre son fils ne pouvait avoir le courage d'un vieux troupier, il repartit : « La bravoure ne se donne pas ; elle naît avec nous. Je vous dis que cet enfant est indigne de moi. C'est un lâche, un poltron !...... » Et mettant le poing sous le menton du pauvre petit : « Assure-moi que tu combattras pour l'honneur de ton pays, dit-il d'un ton menaçant. — Oui, papa, répondit en pleurant Gédéon terrifié, j'irai me battre, si maman me conduit par la main... » A ces mots, hors de lui-même, le fougueux officier, oubliant qu'il était père, aurait maltraité le timide enfant, si Mme Michel ne l'eût promptement soustrait à son courroux.

Dans une autre circonstance, comme elle se disposait à laver son épée encore maculée de sang depuis la dernière expédition : « Gardez-vous-en, Madame, fit-il vivement, c'est de la gloire que ce sang ! »

Ce fier et bouillant soldat était dans la vie privée le plus doux et le plus inoffensif des hommes. Il ne souffrait pas même qu'on fît le moindre mal aux animaux ; en hiver, il émiettait souvent du pain sur sa fenêtre ou y répandait du menu grain pour les oiseaux. Lorsque, dans le ménage, on avait à tuer quelque volaille, il fallait se cacher de lui. « Que vous ont fait ces innocentes créatures ? disait-il alors. — Je ne vous comprends point, lui répondit un jour Mme Michel. Vous parlez sans cesse guerres et batailles ; vous vantez vos exploits contre les ennemis de la France ; vous voudriez consacrer de nombreux enfants à son service, et vous n'osez tuer un pigeon ? Singulier courage que le vôtre ! — Madame, repartit-il aussitôt, à la guerre, j'accomplissais un glorieux devoir. Il ne m'en coûtait pas plus d'ôter la vie à un homme qu'à une mouche. Mais, pour ce qui est de détruire un pauvre animal, c'est différent ! N'en parlez plus. » Cette tendre compassion passa du cœur du père dans celui des enfants. Delphine surtout s'en pénétra fortement, comme on le verra dans la suite.

Après quelques années de séjour à Colmars, Mme Michel dut s'établir à Digne, pour gérer un bureau de tabac, accordé par le gouvernement, en récompense des services militaires de son mari. Elle ouvrit en même temps un magasin de commerce dont M. Michel fit tous les frais, bien qu'il en confiât la direction à un associé. Les chères petites demoiselles suivirent leur maman, tandis que Gédéon demeura auprès de son respectable père. Cet homme de bien continua de veiller avec le plus grand soin sur ses enfants. Il voulait avoir les détails les plus exacts sur la conduite de ses filles, dont il ne s'était séparé qu'à regret. Il s'opposa énergiquement à ce qu'elles prissent des leçons de danse et de musique. « Je respecte les intentions que vous avez eues en donnant un professeur de danse à nos chères enfants, écrivait-il à Mme Michel; mais, je vous en prie, que pareilles leçons cessent tout de suite : c'est ma volonté formelle. J'aime à le répéter, je respecte vos intentions qui ne sont pas mauvaises. Vous ne voulez point, je le sais, inspirer à vos filles le goût du monde et de ses folles joies, mais leur apprendre seulement à se présenter avec grâce, leur donner des manières agréables. Ce motif n'est pas criminel, assurément. Toutefois, il cache des dangers et des pièges, croyez-le. Pourquoi enseigner à Delphine et à sa sœur ce qu'il n'est pas permis de faire ? Elles auront toujours assez d'agrément, si elles sont pieuses et modestes. Ainsi, renvoyez immédiatement le maître de danse. »

L'excellente dame, admirant la prudence de son digne époux, se conforma scrupuleusement à ses désirs. De temps en temps, elle allait le visiter à Colmars; parfois aussi, il venait passer quelques semaines à Digne. Il s'entourait alors avec amour de sa jeune famille, s'assurait des progrès de ses filles et leur donnait les plus solides leçons. L'influence de sa sainte vie se faisait sentir autour de lui, et ses enfants respiraient en sa compagnie une atmosphère céleste. Aussi, ces visites produisaient-elles les plus salutaires effets. Pendant ces jours de douce fête, on se livrait à de tendres épanchements, à des jeux innocents, mille fois répétés. Chacun apportait un entrain, une joie impossible à décrire. Il était touchant de voir M. Michel, comme autrefois Henri IV, s'amuser à colin-maillard, à cachecache, etc., etc. Presque toujours désigné par le sort ou par la volonté de ses petits espiègles, c'était lui qui devait aller à la recherche. « Papa, tui iti », criait de sa cachette le naïf Gédéon, ne pensant pas se trahir par ces paroles. Souvent, il fallait, pour contenter la troupe enfantine groupée autour de lui, chercher au fond de sa mémoire un épisode à demi-oublié.

Delphine n'était jamais la moins empressée et la moins exacte à partager ces récréations. Elle y dévoilait la vivacité de son esprit et beaucoup de finesse. Souvent aussi, elle prenait plaisir à faire de petites malices à son frère et à sa sœur, qui, simples et crédules, se laissaient toujours prendre. Ses joyeux éclats de rire se mêlaient ensuite aux larmes des pauvres petits déroutés. Aussi, Gédéon n'aimait guère à jouer avec elle. « Ne la voulons plus, puisqu'elle nous contrarie et se moque de nous. Caroline, viens; toi, je t'aime bien. Allons chanter et faire des autels. » Et ils se retiraient à l'écart pour éviter ses taquineries; mais Delphine les découvrait toujours. Il s'ensuivait de plaisantes querelles dont elle n'avait garde de s'effrayer. Sa jeune sœur, avec laquelle elle était plus habituellement, fut souvent dupe de ses espiègleries. Tantôt elle s'en servait comme d'un poupon, exigeant qu'elle servît tous ses caprices, se tînt immobile, dormît ou pleurât, selon son bon plaisir; tantôt elle l'envoyait faire des commissions ridicules ou bouffonnes, etc., etc.

C'était toujours en l'absence du papa que notre subtile fillette jouait ses tours et faisait ses niches, car M. Michel ne souffrait pas que ses enfants se contrariassent. D'ailleurs, ces petits différends n'altérèrent jamais leur affection.

Il ne faut pas omettre de dire que le vertueux père, très délicat, sévère même, pour tout ce qui touche à la pudeur, voulait qu'entre frère et sœurs il régnât toujours une sainte réserve. Sur ce point, ils furent tous irréprochables : l'aimable Gédéon surtout se distingua par un amour excessif pour la modestie. Il ne pouvait souffrir qu'on entrât dans sa chambre quand il n'était pas entièrement vêtu. Un soir que Caroline lui avait porté de la lumière à l'heure du coucher : « Va-t'en vite, lui dit-il, et ferme bien la porte; je ne puis me déshabiller devant toi, parce que tu es une fille ; papa l'a défendu. »

Ce cher ange donna mille consolations à ses parents, avant de s'envoler au séjour de la pureté et de l'innocence, où M. Gérard le précéda de quelques années. Mme Michel allait souvent visiter et consoler sa bonne chère mère. Elle lui laissa d'abord la joyeuse Caroline et, plus tard, elle lui ramena sa petite gâtée d'autrefois. En la revoyant, la respectable aïeule ressentit une joie qui sembla renouveler sa jeunesse. Elle constata avec grande consolation les progrès que son ancienne petite élève avait faits sous tous les rapports. De son côté, Delphine revit avec un bonheur inexprimable sa bonne maman, qu'elle s'efforça de satisfaire et de réjouir de son mieux.

L'intérêt de la chère adolescente et le vœu des parents demandaient que son éducation ne fût pas négligée. Elle fréquenta donc, en qualité d'externe, le pensionnat de Mlle Reboul, personne de mérite et de vertu, qui avait su établir et faire régner le meilleur esprit dans son établissement. Les jeunes demoiselles qu'elle dirigeait se faisaient remarquer par une grande et sincère piété, beaucoup de politesse et de modestie. Sous une conduite si sage, au milieu de compagnes douces et pieuses, les excellentes dispositions de la nouvelle arrivée donnèrent bientôt les plus beaux résultats. Son caractère se modifiait sensiblement, et chaque jour apportait plus de sagesse et d'instruction. La grand'maman goûtait une vraie satisfaction en voyant sa fille chérie profiter si bien des soins intelligents et dévoués qu'elle recevait.

Plus de deux ans s'écoulèrent ainsi. Mlle Michel entrait dans son quatorzième printemps; elle se préparait à la première communion par un redoublement de zèle pieux et l'accomplissement fidèle de tous ses devoirs. Elle faisait l'édification du pensionnat; maîtresses et élèves s'accordaient à lui donner les éloges les plus flatteurs et les plus mérités. Une circonstance particulière l'obligea à quitter Grenoble, après Pâques (1814).

CHAPITRE II

———

A cette époque, les ennemis forçaient nos frontières et envahissaient nos provinces ; bientôt, l'étranger occupant nos places et inondant nos cités, la désolation fut dans toute la France. Mme Gérard, craignant pour Delphine en ces jours d'anxiété, songea à la faire conduire immédiatement à Digne. Tandis qu'elle prenait des mesures pour l'exécution de ce projet, Mme Michel, inquiète pour sa mère et pour sa fille, sollicitait vivement un de ses frères d'amener l'une et l'autre dans la tranquille cité des Alpes. La proposition agréée, on se mit en route. Malgré de minutieuses précautions, le voyage fut très pénible pour Mme Gérard, infirme et malade ; mais la joie qu'elle éprouva en revoyant des êtres chers à son cœur lui fit oublier ses souffrances. Néanmoins, elle ne put s'habituer en Provence. « Angélique, disait-elle à sa fille, je n'ai pas à me plaindre de toi ; tu t'épuises pour me faire plaisir ; mais je ne puis me souffrir ici. Tout me fatigue et m'ennuie. Oh ! laisse-moi aller mourir dans notre cher Dauphiné ! » Et, quoi qu'on fît pour la retenir, il fallut la ramener au pays natal, où elle mourut saintement quelques années plus tard.

Quant à Delphine, son départ précipité de Grenoble lui avait imposé un immense sacrifice : elle touchait au moment où, pour la première fois, elle devait s'asseoir à la Table eucharistique, dans cette même cathédrale de Saint-Hugues qui, quatorze ans plus tôt, s'était purifiée comme pour la recevoir et tressaillir à sa naissance spirituelle. Frustrée dans ses plus chères espérances, elle en ressentit une vive et profonde douleur. Elle ne se consola que par la conviction que son bonheur n'était pas différé pour longtemps. En effet, une première communion devait avoir lieu sous peu à Digne ; elle suivit donc avec un pieux empressement le catéchisme et les exercices préparatoires. M. Michel lui adressait de Colmars les avis les plus propres à lui faire du bien en cette grave circonstance.

« Votre long silence, lui écrivait-il le 14 juillet 1814, serait capable d'alarmer ma tendresse, si mon cœur ne me rassurait sur votre justification. Je sais que la préparation à votre première communion doit vous prendre beaucoup de temps et que, pour une œuvre aussi sainte, on doit épurer son cœur, se défaire de ses mauvaises habitudes, afin qu'il ne reste rien du vieux levain. Une seule communion bien faite peut établir constamment dans le bien, de manière que le sacrement du corps de Jésus-Christ soit pour nous un gage de la vie éternelle que ce bon Sauveur s'est proposé de nous communiquer en se donnant à nous. Si une bonne communion donne la vie à l'âme, une mauvaise lui donne la mort. Nous devons donc trembler d'approcher de la Sainte Table si nous n'avons pas renoncé au monde, à ses pompes et à ses œuvres, car l'Apôtre a dit que celui qui communiait indignement avalait sa propre condamnation et devenait, par ce sacrilège, la proie du démon. Vous êtes à un âge où le cœur est ouvert aux vertus ; recevez-les donc comme une mère tendre reçoit son enfant qu'elle n'a pas vu depuis longtemps, et fermez-le au vice, c'est-à-dire aux vains plaisirs du monde qui ne durent qu'un moment et ne laissent que des remords, avant-coureurs des châtiments qui nous attendent après notre mort, si nous mourons dans le péché.

» Vous avez dans votre sexe un modèle de toutes les vertus, lequel est au-dessus de tous les saints et de toutes les saintes. Vous savez que c'est de la Sainte Vierge que je veux parler, de cette bonne et tendre mère qui, par son intercession, obtient le pardon des pécheurs qui recourent à elle avec des sentiments d'une sincère pénitence et qui imitent les vertus qui brillèrent en elle.

» L'humilité dont elle a donné un si bel exemple est une leçon que nous devons pratiquer sans cesse ; c'est ce contre-poison de l'orgueil qui nous facilite la pratique des autres vertus. Nous n'avons pas besoin, pour nous humilier, de chercher loin de nous des défauts que nous n'avons pas : nous n'en avons que trop de véritables. La charité n'est pas moins nécessaire ; c'est la vertu que Jésus-Christ nous a recommandée le plus fortement, puisque, sans la charité, nous ne pouvons être sauvés ; mais, comme ces deux vertus sont inséparables, les humbles de cœur sont doux et charitables. Vous devez remercier la Providence de vous avoir placée dans une situation qui vous met à portée d'exercer ces vertus envers des personnes qui doivent vous être si chères. Cela doit adoucir ou plutôt changer en plaisir la peine que vous prenez à les servir, puisque la nature a déjà fait la moitié de l'ouvrage.

» J'espère, à mon prochain voyage à Digne, avoir la satisfaction d'apprendre de vos mamans qu'elles sont contentes de vous et que je ne me serai point trompé dans la bonne opinion que j'ai conçue de vous. Rien n'est plus capable de me faire passer des jours heureux que d'apprendre qu'en fille vertueuse vous remplissez vos devoirs spirituels et temporels.

» C'est dans cet espoir consolant que je suis votre bon père.

» MICHEL. »

Delphine justifia les espérances de ses dignes parents : on la voyait croître en soumission et en piété ; elle ne négligeait rien pour vaincre sa nature et pour préparer une demeure agréable au Dieu de l'Eucharistie. C'est au commencement du mois d'août 1814 qu'elle fit sa première communion. On s'aperçut bientôt des heureux effets que la visite du divin Sauveur avait produits dans cette âme pure et généreuse : grave, modeste, pieuse, ennemie du monde et de ses vanités, Mlle Michel trouvait son bonheur à vivre cachée sous l'aile de sa mère dont elle partageait les travaux et les peines.

Tandis qu'elle était ainsi sa consolation et sa joie, le cher petit Gédéon faisait envie aux anges qui l'emportèrent, plein de fraîcheur et d'innocence, dans leurs demeures éternelles. Il mourut à Colmars, vers la fin de 1814, étant à peine âgé de dix ans. L'éminente piété de cet enfant de bénédictions lui avait valu d'être admis au banquet eucharistique à l'âge de neuf ans. En compagnie de son respectable père, dont la conversation était au ciel, Gédéon n'avait de goût que pour les choses de Dieu. Il partageait déjà les pieux exercices de M. Michel, faisait ses délices de la prière et de la lecture des livres saints et, avec un zèle et une gravité au-dessus de son âge, apprenait le catéchisme aux petits enfants.

Au moment des obsèques, quand le cortège funèbre se dirigea de la maison mortuaire vers l'église, une foule d'oiseaux se posèrent sur le cercueil et y restèrent tranquillement, sans que ni le chant sacré, ni la multitude qui se pressait pour les observer pussent les effrayer. Ce fut seulement lorsque la bière eut été descendue dans la fosse que les charmants volatiles prirent leur rapide essor. Cette circonstance vraiment extraordinaire frappa tous les témoins. Ils y virent un hommage rendu par le ciel même au doux chérubin, qui laissait après lui un souvenir tout parfumé.

M. Michel pouvait se rendre le témoignage que ses soins vigilants n'avaient point permis au souffle du mal de ternir la blancheur de cette chère âme. Pour préserver son fils des dangers de la vie de collège, il s'était fait lui-même élève et professeur : il prenait des leçons de latin qu'il lui répétait ensuite. En homme de foi, il fit généreusement le sacrifice de son ange visible et ne songea plus qu'à s'unir étroitement à Dieu ici-bas, pour le posséder aussi bientôt dans le ciel. « Ne nous livrons pas à une douleur excessive, écrivait-il à Mme Michel ; notre fils était au Seigneur avant de nous appartenir. Il lui a plu de le reprendre : que son saint nom soit béni ! Je vous engage, chère épouse, à lire souvent les Saintes Ecritures. Elles nous offrent de parfaits modèles de patience dans nos peines et d'amoureuse soumission à la volonté de Dieu. Vous y puiserez lumière, force et courage. Pour moi, je vous déclare que j'en fais mes délices et que j'y trouve de puissants motifs d'encouragement et de générosité. »

La pauvre mère n'avait pas eu la suprême consolation de fermer les yeux de son cher Gédéon. Bien que parfaitement résignée, elle ne put imiter le calme de son admirable époux : ses forces s'affaiblirent, et bientôt une maladie sérieuse se déclara. Delphine, très affligée elle-même de la perte de son frère, ne se donna plus de repos ; quoique jeune encore, elle sut se multiplier pour suffire à tout. Par la plus douce affection, elle s'efforça de cicatriser la plaie profonde faite au cœur de sa mère. Elle pria surtout beaucoup, et le ciel, touché de l'ardeur de ses supplications, rendit enfin la santé à la chère malade. Mais, à son tour, elle eut à essuyer une grave indisposition, heureusement bientôt dissipée. Après sa guérison, M. Michel écrivait, le 6 octobre 1815 : « Recommandez, je vous prie, à Delphine, à qui je n'ai pas le temps d'écrire, de ne pas manquer de rendre grâces à Dieu de lui avoir rendu la santé, en cas qu'elle ne l'eût pas fait (ce qui serait très mal). Je lui recommande d'être très obéissante et de vous donner tous les secours qui dépendent d'elle. J'ai vu avec plaisir dans votre dernière lettre qu'elle vous aidait autant qu'elle pouvait. Supportez, chère épouse, vos maux avec patience ; ayez toujours la plus grande confiance en la divine Providence et croyez que c'est dans l'adversité, plutôt que dans la prospérité, que l'on fait son salut, si l'on souffre en offrant ses maux à Dieu par les mérites de Jésus-Christ, notre divin Rédempteur, qui a versé son sang pour nous. »

Dans une autre lettre, il disait, parlant de ses chères filles : « Faites votre possible pour en faire de bons sujets. Si vous y parvenez, vous ferez votre bonheur et le leur. Quand on est vraiment vertueux, on n'a plus rien à désirer qu'une bonne mort. C'est la récompense d'une bonne vie. »

Cette inestimable récompense, il s'appliquait à l'obtenir pour lui-même en augmentant chaque jour le trésor de ses mérites. Sa vie, durant les neuf années de son séjour à Colmars, retraça les rigueurs des saints les plus austères. Il couchait sur la dure et traitait rudement son corps : disciplines, veilles prolongées, jeûnes, cilices lui étaient familiers. Les mets les plus simples et les plus grossiers composaient sa nourriture. Les œuvres de piété et de miséricorde remplissaient toutes ses journées et souvent même lui dérobaient les heures du sommeil. Il avait pris logement dans une maison attenant à l'église ; une espèce de petite fenêtre donnait de sa chambre dans le chœur. C'est là que, prosterné et anéanti, il passait la plus grande partie des nuits dans de brûlants colloques avec le divin Prisonnier. Souvent, après ces pieux entretiens, il mettait par écrit ses sentiments. C'est ainsi qu'après sa mort on trouva plusieurs volumineux cahiers où se peignait sa belle âme. Ce fut un riche et précieux héritage pour ses chères filles. Il serait à désirer qu'on pût citer ici quelques fragments de ces édifiants manuscrits ; mais l'esprit de détachement porta la Mère Sainte-Thaïs à faire disparaître tout souvenir de famille. Les passages de quelques lettres de M. Michel, cités dans ce chapitre, sont dus à la pieuse fraude d'une Sœur qui réussit à les sauver des flammes.

Vrai serviteur de Dieu, M. Michel était aussi tout dévoué au prochain, et sa charité le portait naturellement vers les enfants de la classe indigente auxquels il prodiguait ses soins et son temps, sans se rebuter jamais, ni de leur grossièreté, ni de leur étourderie. En hiver, il en réunissait jusqu'à quarante chez lui pour leur faire gratuitement la classe. Les malheureux l'appelaient leur bienfaiteur et leur père, et ce glorieux titre ne lui était pas décerné sans motif : on assure que jamais on n'implora en vain l'assistance de ce cœur compatissant. Pour secourir la souffrance et la misère, il se dépouilla entièrement de tout. Quand il eut vidé sa bourse, il vendit sa montre, distribua son mobilier et même son linge, de sorte qu'à sa mort il ne lui restait que trois chemises. Un jour, ne pouvant disposer d'autre chose, il détacha un des rideaux de son alcôve et le donna avec bonheur.

Un honorable prêtre, vicaire général à Digne, écrivit au directeur de cet homme, libéral à l'excès, pour lui marquer son étonnement de ce qu'il n'éclairait pas mieux la conscience de son pénitent. L'excellent curé répondit : « Je pense comme vous : M. Michel se doit à sa famille dont il néglige cependant tout à fait les intérêts temporels. Je l'ai blâmé plusieurs fois de sa prodigalité excessive, lui en manifestant mon déplaisir ; mais j'ai reconnu que Dieu a sur lui de grands desseins et je ne puis contrarier les opérations de la grâce en cette âme extraordinaire. Différentes personnes, ajouta M. Cottier, lui ont représenté ses grandes aumônes comme un vol fait à ses enfants, qu'il ne pourra élever et placer convenablement, et il a reparti : « Gédéon (ceci se passait avant la mort de » son fils) ira combattre pour sa patrie. Or, il ne faut à » un soldat d'autres biens que la sainte crainte de Dieu, » beaucoup de dévouement, de courage et de bravoure. » Quant à mes filles, la Providence ne leur fera point » défaut. » Que répondre à ces paroles sublimement chrétiennes ? Pour moi, je n'ai qu'un mot à dire : M. Michel est un vrai saint ! »

On ne put donc déterminer ce parfait disciple du Christ à réduire ses charités. Sur la fin de sa vie, pour être en mesure de les augmenter encore, il s'habilla comme les pauvres paysans de nos montagnes.

Plus tard, des amis revinrent à la charge et lui reprochèrent de nouveau ses largesses inconsidérées, disant qu'il devait, sous peine de se rendre très coupable, songer à l'avenir de sa famille. Il répondit : « Mes enfants, ainsi que leur père, n'ont besoin que du fumier de Job pour y mourir dessus !.... » Paroles admirables qui révèlent un souverain mépris des choses d'ici-bas.

On attribue à l'influence de cette haute sainteté bon nombre de vocations ecclésiastiques et religieuses. Cette vertu surhumaine, l'homme de Dieu allait la puiser à la vraie source : la sainte communion nourissait sa ferveur et l'augmentait toujours davantage. Comme toutes les belles âmes, il s'était épris d'amour pour la vertu des anges qu'il honora en tout temps et partout. La chasteté du mariage, qu'il garda toujours scrupuleusement, ne lui suffisait point. Pour se consoler d'une gloire perdue et ressaisir en quelque sorte la couronne de la virginité, il proposa à sa femme d'imiter l'héroïsme de quelques saints et de finir leurs jours dans une continence parfaite. Mᵐᵉ Michel consentit de grand cœur à une proposition qui répondait bien à ses désirs, et, depuis lors, les deux époux retracèrent l'image du bienheureux Elzéar et de la vierge sainte Delphine.

Vers les derniers temps de sa vie, le pieux officier d'artillerie eut une grande inquiétude de conscience. « Je tremble, dit-il, d'avoir à rendre compte d'un bien mal acquis. Le butin que j'ai rapporté de ma dernière campagne ne m'était peut-être pas légitimement dû, et cette crainte me tourmente. Dans les guerres, savez-vous, on ne respecte pas toujours la justice. Je vais en écrire à mon souverain et lui exposer toute l'affaire. Comme je suis insolvable, je me mettrai entre ses mains, me constituant prisonnier d'État. »

Quoi qu'elle pût lui dire, Mme Michel ne parvint pas à dissiper sa peine. Il écrivit à Louis XVIII qui, plein d'admiration pour une délicatesse si rare, lui répondit d'être parfaitement tranquille, qu'il avait eu un droit incontestable à la répartition du butin. « Au reste, ajoutait le prince, dans le cas où la plus exacte justice n'aurait pas présidé au partage, vous pouvez considérer tout ce qui vous est échu comme votre légitime propriété, attendu que votre roi vous en fait don de grand cœur. Pour toute peine, je vous enjoins de réciter chaque jour cinq *Pater* et cinq *Ave* pour la maison royale. » En finissant, le monarque accordait de grands éloges à la piété sincère et au dévouement de ce véritable soldat chrétien.

L'âme en paix sur ce point, M. Michel songea à remplir plus fidèlement que jamais tous ses devoirs. Voulant mettre la dernière main à l'éducation de sa fille aînée, il l'envoya à Lyon, où il la confia à des personnes capables et très vertueuses. C'était au printemps de 1816. Mlle Delphine ne devait plus revoir son père. Cet homme de bien avait mis le comble à ses mérites et atteint le degré de perfection auquel il était appelé. Le Seigneur exauça les ardents désirs de son serviteur en brisant ses liens mortels, le 2 août 1816. Ce héros chrétien succomba à une fluxion de poitrine dont il avait ressenti les premières douleurs à l'église, où il avait prié plusieurs heures, à genoux sur le pavé. Avant d'exhaler son dernier soupir,

il s'était fait étendre sur la cendre. La lettre suivante
prouvera la réputation de sainteté qu'il laissait après lui.

« Colmars, le 7 août 1816.

« Si quelque chose est capable, Mesdemoiselles, d'adoucir votre juste douleur sur la grande perte que vous venez
de faire dans la personne du plus respectable des pères,
c'est sans doute sa fin chrétienne. Que ne puis-je faire
passer dans vos âmes toute l'impression qu'elle a faite
sur moi-même ! Il n'en faudrait pas davantage pour vous
attacher à jamais à la religion et à la vertu. Quel héroïsme
dans les sacrifices qu'il a dû faire d'une épouse chérie et
de ses chères filles ! Quel abandon sans bornes à ce Dieu
d'amour, mort pour nous sur une croix ! Quelle piété
tendre dans la réception des sacrements de l'Eglise !
Quelle ferveur, quelle humilité, quelle confiance ! Tout,
mes chères filles, permettez-moi cette expression (j'étais
l'ami et le directeur du meilleur des pères), tout a été
grand, sublime, édifiant dans ce père dont le souvenir me
sera toujours précieux ; mais ce que je ne dois pas vous
taire, ce que vous ne devez jamais oublier vous-mêmes au
milieu d'un siècle corrompu et corrupteur, c'est son amour
pour la pureté, pour une vertu si rare de nos jours et qui
fait pourtant le plus bel ornement du sexe. Votre respectable père l'a porté jusqu'au scrupule. Il n'a voulu permettre, quelques heures avant sa mort, qu'on le changeât de
linge qu'à cette condition qu'aucune femme ne serait
employée à ce dernier office, et il en avait exigé la parole
formelle de ses gardiens. Persuadé de la proximité de la
mort, il s'était déjà habillé lui-même. Il l'a vue approcher
sans la craindre ; il a conservé sa connaissance jusqu'à
son dernier moment ; il a suivi attentivement toutes les
prières de l'Eglise et il a rendu sa belle âme à son Dieu
avec le sourire sur les lèvres. Heureuses filles ! Vous
avez un puissant protecteur dans le ciel ! Enorgueillissez-

vous d'un tel père ; montrez-lui toute votre gratitude, en transportant à la tendre maman tout l'amour que vous lui devez. Devenez toute sa consolation par votre bonne conduite. Dans toutes les actions de notre vie, surtout au milieu des dangers du monde, entourez-vous de la présence de ce père chéri ; consultez-le au fond de vos cœurs et, à coup sûr, vous ne dévierez jamais du sentier de la vertu. C'est ainsi que vous ajouterez, s'il est possible, au bonheur dont il jouit dans le ciel.

» Ses funérailles ont été honorées des regrets de toute la ville ; c'en était la pompe la plus touchante. Je puis vous assurer que je ne connais pas un seul individu qui ne lui ait donné des larmes. Je crois aussi vous faire plaisir en vous donnant copie d'une affiche qui fut attachée à la grande porte de l'église, quelques moments après son heureux *passage à la vie des saints :*

« HOMMAGE A LA VERTU.

» M. Jean-Étienne Michel, garde d'artillerie, est passé à une meilleure vie à Colmars, le 2 août 1816.

« L'homme chéri de Dieu et des hommes, dont la mémoire est » en bénédiction, a été enlevé de cette terre d'exil et de misères. » Dieu l'a fait semblable à lui dans la gloire des saints. Il l'a » couronné d'une auréole éclatante de gloire ; il l'a revêtu de la » robe des saints et lui a donné le diadème dû à la vertu. » *(Ecclés.,* chap. XLV, vv 1, 2, 3, 9.)

» Mais, si le ciel est dans la joie en voyant s'augmenter le nombre de ses heureux habitants, que la terre s'afflige, que la ville de Colmars soit dans le deuil parce que l'homme de la miséricorde lui a été enlevé.

» Habitants de cette cité, le juste qui vous édifiait tous par ses exemples et par ses vertus qui font le vrai chrétien et, par conséquent, le vrai citoyen, nous ne le verrons plus parmi nous.... Demain, sur les 7 heures du matin, nous accompagnerons sa dépouille mortelle là où repose celle de vos pères : venez tous unir vos prières à celles de l'Eglise ; venez lui payer ce tribut d'amitié, de respect et de reconnaissance qu'il a droit d'attendre de vous.... Vous surtout, enfants de la première communion de 1816, venez ; vous le lui devez d'une manière particulière. Prosternés aux pieds de l'Eternel, faisons-lui, du fond de nos cœurs, cette prière que l'Esprit-Saint arracha autrefois au faux prophète Balaam et que les impies de nos jours répètent souvent en dépit d'eux-mêmes : » *Moriatur anima mea morte justorum et fiant novissima mea horum* » *similia.* » *(Nomb.,* chap. XXIII, ✝ 10.) Que je meure, ô mon Dieu, de la mort du juste et que mes derniers moments soient semblables à ceux du juste qui est l'objet de mes regrets.

» Colmars, le 2 août 1816.

» COTTIER, Curé. »

» Puissent ces fleurs, que l'admiration, le respect et l'amitié ont jetées sur la tombe de votre vertueux père, être toujours présentes à l'esprit de ses aimables filles ! Leur bonne odeur, avec la grâce de Dieu, suffira pour les maintenir dans le chemin de la vertu. Cette pensée est la seule consolation qui reste à celui qui a eu l'avantage d'être le directeur et l'ami particulier de votre estimable père. Il espère que ses filles ne l'oublieront pas dans leurs prières.

» COTTIER, Curé de Colmars. »

Arrosée d'abondantes larmes, relue mille fois avec attendrissement, cette missive produisit sur les demoiselles Michel la plus forte et la plus salutaire impression. Delphine surtout, à qui son âge permettait d'en comprendre tout le sens et d'apprécier l'étendue de la perte qu'elle venait de faire, la grava profondément dans son cœur. Le souvenir de son respectable père fut toujours, dans la suite, pour elle et pour sa sœur, une sauvegarde assurée contre le mal et un aiguillon puissant pour le bien.

On ne saurait décrire la touchante désolation d'un

pauvre nègre au service de M. Michel. Il l'avait instruit, lui avait procuré la grâce du saint baptême et l'aimait comme son propre fils. Stéphano portait à son tour la plus vive affection à son cher maître et ne voulait pas lui survivre. Ses sanglots et ses cris déchiraient le cœur. C'est en vain qu'on essaya de le consoler ; il répétait sans cesse : « J'ai perdu mon père ! Hélas ! J'ai perdu mon père ! » Souvent, on le surprit arrosant de ses larmes la tombe de son bienfaiteur.

Les pauvres et les enfants pleuraient leur meilleur ami, et nombreuses furent les bénédictions dont ils comblèrent sa mémoire. Aujourd'hui encore, son souvenir est conservé avec respect à Colmars ; les vieillards montrent à leurs petits enfants, au pied de la grande croix du cimetière, la tombe du saint M. Michel.

Mais qui dira l'immense douleur de la famille du cher défunt ? L'épreuve lui fut d'autant plus sensible qu'aucun de ses membres n'avait pu recevoir son suprême adieu et lui fermer les yeux. La maladie n'était pas même connue lorsque parvint la nouvelle du décès. De plus, quand la veuve désolée apprit son malheur, aucun des siens n'était là pour le partager : Delphine habitait Lyon depuis quelques mois, on le sait ; la petite Caroline se trouvait à Grenoble ; tous ses parents étaient loin. Dieu, le seul vrai consolateur, ne lui fit pas défaut ; c'est dans son sein paternel qu'elle jeta toutes ses inquiétudes et ses peines. Sans crainte sur le sort de celui qu'elle pleurait, elle résolut, quoique jeune encore, de finir ses jours dans une sainte viduité. Elle se rendit en Dauphiné où elle appela sa fille aînée, afin de trouver dans sa compagnie et son affection un adoucissement à ses maux. Delphine avait alors seize ans. Elle prit une large part aux chagrins et aux épreuves de sa chère maman dont elle devint l'espérance et l'orgueil. Revenue à Digne peu après, elle y pratiqua toutes les vertus de son âge. Sa conduite mérite d'être proposée pour modèle aux jeunes filles chrétiennes.

Un respectable prêtre (M. Gamel), qui l'avait connue à cette époque, nous a en tracé l'édifiant tableau : « Je la voyais, dit-il, modeste, prudente, pieuse, fuyant le monde, détestant la vanité, ne sachant qu'un chemin, celui de l'église. C'était un ange de recueillement. Oui, c'est un de mes plus doux souvenirs d'avoir assisté à l'épanouissement de cette fleur, de la plante bénie qui devait être un jour l'arbre si fécond en fruits spirituels.... Et, plus tard, n'ai-je pas été l'heureux témoin de son zèle infatigable, de sa discrétion, de son héroïque charité ? »

Quelques années s'écoulèrent dans une vie toute sanctifiée par le travail et la piété. La jeunesse et la vertu unissaient leurs grâces pour rendre Delphine véritablement aimable et lui attirer des regards qu'elle s'efforçait de fuir avec grand soin. Pour la soustraire à tout danger, autant que pour se procurer à elle-même une position plus tranquille, Mme Michel loua son bureau de tabac et partit pour Grenoble, avec le dessein de s'y fixer définitivement. Elle retrouvait au pays natal des cœurs dévoués, des parents et des amis pleins de bienveillance et d'affection. Elle était assurée aussi d'y procurer à ses chères filles un travail honnête et conforme à leurs aptitudes. En effet, les jeunes demoiselles, actives et laborieuses, se mirent joyeusement à l'œuvre ; maniant l'aiguille avec adresse, elles eurent aussitôt beaucoup d'ouvrage en broderie.

Le bonheur d'une existence douce et paisible leur semblait réservé lorsqu'une pénible séparation répandit de nouveau la tristesse dans les âmes. Le gouvernement ayant retiré la permission de louer les bureaux de tabac, Mme Michel se vit obligée de reprendre la direction du sien. Elle retourna à Digne, confiant ses chères enfants à l'un de ses frères. Celui-ci se chargea d'autant plus volontiers de veiller sur ses nièces qu'il les aimait beaucoup. Il les entoura d'une sollicitude vraiment paternelle et leur donna mille témoignages du plus cordial dévouement. Mais la Providence voulait être l'unique protection des pieuses orphelines : quelques mois s'étaient à peine écoulés dans cette situation, qui promettait une vie calme et relativement heureuse, lorsque M. Gérard, ayant fait faillite, quitta secrètement Grenoble. Voilà donc les deux sœurs seules, sans appui, dans une ville qu'elles connaissent à peine, à un âge où les écueils naissent sous les pas comme les brins d'herbe au printemps. Toutefois, le courage ne leur manqua point : elles mirent leur vertu et leur inexpérience sous la garde de la Reine des Vierges et s'entourèrent de modestie, de prudence et de réserve.

Un digne prêtre, M. Gutin, leur confesseur, à qui elles racontèrent leurs peines, les traita avec un intérêt tout spécial et veilla sur elles avec une bonté de père. Tous les quinze jours, il les faisait appeler chez Mlle Reboul, ancienne maîtresse de Delphine, demandait un compte exact de leur conduite et voulait savoir jusqu'aux plus minces détails de leur vie domestique. Il leur recommandait fortement le soin de la santé et partant celui de la petite cuisine ; mais, pour le dire entre parenthèse, ce point fut toujours bien négligé. Croyant les mettre sous bonne garde, il leur fit prendre logement chez une dame qu'on disait très pieuse. Delphine, dont l'instruction religieuse était solide et bien éclairée, reconnut bientôt qu'elle avait affaire à une janséniste. Alarmée dans sa conscience, elle porta cette nouvelle peine au bon M. Gutin, qui, fort affligé, songea immédiatement à les placer ailleurs. Il crut avoir mieux trouvé en les logeant chez une veuve, en apparence très honorable ; une chambre fut remise par la dame aux jeunes personnes. C'était très bien ; mais, au bout de quelques semaines, celles-ci s'aperçoivent que leurs petites provisions, qui leur coûtent tant de labeurs, diminuent à vue d'œil. Tout bien examiné, elles découvrent que l'honnête veuve ouvre simplement une porte de communication qui donne de sa chambre dans la leur et, en leur absence, puise sans gêne dans les modestes provisions.

Elles exposèrent de nouveau cet ennui à leur protecteur, qui, désolé de tant de déceptions, se hâta de leur
chercher une autre demeure. Il les confia à une personne
de sainte vie, qui les prit volontiers sous ses auspices et
poussa la complaisance jusqu'à vouloir même partager
avec elles sa chambre à coucher. Les chères demoiselles
ne pouvaient être mieux recommandées : la vieille dame
était une digne et véritable amie, remplie pour elles de
délicates attentions. La croix, cette inséparable compagne
des élus, sut encore les trouver.... La bonne hôtesse
était atteinte d'une maladie de poitrine assez avancée :
respirant un air méphitique, Delphine et sa sœur devenaient malades à leur tour. Nouvel ennui et nouvel
embarras.

Il fallut déloger de nouveau. Cette fois, la divine Providence leur ouvrit une porte qui ne se referma point.
M. Gutin leur ménagea un logement chez un vénérable
chanoine. M. Rivet (c'était son nom) avait chez lui deux
sœurs et une nièce d'une éminente piété ; plusieurs
personnes très vertueuses habitaient sous le même toit.
Ce furent autant d'amies et de protectrices pour les intéressantes jeunes filles qui commencèrent à respirer en si
bonne compagnie.

Voici comment elles vécurent pendant trois années,
loin de leur excellente mère. Invariablement levées à
cinq heures du matin, sauf les jours de confession où elles
devançaient encore cette heure matinale, afin que le
travail n'en souffrît pas, elles faisaient d'abord leur méditation et entendaient toujours la sainte messe. Quelques
instants étaient consacrés à établir l'ordre dans leur
chambre ; ensuite, elles se mettaient joyeusement à l'ouvrage. Tout en tirant l'aiguille, elles chantaient des
cantiques, récitaient des prières ou s'entretenaient de
choses édifiantes. La toilette était simple et très modeste,
et la plus sévère économie régnait dans le ménage : trente-
cinq centimes suffisaient pour couvrir toutes les dépenses

journalières. A déjeuner, un morceau de pain sec ; aux autres repas, un maigre potage ou de grossiers légumes composaient tout le luxe de table. A tour de rôle, les demoiselles Michel préparaient leur pauvre nourriture ; mais elles n'entendaient pas plus l'une que l'autre à l'art culinaire. Une fois entre autres, Mlle Caroline avait apprêté un énorme plat de pommes de terre qui les alimenta cinq jours durant. En faisant réchauffer ce mets nauséabond, elle avait soin d'y additionner un demi-verre d'eau et une cuillerée de vinaigre. A la fin, les restes moisis étaient tout à fait immangeables ; mais, craignant de commettre une immortification en les faisant disparaître, les admirables jeunes filles voulurent à tout prix vaincre la délicatesse. C'est en récitant force *Pater* et *Ave* qu'elles achevèrent ces reliefs dégoûtants.

Dans une circonstance, voulant se traiter un peu mieux, elles achetèrent quelques petits poissons. Delphine glissa en les faisant frire, et sa main droite fut brûlée par l'huile bouillante. Pour toute plainte : « O mon Dieu, s'écria-t-elle, vous punissez notre gourmandise et notre sensualité ! » En effet, c'était de l'*extra* et du splendide, vu la nourriture habituelle ; mais ce fut l'unique fois qu'elles se permirent une superfluité expiée si chèrement. Delphine avait la main bien endommagée, et deux longues semaines de repos furent indispensables, ce qui occasionna un embarras pécuniaire que le bon M. Gutin voulut bien dissiper en prêtant de l'argent. Après la guérison, les deux sœurs travaillèrent avec une nouvelle ardeur et purent bientôt payer leur dette.

Elles vivaient de labeurs et de privations, mais la joie la plus pure et l'union la plus parfaite régnaient parmi elles. Leur douce félicité n'était point fondée sur des bases naturelles, et leur affection, sur les simples motifs de la chair et du sang : la piété et la vertu les harmonisaient, et non la conformité des caractères, lesquels se distinguaient par une divergence bien accentuée.

L'aînée était grave, sérieuse, réfléchie, réservée, bonne et très polie, mais quelque peu mordante et d'un aspect un peu froid. Au reste, on voyait avec étonnement que la prudence et la sagesse de l'âge mûr présidaient à ses déterminations et à ses démarches. Quant à la cadette, elle penchait vers la légèreté, était gaie, ardente, aimait la plaisanterie et se montrait très affectueuse et très expansive, avec un peu de rondeur dans les manières. La vivacité et l'énergie leur étaient communes.

Mˡˡᵉ Delphine fit le meilleur usage, tant pour elle-même que pour sa jeune sœur, des précieuses qualités que le Ciel lui avait départies ; sa vigilance et sa maturité précoces, suppléant au nombre des années, surent retenir Caroline dans les bornes d'une pieuse réserve. Le souvenir de leur respectable père fut pour toutes les deux un frein et un aiguillon tout puissants. Sans doute, du haut du ciel, M. Michel veillait sur ses enfants et les préservait de tout danger.

Mais que ne devait pas souffrir l'excellente mère, loin de ses filles chéries ? Elle ignorait la plus grande partie de leurs souffrances, car elles étaient très attentives à lui cacher ce qui aurait pu l'affliger. Elles lui parlaient longuement, au contraire, des plaisirs de leur vie calme et occupée et se louaient fort du bienveillant intérêt que leur marquaient toujours, et le digne M. Gutin, et le respectable chanoine Rivet. Mais l'amour maternel est craintif, et Mᵐᵉ Michel soupçonnait toute la vérité. On lui faisait les meilleurs rapports sur leur conduite ; elle les savait environnées d'estime et d'affection ; tout cela la consolait beaucoup, sans la satisfaire. La vie lui paraissait une mort loin de ses chères enfants. Il faudrait avoir sondé les abîmes de tendresse que renferme un cœur de mère pour comprendre ce qu'elle dut souffrir pendant cette longue séparation. Afin de mettre un terme à ses anxiétés désolantes, dès que l'état de ses affaires put le lui permettre, elle les rappela auprès d'elle.

CHAPITRE III

Prudence et déception. — Mlle Delphine se voue à l'enseignement.
Elle ouvre un pensionnat à Digne. — Sage direction, succès.

Les joies du retour furent aussi vives que douces, de part
et d'autre. Mme Michel se rentit renaître: le bonheur et la
vie entrèrent dans son âme, et la présence de ses aimables
filles fit évanouir toutes ses peines. Delphine continua
d'être ce qu'elle avait été à Grenoble, pieuse, réservée et
très laborieuse. La science, le talent et la vertu s'alliaient
parfaitement en elle. Sa conduite édifiante et ses précieuses qualités ne tardèrent pas à attirer l'attention.
« C'est, disait-on, une jeune personne accomplie, un miroir
de modestie et de simplicité. » De toutes parts, Mme Michel
recevait, avec un légitime orgueil, des félicitations à son
sujet. La vertueuse demoiselle ne pouvait que gagner
encore en compagnie de son excellente mère. Toutefois,
une chose l'inquiétait: sa nouvelle position la mettait trop
en rapport avec le monde; le bureau de tabac amenait
nécessairement une foule de personnes; des officiers, anciens amis de son père, fréquentaient la maison: on lui
donnait des éloges qu'elle détestait et dont elle s'effraya.
Elle se prit à regretter les jours de privations passés dans
le calme et la retraite. Cette parole si profonde et si juste
d'un moraliste: « L'asile le plus sûr est le sein d'une

mère », ne lui offrait pas d'application dans la conjoncture présente. Redoutant des dangers, elle sollicita la permission de retourner à Grenoble. Mme Michel hésitait à y consentir, lorsque cette mesure de prudence s'imposa d'elle-même. Un jeune homme fort honnête et de très bonne maison, enchanté de tout ce qu'il entendait dire de Mlle Delphine, plein d'estime pour sa vertu, la demanda en mariage. La demoiselle, ne se sentant pas de répugnance pour un état saint et honorable, consentit volontiers à cette alliance. Comme il fallait, pour la contracter, attendre que M. N... eût obtenu une place, ne voulant avoir pour lors aucune espèce de rapport tant avec lui qu'avec sa famille, elle partit pour le Dauphiné. Elle y passa quelques mois, priant et faisant prier pour connaître la volonté divine et attirer la bénédiction céleste sur l'union projetée. Elle écrivait souvent à sa maman et à sa sœur ; mais jamais elle ne se permit d'adresser, sur cette affaire, une seule ligne à qui que ce fût et bien moins à son fiancé qu'à toute autre personne. Cette réserve remplissait M. N... d'admiration et lui faisait vivement désirer le moment décisif. On touchait au terme fixé pour la célébration des noces, lorsque la Providence, qui veille avec un œil jaloux sur les âmes qu'elle destine à de grandes choses, fit soudain changer les dispositions prises. Les parents du jeune homme exigèrent que, contre son inclination, il s'alliât à une personne favorisée de la fortune. Mlle Michel, ne pouvant lui apporter des biens matériels, fut délaissée. Loin de s'attendre à pareille déception, Delphine en fut d'abord sensiblement affectée ; reprenant bientôt son grand courage et s'armant des pensées de la foi, elle se dit : « Puisque les créatures sont ainsi faites, je n'en veux plus. Elles ne partageront pas mon cœur. Je serai toute à Dieu seul !... »

Après avoir ainsi formé une résolution inébranlable, elle répondit avec beaucoup de calme à la lettre qui l'avait un instant bouleversée. « Qu'on ne me parle plus jamais de cette affaire, disait-elle. C'en est fait, j'ai détourné pour toujours mes regards de tout être mortel. »

La carrière de l'enseignement lui parut offrir un moyen efficace de procurer la gloire de Dieu et d'être utile au prochain; elle s'y voua avec toute l'ardeur de ses vingt ans et la générosité de sa nature. Elle était entrée provisoirement, en qualité de sous-maîtresse, chez Mlle Aribert, directrice d'un des meilleurs pensionnats de Grenoble; elle s'y fixa dès lors à la grande satisfaction de tout l'établissement. De plus, Mlle Aribert étant en quête d'une nouvelle auxiliaire, elle proposa sa sœur pour laquelle elle redoutait à Digne d'inévitables écueils. Mme Michel, faisant violence à son cœur, consentit à une séparation qui ménageait à ses chères filles une position aussi avantageuse qu'honorable.

Voilà donc nos pieuses demoiselles partageant encore les mêmes occupations et vivant de la même vie. Elles firent ensemble l'apprentissage du dévouement et du zèle, s'animant l'une l'autre à la vertu, se fortifiant dans leurs peines, s'aidant à franchir tous les obstacles. Dès le début, Mlle Delphine fit pressentir qu'elle serait une excellente éducatrice; son attrait naturel pour l'étude, soigneusement cultivé, lui avait valu des connaissances solides et variées; en outre, la maturité du caractère, un tact exquis, l'esprit de discernement dont elle était douée la recommandaient à la confiance et à l'estime. La supérieure de la pension l'appréciait beaucoup et se plaisait à lui donner des marques d'un tendre et sincère attachement. Après avoir exercé environ deux ans avec succès sous Mlle Aribert, celle-ci ayant quitté la direction du pensionnat, les demoiselles Michel se retirèrent aussi. Caroline entra comme sous-maîtresse dans un autre établissement; quant à Delphine, elle fut appelée dans une maison particulière, pour y faire l'éducation de deux jeunes personnes. Elle y laissa, comme à la pension, le parfum d'une angélique piété et une renommée de savoir et de capacité remarquable.

Cependant Mme Michel, qui souffrait extrêmement de l'absence de sa fille bien-aimée, saisit avec bonheur l'occasion de la fixer définitivement auprès d'elle. M. du Chaffaut, alors maire de Digne, ayant vu une lettre de Delphine, fut charmé des sentiments élevés aussi bien que de l'exquise politesse qu'elle respirait, et il jugea qu'une personne qui joignait à la science une excellente éducation devait être éminemment propre à former la jeunesse. Il conseilla fort à Mme Michel de lui faire ouvrir un pensionnat dans la ville. Pressée par sa mère de se pourvoir au plus tôt du titre de capacité requis par la loi, Mlle Delphine se présenta devant la commission d'examen, à la session la plus prochaine. Comme elle avait fortifié son instruction par de sérieuses études et suivi les leçons que des maîtres habiles donnaient chez Mlle Aribert, elle n'éprouva aucun embarras et subit les épreuves avec distinction. MM. les examinateurs lui décernèrent, avec le brevet de premier ordre, des éloges et des félicitations unanimes. (Avril 1827.)

Il s'agissait ensuite de réaliser un projet sur lequel reposaient l'avenir et le bonheur de bien des familles, d'organiser une maison d'éducation, de s'adjoindre une sous-maîtresse vertueuse et dévouée. Caroline, que des raisons de santé avaient ramenée à Digne, réunissait les qualités voulues ; mais pouvait-on compter sur elle ? La solitude et la retraite avaient séduit son cœur. Déjà, à Grenoble, elle avait failli franchir le seuil du cloître et y entraîner sa sœur, pour y faire au moins un essai. Le bon M. Gutin, cédant aux instances de l'ardente demoiselle, avait sollicité et obtenu sans difficulté leur admission au Sacré-Cœur. Les larmes de Mme Michel et sa vive opposition firent échouer un plan auquel Mlle Delphine était presque étrangère et hostile, mais que sa jeune sœur n'abandonnait point définitivement. De retour à Digne, au moment où se préparait la fondation du monastère de Sainte-Ursule, Mlle Caroline voulut, à tout prix, faire partie du noyau destiné à produire l'arbre spirituel. Elle se précipita.

avec tout l'élan de sa ferveur, dans cette nouvelle Thébaïde où elle passa quelques semaines en qualité de postulante. C'est là que Delphine alla lui exposer ses vues et ses désirs. « Je ne t'engage à rien, lui dit-elle ; vois dans ta conscience ce que tu as à faire et dis-moi au plus tôt si je puis compter sur toi. » La jeune prétendante fut très embarrassée. Toutes ses aspirations étaient pour la vie religieuse ; mais son avenir n'était point encore assuré dans l'Institut naissant ; les difficultés surgissaient de toutes parts, et l'on ne pouvait prévoir où aboutiraient les efforts et les travaux des fondatrices. D'autre part, elle pouvait servir utilement sa sœur dans une excellente œuvre. Sans renoncer pour toujours à la vie claustrale, elle crut devoir seconder les nobles intentions de celle qui méritait tout son dévouement. Mme Michel imposa de nouveau son autorité de mère, menaçant d'user de violence si Caroline persistait à résister. Pour la seconde fois, la pauvre enfant se vit frustrée dans ses plus chères espérances. Elle immola son attrait à l'obéissance et à l'amitié, attendant un moment plus favorable pour réaliser son vœu le plus cher.

Les deux sœurs se concertèrent donc pour la bonne organisation du pensionnat et, après avoir imploré la bénédiction céleste et la protection de la Très Sainte Vierge, elles se mirent à l'œuvre au commencement d'octobre 1827 (1). Dès le début, on put juger que l'établissement prospérerait et ferait beaucoup de bien, par cela même qu'il se fondait sur la croix. En effet, les obstacles et les contrariétés ne lui manquèrent pas, et Mlle Delphine eut besoin de toute l'énergie de son caractère et de sa foi pour ne point se décourager. Certaines personnes, qui auraient dû, ce semble, lui prêter appui et protection,

---

(1) Leur maison d'éducation s'ouvrit à Digne, rue de l'Hubac, n° 46. Quelques années plus tard, elle fut transférée à la rue Pied-de-Ville, n° 4.

se plurent à lui dresser des embûches et à lui créer des embarras. Mais le Seigneur était pour elle, et son entreprise triompha de tous les obstacles. Les parents surent bientôt apprécier le mérite de la nouvelle maîtresse de pension, et les élèves lui arrivèrent nombreuses et bien disposées. Son premier soin fut d'établir une excellente discipline et de veiller avec un intérêt plein de tendresse sur toutes les jeunes filles confiées à ses soins. Elle ne distingua point les classes ou plutôt elle réserva ses prédilections pour les déshéritées de la fortune et les disgraciées de la nature. En procédant ainsi, elle eut bientôt gagné tous les cœurs, et le meilleur esprit régna dans l'établissement. On n'y remarquait point ces susceptibilités jalouses, ces rivalités ombrageuses, ces petites cabales, en un mot, ces divisions qui ruinent souvent les plus belles œuvres et paralysent le zèle le plus actif. Dans leurs rapports, les jeunes filles étaient tenues à tous les égards qu'inspire une amitié vraie, réglée par la politesse et la vertu. Mˡˡᵉ Delphine tenait fortement à ce point; aussi, vit-elle avec consolation le succès dépasser ses espérances : pensionnaires et externes s'aimaient comme de véritables sœurs ; peines et plaisirs, tout était commun entre elles. Si quelqu'une avait été punie, les autres, affligées, demandaient à faire la pénitence imposée et suppliaient à genoux qu'on fît grâce à la coupable. « Mademoiselle, je vous en prie, n'y consentez pas, disait celle-ci ; puisque j'ai manqué, je veux réparer ma faute. » Et il s'ensuivait des débats fort touchants, bien propres à réjouir les maîtresses et à manifester les sentiments de charité fraternelle qui unissaient les élèves.

Ces intéressantes enfants ne cachaient rien à Mˡˡᵉ Delphine ; elles lui avouaient ingénument d'elles-mêmes leurs défauts et leurs fautes, et la pieuse directrice pouvait les reprendre et les corriger sans crainte et sans gêne aucune. Elle profita sagement de son influence et de son autorité pour diriger les cœurs vers le bien et les attacher à la vertu. Si elle apporta toujours une sérieuse attention à inculquer à ses élèves les sciences humaines, les connaissances utiles, elle s'appliqua avant tout à leur donner une forte instruction religieuse. Elle se plaisait à leur expliquer les vérités saintes, à leur en découvrir les sublimes beautés; elle leur en inspira un profond respect et un grand amour. C'est surtout aux approches de la première communion qu'elle redoublait de zèle pour l'acquit de ce devoir sacré. Elle n'épargnait ni peines ni fatigues pour disposer les jeunes âmes confiées à ses soins à ce grand acte de la vie chrétienne.

Lorsqu'il lui arrivait une élève, son premier souci était de s'assurer si elle possédait son catéchisme. Quand l'examen prouvait le contraire, Mlle Michel ne se donnait plus de repos que la nouvelle venue ne fût suffisamment instruite. Elle insistait beaucoup sur ce qui concerne les sacrements et recommandait fort aux jeunes personnes qu'elle instruisait de ne point y participer sans les dispositions requises. « J'ai souvent rencontré, disait-elle plus tard aux religieuses, des jeunes filles qui s'étaient approchées du sacré tribunal et de la sainte table sans connaître les vérités les plus élémentaires de notre religion, et j'ai eu lieu de croire que l'ignorance est cause d'horribles sacrilèges. Que les maîtresses se persuadent bien qu'elles sont rigoureusement obligées de bien enseigner le catéchisme à leurs élèves. Toute négligence en ce point serait criminelle et les rendrait responsables de tout le mal qui en résulterait. »

Cette condamnable négligence, la pieuse demoiselle n'eut jamais à se la reprocher. Sa plus grande préoccupation fut de former de véritables et sincères chrétiennes, d'inspirer à la jeunesse une piété bien entendue, de la prémunir contre les illusions d'une dévotion fausse.

« Lorsque Mlle Delphine faisait l'instruction religieuse, dit une respectable dame, son ancienne élève, elle paraissait rayonnante ; son visage semblait s'illuminer d'un feu céleste, et on eùt dit alors qu'elle était soulevée de terre. Je me plaisais à la considérer, disant en moi-même : Qu'elle est belle maintenant ! J'étais bien jeune et une vraie petite espiègle. Néanmoins, je n'ai jamais oublié la vive et salutaire impression que cette vue produisit sur mon âme d'enfant. »

Les sages leçons de la vertueuse maîtresse de pension portèrent leur fruit : le plus grand nombre des élèves, après avoir embaumé le pensionnat de leurs douces vertus, allèrent en répandre les parfums dans leur famille. La plupart sont aujourd'hui le modèle des mères chrétiennes et se font remarquer par une vie très édifiante.

Mlle Michel ne se contentait pas de détester et de fuir le monde ; elle apprenait encore aux jeunes filles dont elle faisait l'éducation à le mépriser et à le craindre. Sans doute, elle les forma au bon ton et aux bonnes manières, mais jamais elle ne souffrit les grands airs et la ridicule affectation de la politesse mondaine. « La vraie civilité, leur disait-elle, est sincère, affable, obligeante, désinté ressée, sans recherche ; elle sait s'oublier et se gêner, pour le plaisir et la commodité d'autrui. C'est l'humilité et la charité en action. On ne trouve en dehors que mensonge, vanité et fadeur. » C'était bien penser et bien dire. Ce langage, goûté par ses élèves, leur valut le précieux avantage de se familiariser avec ce genre gracieux et poli qui plaît d'autant plus qu'il est simple et modeste. Elle s'attacha aussi à les garantir d'un luxe ruineux pour la bourse et nuisible à l'innocence et à la vertu.

Fidèle imitatrice du Dieu humble et caché, digne fille du vénéré M. Michel, elle ne redoutait rien tant que le bruit et l'éclat. Comme toutes les nobles âmes, elle rechercha toujours le calme et l'oubli. Son attrait pour l'obscurité semblait à des personnes, d'ailleurs vertueuses, excessif et contraire à ses intérêts. On lui reprochait même de négliger ce qui pouvait donner du relief à son établissement. C'est cependant sa modestie et sa simplicité qui lui gagnèrent l'estime et la confiance générales. Sans chercher à primer, sans attirer les cœurs par des flatteries et des caresses, elle eut toujours l'avantage et la préférence sur d'autres que l'on prônait cependant beaucoup. Le vrai mérite se révèle par le soin même qu'il prend de se cacher.

Pénétrons plus avant encore pour apprendre comment il faut diriger la jeunesse. L'ordre journalier, fixé par le règlement, était fidèlement suivi, grâce à la douce fermeté de Mlle Delphine. Levées à 6 heures, après avoir fait en commun la prière du matin, les pensionnaires assistaient tous les jours à la sainte messe. Méditation, lecture spirituelle, récitation du chapelet étaient des exercices quotidiens dont elles s'acquittaient avec autant de joie que de ferveur. Le silence était sévèrement gardé pendant les huit heures de classe, et le catéchisme écouté avec une religieuse avidité. Les élèves, qui avaient fait la première communion, s'approchaient souvent des sacrements, et, pour avoir le bonheur de s'asseoir plus fréquemment à la table sainte, elles rivalisaient de sagesse et de piété.

Une surveillance maternelle maintenait le bon ordre et la discipline ; l'œil vigilant des maîtresses savait prévenir bien des fautes dont la légèreté et l'insouciance ne savent se défendre. Ainsi gardées avec une tendre affection, les enfants vivaient heureuses, à l'abri de tout danger. Leurs progrès, aussi rapides que consolants, réjouissaient les familles, et la vive reconnaissance des élèves répondait au zèle et au dévouement des dignes institutrices qu'elles aimaient comme l'on aime de bonnes mères. Elles ne trouvaient pas de plus doux plaisir qu'en leur compagnie ; les externes sollicitaient comme une insigne faveur la permission de passer au pensionnat les longues soirées d'hiver et de prendre leurs récréations sous les yeux de leurs chères maîtresses. Après leur sortie, les grandes élèves revenaient souvent partager la joie de ces aimables réunions et y apportaient toujours le même cœur et le même intérêt. Elles se faisaient un devoir de consulter, avec une entière confiance, les guides de leurs jeunes années quand il s'agissait de choisir un état de vie. Une de ces pieuses jeunes filles, devant s'engager sous peu dans le monde, demanda comme une grâce de rester à la pension tout le temps qui devait s'écouler encore avant son mariage. Elle supplia ensuite ses chères maîtresses de l'accompagner à l'église et d'assister au repas de noces. Comme on ne put acquiescer à ses désirs, elle en pleura de douleur. On ne parvint à la consoler un peu qu'en lui promettant de beaucoup prier pour elle.

Les jeunes personnes, élevées par les demoiselles Michel, leur ont conservé toujours et partout le respect, l'estime et la confiance qu'elles leur avaient voués pendant les jours de leur éducation. Ces beaux sentiments ont même acquis avec le temps une bien consolante intensité. Depuis l'entrée en religion des chères maîtresses, parents et enfants ne les ont pas oubliées. Les anciennes élèves surtout se sont fait un devoir de les visiter et de prendre conseil de leur expérience et de leur sagesse. Celles qui habitent des localités où sont établies des Sœurs de la Sainte-Enfance leur témoignent une vive sympathie. Maintes fois, les membres de notre Institut ont eu à se louer de leurs bons procédés et de leur dévouement. Ah ! que la reconnaissance est une noble et belle vertu ! Elle honore et ceux qui la pratiquent et ceux qui ont su l'inspirer.

Mais revenons dans un lieu bien propre à nous instruire et à nous édifier ; visitons l'ouvroir des pauvres établi dans la pension. Les jours de congé, les élèves confectionnaient elles-mêmes, sous la direction des excellentes maîtresses, toutes sortes de vêtements pour l'indigence. C'était à titre de récompense qu'on devenait ouvrière du bon Dieu, et, pour mériter cet honneur, il fallait se distinguer par une conduite en tous points irréprochable. Aussi, voyait-on les chères enfants rivaliser de zèle et d'application pour obtenir un avantage bien apprécié. Une fois à l'œuvre, elles étaient admirables d'activité : c'était un bonheur impossible à décrire. La charité est féconde : plusieurs de ces chères jeunes filles sont devenues la providence des pauvres et des malheureux, la consolation de tous ceux qui souffrent.

Afin d'affectionner ses élèves à tout ce qui touche au culte divin, Mlle Delphine obtint que son pensionnat eût la charge d'entretenir et d'orner à ses frais un des autels de la cathédrale. Elle les forma donc à parer avec goût ce monument de la foi et de la piété catholiques. C'étaient les pensionnaires qui devaient confectionner, blanchir, repasser les nappes et autres linges, renouveler les fleurs, acheter et soigner vases, chandeliers, etc. Il fallait voir avec quel empressement, quelle ardeur, ces demoiselles s'acquittaient de cette tâche !

Les pieuses institutrices trouvaient dans les parents des amis sincères et dévoués. Ils tenaient à honneur de leur témoigner leur affectueuse gratitude par des procédés pleins de délicatesse. Sous peine de les indisposer, il fallait aller passer quelques jours de vacances tantôt chez les uns, tantôt chez les autres, ou tout au moins diriger une promenade du pensionnat vers la maison de campage de quelqu'un d'entre eux. Et, quand on arrivait, c'étaient des fêtes, des amitiés à n'en plus finir. Les visiteuses, accablées de remerciements et de politesses, avaient grand'peine à prendre congé de leurs hôtes. Mme Michel était l'objet des mêmes attentions et du même attachement que ses chères filles. On n'a pas de peine à concevoir que les jeunes personnes fussent faciles à diriger alors que les familles, loin de gêner l'action des éducatrices chrétiennes, l'appuyaient de tout leur pouvoir. Ce n'était pas étonnant : la religion et la foi s'asseyaient alors en reines au foyer paternel.

Superflu de dire que, dans ses rapports avec les élèves, Mlle Delphine était toujours digne et réservée. Elle n'accordait rien à la mollesse et à la satisfaction des sens. Visant à se les attacher assez pour leur faire aimer la vertu, elle tempérait sa gravité naturelle et se montrait gracieuse et aimable, mais sans familiarité et sans faiblesse. Toutefois, son air sérieux, un peu froid même, n'éloignait pas les enfants qui comprenaient bien tout ce que son cœur renfermait de bonté et d'intérêt maternel.

Il ne faudrait point croire néanmoins qu'il ne lui en coutât rien pour dompter une nature fougueuse, vaincre une humeur des plus colériques, ni que les consolations qu'elle recueillit fussent sans mélange et sans ombre. A la vérité, l'enfance et la jeunesse profitaient mieux qu'en nos jours des soins qu'on leur donnait, ayant respiré dès le berceau une atmosphère plus chrétienne; cependant l'épine poussait alors aussi à côté de la rose. Toujours, il fallut défricher à la sueur de son front une terre maudite ; toujours, l'homme ennemi vint jeter son ivraie au milieu de la bonne semence. Pour Mlle Delphine, la patience fut donc toujours doublement indispensable ; elle la pratiqua courageusement, héroïquement même, ce qui lui valut des bénédictions bien précieuses. « Ce qui frappait et édifiait le plus dans notre digne maîtresse, dit une de ses anciennes élèves, personne respectable et très judicieuse, c'était d'abord la profonde piété que respirait toute sa conduite, ensuite le calme qu'elle savait conserver dans les occasions pénibles. On comprenait à la rougeur de son visage que tout bouillonnait au dedans, mais pas un mot, pas un geste d'impatience. Il lui arrivait assez souvent de nous dire : « Mes pauvres enfants, si ce n'était pour le bon » Dieu que je vous supporte, je me fâcherais bien fort ; » mais je ne veux pas lui faire de la peine. »

« Elle était aussi douce que ferme, ajoute une autre dame, également élevée par Mlle Michel. Loin de ménager nos défauts, elle les corrigeait avec énergie et cependant toujours à propos et avec bonté. Aussi, ses admonitions et ses réprimandes produisaient-elles le meilleur effet.

Pressée un jour de dire laquelle des deux demoiselles qui nous prodiguaient leurs soins j'aimais le plus, je répondis sans hésiter : « Je préfère Mlle Delphine parce qu'elle » est toujours bonne et douce, alors même qu'elle me » gronde et me punit. » C'est sa tendre piété, son union étroite avec le Dieu d'amour qui lui communiquaient cet ascendant moral, cette pénétrante onction si nécessaires pour établir la jeunesse dans le bien, lui faire goûter la vertu.

Examinons plus en détail la conduite de la pieuse directrice ; entrons dans l'intimité de sa vie ; nous y trouverons déjà le portrait d'une religieuse fervente. Dès le premier jour, elle s'astreignit à un règlement spécial, soumis à l'approbation d'un directeur éclairé, et elle se fit une loi de le suivre invariablement. Le lever, marqué d'abord pour quatre heures du matin, dut être différé d'une heure, d'après la volonté du guide spirituel. L'exercice de la méditation, l'assistance au saint sacrifice consacraient les prémices de la journée ; la couronne de Marie, la lecture spirituelle y trouvaient aussi un rang d'honneur : quelques pénitences corporelles, qui durent être réduites, s'y plaçaient à jour fixe ; la confession hebdomaire y était prescrite ; la communion fréquente le fut par le directeur de sa conscience. C'est au divin banquet que Mlle Delphine allait alimenter son zèle et raviver la flamme céleste qui consumait son cœur. Un point digne de remarque, dans le beau règlement en question, était la charité dans les paroles, et, pour le dire entre parenthèse, cet article fut observé avec plus de rigueur que tous les autres. Bref, afin de tout résumer en un mot, ajoutons que la sainte volonté du Seigneur, l'obéissance à ceux qui le représentent était le mobile de tous les actes intérieurs et extérieurs.

Certaines dévotions s'ajoutaient arbitrairement à la règle écrite. Ainsi, le pieux exercice de l'Heure sainte se faisait avec ferveur toutes les nuits du jeudi au vendredi.

Les grandes élèves, entraînées par de si beaux exemples, sollicitèrent la grâce de s'associer aux prières et aux veilles saintes de leurs maîtresses.

Au milieu d'occupations distrayantes et multiples, Mlle Michel ne perdait pas le calme et la paix ; attentive sur elle-même, elle avait le secret de se conserver libre au dedans. Evitant tout rapport inutile avec le monde, elle ne recevait d'autres visites que celles des mères de famille qui venaient parler de leurs enfants ; elle n'en faisait aucune, si ce n'est à ses élèves ou à leurs parents malades. Elle ne sortait que pour aller à l'église ou pour accompagner le pensionnat à la promenade, encore choisissait-elle toujours les lieux les moins fréquentés. Dans les habitudes, tout était modeste et sévère ; rien de luxueux dans l'ameublement et la dépense ; partout l'ordre et une sage économie. Par ce moyen, les dettes, que la mauvaise foi de certaines personnes avaient fait contracter à Mme Michel, purent s'éteindre. Il fallut, pour se débarrasser de créanciers importuns et usuriers, vivre longtemps de privations et de sacrifices. Les vertueuses demoiselles étaient elles-mêmes leurs propres tailleuses, modistes et repasseuses ; elles faisaient le raccommodage du linge de la maison et se suffisaient en tout ; sauf le cordonnier, personne ne travaillait pour leur compte. On a de la peine à concevoir comment, avec la charge de la pension et d'un externat très fréquenté, elles purent fournir à tant de besogne. Cependant rien ne périclita ; mais elles déployèrent toujours une très grande activité, un zèle infatigable, et Dieu les bénissait visiblement.

L'excellente Mme Michel souffrait des labeurs et des peines que ses chères filles s'imposaient pour la délivrer d'un faix onéreux. Si elle avait été moins désintéressée, elle aurait pu facilement sortir de son état de gêne : avec un acte d'acquiescement, elle eût été en mesure d'assurer à ses enfants un brillant avenir. Depuis la mort de son digne époux, on l'avait souvent sollicitée de contracter

4

une nouvelle union. Des qualités précieuses, des manières distinguées, la faisaient rechercher, et de riches partis s'étaient offerts ; mais sa résolution était irrévocable : elle refusa toujours.

Cependant, il y avait bon nombre d'années déjà que Mlle Delphine était maîtresse de pension ; l'enseignement fatiguait beaucoup sa sœur, et Mme Michel, alors encore débitrice, soupirait après un amortissement définitif. Dans ces conjonctures, une offre des plus avantageuses lui fut faite : un ancien officier militaire, sans parents, possesseur d'une grande fortune, lui promettait de léguer tous ses biens à Delphine et à Caroline, si elle consentait à l'épouser. C'était séduisant pour un cœur de mère ! Pour ce qui la concernait, la pieuse veuve rejetait sans hésitation tous les avantages terrestres, mais le bonheur de ses chères filles la tentait. Elle leur fit part de son embarras : « J'ai toujours eu beaucoup de répugnance pour le mariage, dit-elle ; je ne m'y engageai point de moi-même ; je laissai faire ma famille. Je n'aurais pu supporter la vie conjugale, si je n'eusse trouvé en votre père un miroir de bonté et de vertu, un homme de bien. un vrai saint. Malgré les grandes qualités qui le distinguaient, je ne l'aimais que par devoir, et, à sa mort, bien que profondément blessée, je bénis le ciel d'avoir brisé la chaîne qui me gênait fort. Depuis, vous le savez, je me suis souvent défendue de renouer d'autres liens. Pour la première fois, j'hésite : une position aisée, une fortune réelle m'est garantie pour vous deux. Je suis prête à me sacrifier pour votre amour. Dites-moi votre sentiment là-dessus. — Non, non, maman, répondirent spontanément et d'une voix unanime les deux sœurs ; nous n'aurons pas le cœur d'exiger que tu immoles de justes répugnances pour nous procurer des biens éphémères. Dieu aime les pauvres ; il protège les veuves, dont la condition est préférable à ses yeux à celle des gens mariés. Nous ne voulons pas de ces richesses qui nous raviraient un bonheur pur et doux. » Mme Michel embrassa ses filles et donna promptement un refus bien accentué.

Treize ans s'étaient écoulés dans l'exercice de l'éducation. Mlle Delphine s'affectionnait de plus en plus à ses utiles et laborieuses fonctions, lorsqu'elle se vit contrainte de renoncer à son consolant apostolat. La santé de sa sœur s'affaiblissait sensiblement; l'enseignement aggravait de jour en jour ses souffrances, et le médecin avait déclaré la guérison impossible si elle continuait à donner des leçons. La tendresse de Mme Michel fut alarmée et Mlle Delphine, qui partageait toutes ses inquiétudes, résolut d'y mettre un terme. Après avoir prié et réfléchi, elle se détermina à remettre immédiatement son pensionnat à une dame qui s'associa une sous-maîtresse de Grenoble. Quant à elle, ne voulant pas en conserver la direction sans le concours de sa chère Caroline, qui avait partagé tous ses travaux et toutes ses vicissitudes, elle se retira aussitôt.

Mais, en renonçant à la carrière suivie depuis longues années, il fallait trouver un autre moyen d'existence. Les dettes étaient enfin éteintes, et l'on sait à quel prix ! Le travail restait pour toute richesse; les deux sœurs étaient dressées à toutes sortes d'ouvrages manuels ; elles se dirent que les parents de leurs élèves, qui avaient toujours été si bons à leur égard, leur fourniraient de quoi occuper leur aiguille et qu'avec de l'économie elles pourraient subvenir à leurs besoins. Comme toujours, elles comptèrent sur la Providence, et leurs espérances ne furent pas déçues.

Une petite maison avec jardin ayant été louée à un kilomètre de la ville, les dames Michel allèrent s'y installer en septembre 1837. L'air pur des champs, une douce tranquillité exercèrent bientôt une salutaire influence sur l'état de Mlle Caroline. Pour obtenir un entier rétablissement, il fallait un repos prolongé et des soins assidus; partant, rien ne fut changé aux dispositions prises. Des ouvrages en broderie et autres, procurés en abondance, furent un délassement, même pour la chère malade. Sous les yeux de leur mère chérie, dans une atmosphère embaumée, les vertueuses demoiselles comptaient jouir indéfiniment des charmes d'une vie sereine et paisible. Telle n'était pas leur destinée. La majorité des parents de leurs élèves ne voulurent pas confier leurs enfants aux nouvelles maîtresses ou les leur enlevèrent bientôt. « Il n'y a plus, disait-on, cet esprit de famille et de simplicité qui plaisait tant; on est en présence de figures froides. Nos fillettes ont besoin de cet intérêt tendre et affectueux qu'elles trouvaient dans les dames Michel. » Les jeunes personnes elles-mêmes refusaient de rester dans un établissement où elles ne rencontraient plus leurs maîtresses bien-aimées.

On pressa Mlle Delphine d'ouvrir une classe à la campagne, et, malgré sa résistance et son refus, on lui envoya, dans le courant d'octobre même, bon nombre d'élèves. Les frimas revinrent avec leur triste cortège; rien ne put décourager les parents, ni les enfants. Les plus jeunes furent confiées comme pensionnaires; les autres étaient gardées toute la journée et, chaque soir, accompagnées jusqu'à mi-chemin de leurs demeures respectives. Les habitants du voisinage voulurent faire profiter leurs filles des leçons de la pieuse institutrice; ils firent de si vives instances qu'il fallut en admettre plusieurs, sous peine de les indisposer. Mlle Delphine se vit donc encore chargée d'une tâche bien laborieuse; tous ses moments furent de nouveau consacrés à la jeunesse qui semblait vouloir la poursuivre et la dérober à la retraite. Tandis qu'elle lui donnait ses soins dévoués, sa sœur travaillait à l'aiguille et Mme Michel cultivait le petit jardin, tout en veillant sur la santé de ses filles. Bientôt, Mlle Caroline dut, contrairement à la défense du docteur, s'occuper aussi de l'enseignement, Delphine ne pouvant seule suffire à la besogne.

Un secret pressentiment les portait à croire qu'un nouvel horizon allait bientôt s'ouvrir devant elles. « Il me semble, disait Caroline, que nous sommes dans un pied-à-terre ou dans un hôtel pour faire halte, en attendant que la diligence nous emmène dans une région lointaine. Où ? Je n'en sais rien, mais je ne puis me persuader que nous soyons ici pour longtemps. » Elle disait vrai, si vrai qu'à peine y avait-il six mois que les dames Michel s'étaient retirées aux Sièyes qu'il fallut, par l'ordre de Dieu, aller ailleurs fixer sa tente. Suivons-les et voyons.

DEUXIÈME PARTIE

—

VIE RELIGIEUSE ET SUPÉRIORAT DE LA MÈRE SAINTE-THAÏS.
CARACTÈRES DE SON GOUVERNEMENT. — INFIRMITÉS.
DERNIÈRES ANNÉES.

CHAPITRE PREMIER

—

Entrée en religion et prise d'habit de Mlle Delphine. — Premiers offices.
Rapports avec la Fondatrice. — Ferveur et générosité.
Admirable conduite de Sœur Sainte-Thaïs.

Par une belle matinée de mars, alors que la douce haleine
du printemps dissipe les brouillards et les frimas et ramène
partout l'espérance et la vie, deux prêtres traversaient le
pont qui joint les rives de la Bléone. C'était le vénérable
chanoine Savornin, accompagné de M. Gastinel, secrétaire
de l'évêché. Ils allaient faire aux demoiselles Michel une
proposition bien inattendue. « Depuis un mois, nous avons
à Digne, dirent-ils, deux religieuses du Puy, appelées
d'abord à Manosque pour y jeter les fondements d'un
Institut enseignant. De graves raisons, que vous connaîtrez plus tard, ont porté Mgr notre Évêque à transférer

le noviciat dans sa ville épiscopale. Il s'agit de travailler activement et d'une manière stable à la nouvelle fondation. On assure Sa Grandeur que vous pourriez être très utiles et faire beaucoup de bien dans la famille religieuse qu'elle vient d'établir au faubourg Notre-Dame. Notre vénéré Prélat vous propose d'y entrer. Si vous voulez bien répondre à son appel, nous vous offrons tous nos services. Nous serons heureux de vous aplanir les difficultés. »

Mlle Caroline, dont toutes les aspirations s'élançaient vers la solitude, tressaillit de bonheur ; elle entrevoyait enfin la réalisation de son rêve favori ; elle touchait à la Terre Promise. Non seulement elle acceptait de grand cœur l'offre qui répondait si bien à ses plus ardents désirs, mais elle voulait entraîner à sa suite sa sœur et même sa mère. Elle remercia avec effusion les respectables députés et se chargea de toute l'affaire. Brûlant de parvenir à ses fins, elle ne perdit pas de temps : elle employa tour à tour la douceur et la force, pour amener Delphine à la suivre dans le nouvel Institut ; mais il ne lui fut pas facile de la persuader. Sans donner un refus formel, la prudente demoiselle avait demandé quelques jours pour réfléchir sur la proposition faite, et ne paraissait pas du tout disposée à y acquiescer. « Puisque tu le désires si vivement et que ta santé s'est raffermie, tu es parfaitement libre d'aller à la Sainte-Enfance, dit-elle enfin à celle qui l'accablait de sollicitations toujours plus pressantes. Pour ce qui me concerne, j'estime beaucoup les religieuses ; mais, je te l'ai répété bien des fois, je ne me sens aucun attrait pour leur genre de vie. D'ailleurs, je ne puis quitter maman, et, à son âge, elle ne consentira jamais à se retirer dans un monastère, à quelque titre que ce soit. Au reste, il faut prier encore et prendre l'avis de notre directeur avant de rien décider en matière si grave. »

Six mois auparavant, le digne M. Pascal, de concert avec M. Gamel, avait sollicité les demoiselles Michel d'aller grossir à Manosque le noyau de la nouvelle Congrégation enseignante. Delphine, qui ne se sentait pas attirée vers l'état religieux, avait nettement refusé cette première invitation. Elle ne goûtait pas mieux celle qui lui fut adressée plus tard; mais, par respect pour le saint évêque qui la faisait faire, elle avait promis d'y songer devant Dieu.

On pria, on réfléchit donc, et la grâce, qui a ses heures marquées, agit bientôt avec sa puissante énergie. Mlle Delphine, ayant consulté le représentant de Dieu, était résolue à faire un essai, pourvu que Mme Michel y adhérât et pût elle-même être admise comme pensionnaire libre. Mlle Caroline ne se possédait plus de joie. Encore un effort et elle sera triomphante ! Ce dernier effort, elle le tenta avec succès auprès de son excellente mère qui ne voulut pas contrarier les desseins du Seigneur.

L'intention des fondateurs n'était pas de recevoir des veuves; cependant, comme Mme Michel ne voulait pas être religieuse et que ses demoiselles ne pouvaient la laisser seule, on en référa à l'évêque. Mgr de Miollis trancha aussitôt la difficulté : « Qu'elle entre, dit-il ; elle sera une sainte Chantal, sans être Sœur de la Sainte-Enfance. »

L'admission largement autorisée, les préparatifs de départ se firent avec célérité. Mlle Delphine partageait presque la joie de sa sœur; elle avait la confiance de prendre goût à un état qui lui offrait de grands et puissants moyens de perfection. « Puisqu'on me croit apte à ce genre de vie, je n'hésite plus, dit-elle ; je marche aveuglément sur la parole du ministre de Dieu. Je craignais de n'avoir pas une vocation solide et vraie. Cette crainte a été la seule cause de mes refus antérieurs. L'épreuve donnera une réponse péremptoire. » Oui, cette réponse sera bientôt rendue tout avantageuse à notre chère demoiselle. Son nom est écrit de toute éternité dans le livre divin où figurent les vierges du Seigneur, filles de la Sainte-Enfance. Considérons, en passant. combien profonds et mystérieux sont les secrets du grand Roi. Il ne les découvre qu'au moment marqué et avec mesure. Diverses sont les voies par lesquelles il conduit ses élus : tandis qu'il répand des flots de lumière sur les pas des uns, il se plaît à jeter un voile ténébreux devant les autres.

Le jeudi 18 mars 1838, escortées de leurs meilleures et plus fidèles amies (les dames Natte), Mme Michel et ses chères filles se dirigent vers le quartier Notre-Dame et heurtent à la porte d'une modeste maison, berceau de la nouvelle Congrégation religieuse.

Avant de franchir le seuil de cette vraie Bethléem où Mlle Delphine vient s'enrôler sous l'étendard de l'Enfant-Dieu, plongeons un instant notre regard dans cette humble demeure; mettons-nous en présence des premiers membres du pieux Institut.

Comme toutes les parties de l'Église de France et plus que bien d'autres peut-être, le diocèse de Digne se ressentait de la terrible tourmente soulevée par l'enfer. Privés longtemps de leurs pasteurs et partant de tout secours religieux, les habitants de nos campagnes avaient mis en oubli les vérités les plus élémentaires de notre sainte religion. La nouvelle génération, les jeunes filles pauvres surtout, gisaient dans la plus grossière ignorance, dans le plus déplorable abandon. Les hommes de foi, pour régénérer la société, s'emparaient des enfants et leur procuraient une éducation chrétienne. De toutes parts, se formaient des associations pieuses destinées à la bonne éducation de la jeunesse. La Providence, qui veille au salut de tous, voulut doter aussi l'Église de Digne d'une de ces institutions saintes : elle mit au cœur d'un respectable prêtre, M. Pascal, l'inspiration d'où devait jaillir une source de vie pour les âges futurs. Il eut la première idée d'enrichir le diocèse d'un Institut spécialement consacré aux enfants pauvres, si délaissés et pourtant si dignes d'intérêt et de pitié.

Il n'entre point dans notre cadre de dérouler les difficultés et les oppositions qu'eut à surmonter ce magnifique projet; disons seulement que, sous la haute approbation du vénéré Mgr de Miollis, le 29 septembre 1836, s'ouvrit à Manosque la nouvelle Congrégation de la Sainte-Enfance de Jésus et de Marie. Quatre religieuses de l'Instruction du Puy, dites de l'Enfant Jésus, avaient été appelées pour en jeter les fondements. M. Proal, supérieur du Grand Séminaire de Digne, ami particulier de M. Pascal et, comme lui, animé du véritable esprit sacerdotal, en eut la direction.

De toutes parts, on vit accourir au noviciat des postulantes très bien disposées. Ces beaux commencements promettaient les plus heureux résultats ; mais l'ennemi de tout bien jura d'étouffer à son berceau une maison qui allait abaisser sa puissance et restreindre son empire : les obstacles et les tracasseries des premiers temps se compliquèrent si fort que les fondatrices résolurent de retourner au Puy. A travers les sanglots et les larmes, quelques aspirantes se décidèrent enfin à rentrer dans leurs familles ; d'autres s'obstinèrent à rester auprès de leur vénérée Supérieure, la digne Mère des Anges, espérant, contre toute espérance, qu'elle ne les quitterait pas, bien que son départ fût fixé. Les Annales de l'Institut ont relaté des circonstances toutes providentielles qui firent changer la face des affaires. Nous n'entrerons point dans ces détails, quelque intéressants qu'ils soient. Il nous suffira de dire que la petite Congrégation naissante, transférée à Digne par la volonté de l'évêque, y prenait possession de l'ancienne prévôté de Notre-Dame-du-Bourg, le 2 février 1838. Quatorze seulement des nombreuses postulantes du noviciat de Manosque y suivirent les fondatrices; d'autres vinrent plus tard les rejoindre. Toutes étaient animées des plus généreuses dispositions et continuaient à se former à la vie de dévouement et de sacrifice lorsque les dames Michel entrèrent dans l'établissement.

La bonne Mère des Anges accueillit avec une joyeuse

cordialité les pieuses demoiselles qui venaient augmenter sa famille spirituelle et se montra pleine de déférence et d'attentions pour leur chère maman. Sa gracieuse charité gagna tout d'abord leurs cœurs et fit augurer un vrai bonheur pour l'avenir.

Une petite particularité signala la première matinée de Mlle Delphine au couvent. La nuit avait été froide; prévoyant pour la journée une température non moins inclémente, à son réveil, elle se hâte de demander la permission de rompre le silence; puis, interpellant tout haut sa sœur : « Couvre-toi bien, lui dit-elle; il fait froid et tu pourrais t'enrhumer. » La Mère des Anges ne put retenir un sourire. Le procédé de la chère postulante révélait, avec une délicate prévoyance, le respect pour l'obéissance et pour la règle. Plus d'une fois, dans la suite, la Mère Supérieure égaya la récréation par le récit du petit incident en question. Elle connaissait Mlle Michel par le grand éloge que lui en avaient fait des personnes graves et très respectables ; elle avait, en outre, eu l'occasion d'apprécier son mérite dans quelques entretiens antérieurs à son entrée. Elle savait qu'un long et sérieux apprentissage des vertus chrétiennes avait consacré sa vie au milieu du monde. Elle crut donc pouvoir la dispenser des épreuves ordinaires et l'admettre à la première prise d'habit qui devait avoir lieu dans l'Institut. Mlle Caroline, inspirant la même confiance, participa au même privilège. Quelques jours seulement après leur réception au noviciat, les deux sœurs revêtaient les livrées de Jésus-Christ. Mlle Delphine, se jugeant indigne d'avoir rang parmi les vierges du Seigneur, se proposa pour modèle l'illustre pénitente d'Alexandrie et prit le nom de Sœur Sainte-Thaïs. Cette conduite si humble, ce choix si modeste ne condamnent-ils pas la petite vanité qui fait ambitionner certains noms pour lesquels le monde marque sa prédilection ? Mlle Caroline reçut, à sa vêture, le nom de Sœur Sainte-Marie.

C'est le 26 mars, fête de l'Annonciation (1), qu'eut lieu l'imposante cérémonie, à jamais mémorable dans les fastes de la Congrégation. L'assistance était nombreuse : on y était accouru pour applaudir à cette prise de possession de la Congrégation naissante et pour s'édifier de la ferveur des élues. Les demoiselles Michel, si connues et si estimées dans la ville, attiraient surtout la curiosité et l'admiration.

Voilà donc Mlle Delphine devenue la Sœur Sainte-Thaïs ; la voilà humble fille de la Sainte-Enfance. Ce ne fut pas pour elle une vaine cérémonie que cette métamorphose extérieure; bien que ce premier pas ne fût marqué par aucun engagement irrévocable, notre nouvelle Sœur y vit une obligation étroite de marcher avec ardeur dans la voie des parfaits. Subitement transformée sous le costume de la religion, les pratiques du saint état qu'elle embrassait lui parurent pleines de charmes, et, dès lors, elle s'y livra avec toute la générosité de son âme.

Un vaste champ s'ouvrit immédiatement à son zèle : elle fut attachée au noviciat en qualité de professeur, le lendemain même de sa vêture. Cette fonction, toujours grave et délicate, avait dans ces premiers temps quelque chose de particulièrement épineux : il fallait tout organiser. La jeunesse, privée de leçons pédagogiques et de secours religieux, avait langui dans l'ignorance. Il s'agissait de donner aux nombreuses postulantes qui arrivaient de toutes parts, avec des connaissances solides, une éducation forte et soignée, d'en faire de bonnes institutrices religieuses. La Sœur Sainte-Thaïs eut donc à remplir un emploi aussi important que laborieux; elle y trouva ample matière à mérite, surtout du côté de la patience : sa vivacité naturelle lui imposa bien des violences. Fidèle à s'humilier promptement chaque fois qu'une saillie de caractère lui

____

(1) La solennité du grand mystère de l'Incarnation, tombant cette année-là un dimanche, dut être ajournée au lundi, 26.

échappait, elle fut un grand sujet d'édification pour la Communauté. Les novices en étaient singulièrement touchées et lui vouaient leur respect et leur estime, en raison et proportion de sa profonde humilité.

Avec sa charge de maîtresse au noviciat, Sœur Sainte-Thaïs cumula encore l'office de robière, d'économe et d'assistante. Il lui fallut une activité et une sollicitude extraordinaire pour concilier des intérêts divers et multipliés ; mais son dévouement ne fit jamais défaut, et la Mère des Anges put toujours se reposer sans crainte sur sa vertu et sur son talent. Les liens les plus intimes et les plus doux unirent, dès le principe, la bonne Supérieure et celle qui devait être un jour son successeur.

C'était une vraie et parfaite religieuse que notre vénérée Fondatrice ; possédant à un éminent degré l'esprit de son état, elle avait, en outre, le secret d'attacher les cœurs à Dieu et de les enflammer d'ardeur pour le bien. Les Annales de la Congrégation lui ont payé un juste tribut de reconnaissance et d'amour et conserveront à jamais sa mémoire. Disons seulement ici que, si toutes nos premières Sœurs puisèrent à son école une puissante sève de vie religieuse, si elles s'y trempèrent vigoureusement pour la perfection et le sacrifice, Sœur Sainte-Thaïs y recueillit la plus large part de richesses spirituelles. L'âme de la digne Supérieure sembla passer tout entière dans celle de son assistante : son esprit de foi et de simplicité, son amour pour l'abjection et la souffrance lui furent transmis abondamment.

La Révérende Mère avait une très haute idée du mérite de sa chère auxiliaire. Toutefois, son caractère lui inspirait certaines craintes pour l'avenir. « Il faut, disait-elle à une personne de confiance, que je forme quelque sujet capable de bien gouverner la Congrégation. Sœur Sainte-Thaïs réunit assurément toutes les qualités désirables pour cet effet: mais ne s'aliénera-t-elle pas les cœurs par sa trop grande vivacité, son humeur fougueuse ? Je lui désirerais un peu plus de douceur et d'amabilité. Avec cela, je verrais volontiers en ses mains les destinées de ma chère Sainte-Enfance. Je suis remplie d'admiration, ajouta-t-elle, pour l'humilité avec laquelle elle répare ses moindres écarts, lesquels ne doivent pas même constituer une sérieuse imperfection devant Dieu. L'impétuosité de sa nature, loin de nuire à son âme, lui est une occasion de précieux mérites et lui vaudra sa vie entière des combats et des victoires. »

La Mère des Anges disait vrai, et nous savons fort bien que l'aimable douceur qui captiva notre respect et notre amour fut une vertu de conquête pour notre Mère Sainte-Thaïs. Ce qui lui gagnait spécialement encore l'estime de la Révérende Mère, c'était son attrait pour le renoncement et le sacrifice, son amour pour le silence et l'obscurité. « Sœur Thaïs agit toujours avec une grande pureté d'intention; aussi, arrivera-t-elle à une éminente sainteté, » l'a-t-on entendue dire en plusieurs circonstances.

Arrêtons-nous un instant pour considérer la ravissante ferveur qui régnait au noviciat, en ces premières années. Elles furent marquées, on ne l'ignore point, par la pénurie de toutes choses, les épreuves et les tribulations de tous genres ; mais les consolations spirituelles jaillirent abondantes de la croix : le zèle pour la perfection était porté à sa plus haute puissance, et la joie la plus pure inondait tous les cœurs. C'est l'âge d'or de l'Institut. La fidèle compagne de l'Homme-Dieu sur la terre, la sainte pauvreté, était l'amie particulière et le seul trésor de ses humbles servantes. Longtemps, on dut attendre du Père céleste la nourriture de la communauté qui vivait au jour le jour dans le local délabré que la charité lui avait ouvert. Ni ameublement, ni linge, ni provisions dans cette pauvre demeure. La digne Fondatrice se complaisait dans les privations inhérentes à l'état précaire de la maison; elle savait même communiquer à ses filles les généreux sentiments de son cœur, en sorte que toutes goûtaient les délices de l'immolation et de la pénitence. « Jamais plus franche gaîté et bonheur plus doux qu'à cette époque de notre vie », disaient nos premières Sœurs. « Notre bonne Mère des Anges, affirme l'une d'elles, s'ingéniait pour nous adoucir les mille privations de chaque jour. Elle avait de délicates attentions pour chacune; elle savait si bien nous faire envisager toutes choses des yeux de la foi qu'il était impossible, après l'avoir entendue, de ne pas chérir notre position, quelque dure qu'elle fût. Il fallait bien qu'elle eût une puissance surhumaine pour attacher fortement nos cœurs à un Institut dont les commencements ont été si éprouvés. Sans son amabilité et sa tendresse, nous nous serions rebutées; mais elle était si bonne, si sainte, et nous l'aimions tant !... Avec elle, les plus amers sacrifices devenaient doux ; en la voyant si calme et si joyeuse au milieu de peines sans nombre, nous aurions eu honte de nous plaindre et de murmurer. »

Entraînée par des exemples pleins de force et de suavité, la jeune famille religieuse ne marchait point dans le chemin du sacrifice et de l'abnégation ; elle y volait rapidement. On savait alors se vaincre courageusement; on avait grand soin de s'humilier pour les moindres fautes. La Révérende Mère ne voulait pas d'âmes lâches et pusillanimes; elle exigeait de l'énergie et de la générosité. « Cette sainte maîtresse, dit une de nos chères anciennes, nous prêchait une sublime perfection; nous ne comprenions pas toujours alors de si beaux enseignements. Semblables, sous ce rapport, aux Apôtres ignorants et grossiers, notre intelligence s'ouvrait lentement aux choses d'en haut. Aussi, disait-elle un jour à notre sujet : « Il faut une foi bien vive pour croire que, de ces pauvres petits éléments, il soit possible de former une Congrégation enseignante; mais c'est l'œuvre d'un Dieu qui peut tout. Il fera des merveilles avec ces riens. Ce chétif noyau produira un bel arbre qui élèvera ses rameaux vers le ciel, étendra bien loin ses branches et donnera ensuite de bons et magnifiques fruits. »

Ces paroles n'ont pas été trompeuses. Assurément, c'est la grande foi de la vénérée Fondatrice, c'est sa prière ardente qui a fait reculer d'insurmontables obstacles et a obtenu des prodiges. Mais il est temps de revenir à celle qui doit nous occuper ici. Mieux que personne, elle recueillit avec un religieux amour les enseignements et les leçons de la Mère des Anges. C'est sous cet heureux et sage gouvernement que Sœur Sainte-Thaïs vécut ses plus beaux jours. Moins qu'à bien d'autres peut-être l'état de gêne et de privations de l'Institut naissant lui fut pénible et coûteux. Ce n'est pas qu'elle jouît de privilèges ; mais, rompue à des labeurs fatigants, soumise dès l'enfance à un régime assez austère, sa nouvelle position ne lui parut point aussi dure qu'on pourrait le croire. La bonne Supérieure fut aussi satisfaite qu'étonnée d'entendre les dames Michel lui dire, à leur entrée : « Nous nous conformerons sans peine aucune à l'ordinaire de la Communauté, car, pour l'alimentation, nous n'avons pas d'habitudes spéciales. Notre petit déjeuner se composait le plus souvent d'un morceau de pain sec ; parfois, nous y ajoutions un fruit ou chose semblable. Nous tenons à suivre en tout les usages établis. »

C'est ce que fit, dès le début, la chère assistante. Elle s'attacha à une exacte régularité et se porta avec ardeur vers les pratiques de mortification et d'humilité. Sa ferveur lui rendit doux et léger le fardeau du divin Maître. Nous savons néanmoins que les sacrifices du cœur ne lui manquèrent pas ; on peut même affirmer qu'à cette époque ils furent semés à profusion sous ses pas. Les peines intérieures ne lui firent pas défaut non plus. Une Sœur, qui le tient de source certaine, assure que l'ennemi de tout bien lui suscita beaucoup de tentations et lui livra de terribles assauts. La confiance et la docilité envers les représentants de Dieu la firent sortir victorieuse de tous les combats. Des souffrances d'un autre genre, très douloureuses et très sensibles, succédèrent aux luttes secrètes dont il vient d'être question. Ces douleurs poignantes, la Mère des Anges les connaîtra sans pouvoir les adoucir.

En ce temps-là, une demoiselle qui réunissait de rares qualités sous le rapport de l'esprit entrait au noviciat. Croyant trouver en elle une vertu proportionnée aux connaissances variées dont elle était ornée et aux riches dispositions de sa nature, on l'accueillit avec empressement. Des manières charmantes, un langage attrayant, beaucoup d'urbanité et de politesse donnèrent le change sur les vrais mérites dont elle était, hélas! bien dépourvue. Elle fixa les regards et plut malheureusement trop à certaines personnes qui crurent avoir trouvé un sujet bien précieux, capable de gouverner bientôt l'Institut et de lui donner du relief. Comme elle venait d'un couvent, on l'admit à la vêture sans les épreuves d'usage, et, dès lors, il ne fut plus question que de la préparer à remplacer la Mère des Anges. La vénérée Fondatrice ne devait point rester indéfiniment; ses supérieurs avaient l'intention de la rappeler au Puy, dès que la jeune Congrégation, assise sur des bases solides, ne réclamerait plus impérieusement sa présence et ses soins. Les deux coadjutrices, Sœur Saint-Vincent et Sœur Saint-Longin, venues avec la Mère des Anges pour l'ouverture du noviciat à Manosque, étaient retournées dans leur Maison Mère avant même le transfert à Digne. Mme Saint-Ambroise les suivit peu après l'installation à Notre-Dame du Bourg. Sœur Sainte-Thaïs, qui l'avait remplacée en qualité d'assistante, voyait avec grand'peine les préventions de certaines personnes envers la digne Supérieure. Avec les vraies religieuses, elle vivait dans une anxieuse appréhension des maux qui allaient advenir. Deux mois se passèrent ainsi, mois de souffrances et d'angoisses pour nos premières Sœurs, mois de déchirements et de douleurs amères pour la Mère des Anges.

Mlle Vial Augustine, devenue la Sœur Saint-Jean-de-Jésus, gagnait toujours dans l'esprit de ses admirateurs. Grâce à ses charmes naturels et à son habileté, il y avait autour d'elle un groupe choisi, celui des jeunes têtes. Déjà, elle se considérait comme investie de l'autorité. La digne Fondatrice souffrait en silence et songeait à répondre à l'appel de ses supérieurs. Sœur Sainte-Thaïs et deux ou trois autres religieuses eurent seules connaissance de son départ : la bonne Mère voulut épargner à ses filles les émotions d'une séparation déchirante. Toutefois, avant de quitter sans retour une maison qui lui avait tant coûté et qui lui fut toujours chère, elle adressa à toutes les Sœurs ses dernières recommandations, ses plus tendres adieux. Dans cette précieuse lettre, toute parfumée de la bonne odeur de Jésus-Christ, elle s'humiliait beaucoup, selon son habitude, et laissait parler son cœur tout maternel. Lorsque cette triste missive fut connue, la Mère des Anges était loin. Le chagrin et l'affliction de la Communauté furent immenses ; ils ne sauraient se décrire. Notre chère assistante ressentit en cette conjoncture une douleur bien vive. Elle avait été l'auxiliaire et la confidente de la Révérende Mère et, mieux que personne, elle pouvait mesurer toute l'étendue de la perte que faisait l'Institut. Il était facile, en outre, de prévoir les épreuves qui lui étaient personnellement réservées. Le 30 novembre 1840 resta ineffaçablement marqué dans son souvenir comme un jour néfaste.

La tristesse et le deuil enveloppèrent toutes les âmes à la nouvelle du départ de la vénérée Fondatrice. Les regrets et les larmes ne pouvaient être plus légitimes et mieux fondés, et il ne fallut rien moins que le très profond respect qu'on lui portait pour amener les Sœurs à se soumettre humblement, selon son avis, aux décrets de la divine Providence. Hélas ! en la perdant, on voyait disparaître la régularité et la ferveur, la vie vraiment religieuse.

Mlle Vial, la soi-disant Sœur Saint-Jean-de-Jésus, nommée Supérieure sans le concours de la Communauté, était une séculière sous un masque religieux. Passant sous silence son programme et ses actes, voyons ce que la Mère

Sainte-Thaïs eut à souffrir pendant une période lamentable et quelle fut sa conduite en ces jours désastreux. Si toutes les religieuses vécurent alors dans de terribles angoisses, plus que toute autre, notre chère Sœur, maintenue dans la charge d'assistante, dévora toutes les amertumes de la position. Elle n'entra jamais dans des vues diamétralement opposées aux desseins de Dieu ; toutefois, elle se conduisit toujours admirablement envers la nouvelle Mère, lui portant en toute rencontre honneur et respect. « On la voyait, disent les Sœurs qui ont traversé ces jours d'épreuve, lui obéir humblement, lui demander à genoux les moindres permissions, lui faire promptement des excuses quand elle pensait lui avoir déplu en quelque chose.

La Supérieure, qui avait été son élève à Grenoble, n'avait point pour elle les égards et la déférence que cette qualité semblait naturellement imposer et que la vertu et le mérite de Sœur Sainte-Thaïs commandaient, d'ailleurs, à son entourage. Choquée du contraste frappant qu'offraient leurs actes, trouvant dans la piété de son assistante une condamnation de sa vie mondaine, elle songea tout d'abord à se débarrasser d'un censeur importun, quoique toujours muet. Elle voulut confier tous les emplois que remplissait Sœur Sainte-Thaïs à une religieuse qu'elle croyait lui être sympathique. Heureusement, la Sœur de son choix refusa absolument d'acquiescer à ses désirs. (Il faut remarquer qu'à cette époque les membres de la Congrégation, n'ayant point encore émis les saints vœux, n'étaient pas strictement obligés à l'obéissance.) Sœur Sainte-Thaïs conserva donc une charge bien lourde et bien gênante. Ce qui l'affligeait, ce n'était point ce qu'elle avait à souffrir personnellement, les indignes préventions dont elle était l'objet, mais le triste état de la Communauté, la décadence et la ruine de la discipline régulière. Les âmes éprouvaient des tiraillements inexprimables, sentaient un vide, un malaise désolants...

Notre digne assistante se crut obligée de faire connaître

la vérité à qui de droit ; mais, avant de parler, elle pria et réfléchit beaucoup. De concert avec les religieuses anciennes, toutes sincèrement attachées aux principes reçus de la Mère des Anges, elle conjura la Très Sainte Vierge d'avoir pitié de sa famille infortunée. Marie, honorée, dès notre fondation, comme Patronne spéciale et première Supérieure de l'Institut, ne fut pas sourde au cri de ses enfants. Après une neuvaine en son honneur, faite avec une filiale confiance et une ardente piété, on informa Mgr Sibour, successeur du vénérable Mgr de Miollis, de la déplorable situation de la Communauté. Le bon Pasteur, alarmé des ravages exercés dans son cher troupeau, songea à le soustraire sans retard à tout danger. Il voulut entendre et interroger en particulier chaque Sœur. Hélas ! que de plaies morales ne découvrit-il pas ! Ému de compassion, il versa des larmes bien amères et témoigna une tendre sympathie à celles qui avaient été les victimes d'une mesure bien regrettable. « O ma chère enfant, que vous avez donc souffert ! » s'exclama-t-il avec des sanglots dans la voix, après avoir entretenu une Sœur. Ce n'était plus cette majesté imposante qui éclatait d'ordinaire dans l'auguste Pontife. Il était métamorphosé : on voyait en lui la tendresse et la bonté d'un cœur maternel que les souffrances de ses enfants rendaient inconsolable.

Après toutes les autres, Monseigneur reçut la Supérieure et lui parla avec toute la force qu'une juste indignation peut inspirer. Parfaitement renseigné sur toutes choses, il la déposa et décida qu'elle serait envoyée dans un de nos établissements. La déposée sembla se soumettre humblement ; mais, l'année suivante, elle quittait l'Institut.

Que ne peut-on anéantir des jours si tristes et dissiper même le souvenir de l'ombre ténébreuse qui enveloppa l'Institut encore à son berceau !... Mais non : l'éclipse momentanée fait attacher plus de prix à la brillante lumière... La Sagesse infinie sait tirer le bien du mal

même et changer en remède le poison mortel. La suite de
cette histoire en donnera une preuve convaincante.

Pour ressusciter l'esprit de régularité et de ferveur, pour
consoler une famille cruellement éprouvée, Mgr Sibour
crut devoir appeler une religieuse professe de la Présentation de Manosque et lui confier la direction de la Maison.
Quelques jours seulement après le départ de l'ex-Mère
Saint-Jean, Mme Saint-Bruno était nommée Supérieure de
la Sainte-Enfance et entrait en fonction. C'était une
personne grave et digne, possédant une connaissance
approfondie des devoirs de l'état religieux et animée de
l'esprit de Dieu. En peu de temps, la Communauté changea
de face : les exercices spirituels se firent exactement et
avec grand soin ; l'ordre régulier fut rétabli ; le noviciat,
objet spécial de l'attention et du dévouement de la Révérende Mère, fut bientôt entièrement renouvelé. Sœur
Sainte-Thaïs respira dans cette atmosphère vivifiante :
elle se trouvait dans son élément et dans sa sphère.
Charmée de l'heureux changement opéré, elle en rendait
au Seigneur de vives actions de grâces et appuyait de
tout son pouvoir la réforme si bien commencée. Maintenue
dans son office d'assistante et de maîtresse du noviciat,
elle se distingua plus que jamais par un grand zèle pour
les saintes observances, par une humble soumission et une
abnégation totale d'elle-même. Elle était toujours la plus
exacte aux exercices communs, la plus empressée à choisir
les occupations pénibles et viles, la plus fidèle à s'humilier
en tout. C'était une lampe ardente parmi les pieuses
enfants confiées à ses soins. « Notre maîtresse est une
sainte, se disaient-elles souvent. Pour devenir parfaites,
nous n'avons qu'à l'imiter. »

Toutefois, au milieu des douces consolations qu'elle
savourait devant Dieu, notre chère Sœur ne fut point, à
cette époque de sa vie, exempte de souffrances et de peines.
Son caractère lui imposa des sacrifices et lui valut des
humiliations que nous couvrirons du voile du silence et de

la charité. Les épreuves de ces jours de rénovation lui parurent délicieuses, car Dieu était aimé et glorifié autour d'elle.

Cependant Mme Saint-Bruno soupirait sans cesse après sa chère solitude. Son esprit et son cœur la reportaient constamment dans le cloître qu'elle avait quitté par obéissance à son évèque. D'autre part, tout digne d'éloge que fût son dévouement, elle ne pouvait faire à l'Institut tout le bien désirable, n'ayant pas l'esprit de notre vocation spéciale. L'état de la Maison Mère s'était bien amélioré sous son action bienfaisante; néanmoins, les Sœurs absentes ne se ressentaient pas beaucoup du bien opéré. La Supérieure ne les visitait point, leur écrivait rarement, et ses lettres, ne respirant pas l'intérêt d'un cœur qui partage les joies et les peines de la famille, n'apportaient pas, dès lors, les encouragements nécessaires. Pour combler cette lacune, il fallait une Supérieure remplie non seulement de l'esprit religieux, mais possédant pleinement l'esprit propre de notre Congrégation. Mme Saint-Bruno sentait ce besoin, mais ne pouvait le satisfaire. Aussi, sollicita-t-elle la permission de rentrer dans son monastère. Ayant obtenu l'autorisation désirée, elle partit pour Manosque, le 21 décembre 1843. On apprit bientôt qu'elle ne reviendrait plus à Digne.

CHAPITRE II

L'Institut, frappé au cœur pendant deux mortelles années, reprenait sa vigueur primitive, lorsque la Mère Saint-Bruno, dont le Seigneur s'était servi pour opérer cette rénovation spirituelle, se retira. Il fallait parfaire et consolider son ouvrage, affermir les bonnes dispositions de la Communauté, et il n'était pas moins urgent de combler la lacune de son gouvernement.

Une religieuse de la Sainte-Enfance, élevée par la Mère des Anges, pénétrée de cet esprit de foi, d'humilité, de simplicité qui caractérisait cette très digne Mère et que nos vénérables Fondateurs s'étaient proposé d'inspirer à leur pieuse famille, pouvait seule accomplir cette difficile tâche. Sœur Sainte-Thaïs réunissant toutes les qualités désirables pour cet effet, les regards se portèrent comme naturellement sur sa personne. L'espérance de l'avenir reposa sur sa tête. Le 23 décembre, deux jours seulement après le départ de la Mère Saint-Bruno, elle fut proclamée Supérieure.

Ce choix, applaudi de toute la Communauté, alarma sa vertu. Comme toutes les âmes intérieures, amante de la vie cachée, elle ne redoutait rien tant que d'être mise sur le chandelier et préposée à la conduite des autres. Effrayée à la seule idée d'avoir à en répondre, désolée de sortir du rang d'inférieure, qui lui était si cher, se croyant inhabile à diriger une Congrégation naissante, elle se hâta de faire valoir les raisons les plus plausibles, de présenter les plus belles observations pour décliner le supériorat. « Je ne suis venue au couvent, dit-elle, que pour me sanctifier sous l'obéissance. Je ne puis accepter des fonctions qui m'inspirent une répugnance invincible. L'autorité m'épouvante : je ne serais assurément pas entrée dans l'Institut, si j'avais soupçonné qu'une charge si lourde pût jamais peser sur moi. » Elle pria et supplia ses Supérieurs de ne point lui imposer un fardeau qu'elle estimait au-dessus de ses forces. Après avoir entendu l'énumération de ce qu'elle croyait un obstacle insurmontable à sa nomination, M. Meirieu, Vicaire géréral, du Diocèse et Supérieur de l'Institut, lui répondit : « Tenez-vous en repos et marchez ; rien de tout ce que vous venez de dire ne saurait s'opposer au choix qui a été fait. »

M. Gamel, directeur de la Maison, qu'elle conjurait d'avoir égard à son incapacité, de la prendre en pitié et d'obtenir qu'elle fût préservée d'un emploi si redoutable, lui répondit ces paroles énergiques : « Non, non, vous ne serez pas dégagée du poids de l'autorité ; vous mourrez dans cette charge : telle est la volonté de Dieu. Vous y mourrez, je le répète, parce que vous avez l'esprit qu'il veut donner à la Congrégation. Si vous ne voulez pas vous soumettre, vous répondrez de sa ruine et de son anéantissement au tribunal du Souverain Juge. Oui, si vous refusez la croix qui vous est offerte, la Maison croulera et vous en serez responsable !... » Ce langage, si fort et vraiment prophétique, impressionna vivement les Sœurs qui l'entendirent et les pénétra de vénération pour l'humble Mère.

Quant à celle-ci, foudroyée par une menace si solennelle, n'osant plus élever la voix, elle baissa humblement la tête. La certitude que le Seigneur manifestait sa volonté put seule relever son courage et ranimer sa confiance. Vaincue par la puissance de cette divine volonté, résignée à tous les sacrifices, elle immola généreusement sur l'autel de l'obéissance toutes les craintes et toutes les révoltes de son âme. Ce n'étaient point les souffrances qu'elle appréhendait : la responsabilité et les dangers du commandement causaient seuls son effroi. Elle comprenait bien cette parole de l'Imitation : *Il est plus avantageux d'obéir à tous que de commander à un seul.*

Aussitôt après son installation, la Mère Sainte-Thaïs, se considérant comme la servante de ses Sœurs, songea à bien remplir les graves devoirs de sa charge et à se dévouer sans réserve au bien spirituel et temporel de sa chère famille. Comme Salomon, elle demanda au Seigneur l'esprit de sagesse et d'intelligence pour bien régir son peuple, et sa prière, comme celle du grand roi, reçut prompte satisfaction.

Dès le début, elle se proposa de faire revivre la Fondatrice en s'inspirant en tout et partout de ses pensées et de ses sentiments. Elle s'attacha à maintenir ou à remettre en vigueur tout ce qu'avait établi cette digne Mère et ne voulut pas s'écarter des règles si sages et si droites tracées par sa main bénie. Ce plan si louable, elle le suivit scrupuleusement; elle se modela si bien sur la Mère des Anges qu'on put croire au retour de son heureux gouvernement.

Les circonstances étaient difficiles, la position particulièrement épineuse, et, sans une merveilleuse intervention d'en haut, la Mère Sainte-Thaïs n'eût jamais réussi à briser les nombreuses entraves qui s'opposaient à son action.

Longtemps, elle eut à dévorer bien des peines secrètes et vécut dans un état vraiment crucifié; longtemps, la prière fut son unique ressource, sa seule consolation. Elle y recourut avec une ardeur extraordinaire et y puisa des trésors de grâces et de bénédictions. Par de rudes austérités, elle attira aussi la rosée céleste sur le champ mystique confié à sa culture. Les leçons de l'exemple confirmant ses enseignements, elle eut la joie de voir le bien se consolider et s'accroître considérablement. En effet, l'esprit de régularité et de ferveur régnait dans la Communauté; le noviciat, très nombreux, comptait alors des sujets d'élite; les écoles, dirigées par les Sœurs de la Congrégation, se multipliaient de jour en jour. Les Supérieurs ne pouvaient satisfaire aux demandes qu'on leur adressait de toutes parts pour obtenir des institutrices religieuses. Pour faire droit à de touchantes réclamations, la chère Mère fut souvent contrainte de mettre à la tête d'une classe, parfois même d'un établissement, des novices toutes jeunes et sans expérience. Elle les plaçait sous la protection spéciale de la Sainte Vierge et les accompagnait de sa maternelle sollicitude. Quand il s'agissait de la gloire de Dieu et du salut des âmes, elle ne savait reculer; les considérations d'intérêt matériel ne l'influençaient point ; les sacrifices les plus coûteux ne l'arrêtaient jamais.

Les Sœurs disséminées dans nos divers postes, comme celles de la Maison Mère, ressentirent bientôt les effets de sa vigilance et de son dévouement. Elle les visita exactement, les encouragea de tout son pouvoir, soutint leur constance par de sages avis et de pieuses exhortations. Sa fermeté pour la discipline religieuse s'accentuait partout sur son passage, aussi bien que sa prévenante bonté. On sentait qu'une main énergique imprimait le mouvement à tout le corps et qu'un cœur de mère répandait la vie dans tous les membres. Aussi, les vrais enfants de la famille bénissaient le Ciel de la sagesse d'un tel gouvernement et en demandaient avec instances la continuation.

Rien n'était plus cher à la Mère Sainte-Thaïs que l'observance de la Règle. Pour la mettre en vigueur ou pour empêcher d'y faire brèche, elle ne craignait pas la souffrance et la gêne. Presque au début de son supériorat, elle en donna un témoignage éclatant. Une personne qui, lors de l'établissement à Digne, avait fourni divers objets pour le culte, prétendait, en qualité de bienfaitrice, avoir autorité dans la maison. Elle cherchait à s'immiscer dans le gouvernement, voulait être consultée pour les affaires, assister aux réunions communes, etc. C'était s'arroger des droits que rien ne pouvait justifier, introduire de graves abus. La Révérende Mère s'opposa formellement à un désordre dont les suites eussent été très funestes à la régularité ; aucun motif humain ne put faire varier son sentiment à ce sujet. La demoiselle dont il s'agit, sourde d'abord aux représentations respectueuses qui lui furent adressées, s'irrita bientôt si fort d'une si énergique fermeté qu'elle reprit en un seul jour tout ce qu'elle avait donné. Les Sœurs virent sans trop d'inquiétude dégarnir la sacristie, emporter ornements, ostensoir, confessionnal, etc.; mais, quand on vint enlever la seule statue de la Vierge qui fût dans la communauté, la douleur éclata. On l'accompagna tristement jusqu'au portail ; les novices pleuraient, tandis que quelques religieuses murmuraient ce chant plaintif :

> Où va ma mère bien-aimée ?
> Pourquoi fuit-elle nos déserts ?

Cependant, loin de s'attrister, la digne Supérieure envisagea comme un vrai gain l'état de dénument et de pauvreté où l'amour de la discipline régulière réduisait la Maison. Dans la joie sainte de son âme, elle fit chanter un *Te Deum* en action de grâces, estimant comme un grand bénéfice d'être, moyennant quelques privations, délivrée d'un assujettissement onéreux et nuisible.

Le zèle de cette excellente Mère ne négligeait rien de ce qui pouvait raviver la foi et nourrir la piété de ses filles. Ainsi, à l'aurore du mois de mai 1846, vit-elle avec grande consolation ériger et bénir au milieu de la cour de récréation une grande croix en fer. Il lui sembla que, protégée et défendue par le divin palladium, sa chère famille n'aurait plus à redouter le serpent infernal.

Plus vive encore fut l'allégresse générale lorsque, le 21 du même mois, la main du Pontife bénissait et posait, selon les rites usités, la première pierre d'une chapelle provisoire. La fête fut complète le 24 novembre suivant, jour où Mgr Sibour dédia le nouveau sanctuaire à la Très Sainte Vierge, sous le vocable de sa Présentation. Plus que tout autre, le cœur de la Révérende Mère fut consolé et réjoui ; avec une satisfaction bien douce, elle offrit au Dieu de gloire et d'amour un tabernacle simple et modeste, mais moins indigne de sa grandeur que l'humble réduit où on l'avait abrité jusque-là. On doit rappeler ici que les premières années de son installation à Notre-Dame, la Congrégation n'avait eu d'autre oratoire qu'une partie de l'antique Cathédrale de Digne ; nos chères anciennes eurent beaucoup à souffrir en hiver dans ce chœur délabré.

Plus tard, une pièce de leur pauvre local avait été convertie en chapelle qui devenait bientôt insuffisante. Grand et bien senti fut donc le bonheur de posséder enfin une maison de prière plus spacieuse et plus digne.

Cette même année 1846 procura à la Communauté réunie pendant les vacances une grande édification par la visite d'un illustre confesseur de la foi, Mgr Vérole, missionnaire apostolique de la Mandchourie. La chère Mère Sainte-Thaïs eut un plaisir inexprimable de cette précieuse entrevue dont elle garda un souvenir bien doux. Dans la suite, elle aimait à rappeler la mémoire du vénérable évêque et des conventions pieuses passées avec lui.

En 1847, trois jeunes ecclésiastiques du diocèse, sur le point de partir pour les Missions étrangères, recevaient, dans notre petite chapelle, les adieux d'usage en pareille occurrence. Cette scène, toujours émouvante, prenait au milieu de la Communauté un caractère particulièrement attendrissant. Les futurs apôtres avaient tous des parentes au noviciat. L'un d'eux, M. Lyons, frère de notre première et bien-aimée Sœur Annonciation, mourut évêque *in partibus,* après avoir glorieusement confessé sa foi et répandu pendant un demi-siècle environ la semence évangélique dans les pays infidèles (1). La bonne Supérieure trouva dans l'imposante cérémonie un motif puissant de stimuler le zèle et la générosité de ses filles au service de Dieu.

A côté d'événements pleins de consolation et d'espérance, vient se placer une ère de bouleversement et de douleur. Pendant que l'Eglise et la France, déchirées par des dissensions politiques, voyaient s'accomplir les plus graves faits dans leurs capitales, notre chère petite Congrégation traversait une terrible crise. La Mère Sainte-Thaïs, impuissante à dissiper le mal, passait des jours inquiets et angoissés. Il n'entre point dans notre plan de nous arrêter à ces tristes incidents. Adorons en silence la sagesse divine qui sut les faire tourner au bien de ses élus.

L'Institut renfermait des âmes d'élite, dont une légion est allée grossir le cortège de l'Agneau ; les Sœurs moissonnées par la mort en ces temps primitifs nous ont transmis des souvenirs tout parfumés. Notre nécrologe les garde avec amour. Toutefois, nous ne saurions nous défendre de rappeler au moins ici le nom de quelques-unes de ces chères défuntes.

En 1841 et 1842, moururent les deux premières Sœurs de l'Institut, Sœur de Jésus et Sœur Saint-Alphonse. C'étaient des sujets de grande espérance. Peu après son élection, la Mère Sainte-Thaïs fermait les yeux à une Sœur dont l'esprit de mortification, de pauvreté et de prodigieuse humilité était digne d'admiration. Sœur Saint-Paul (c'est son nom) mériterait de figurer à côté des plus illustres pénitents. Un peu plus tard, une autre de ses filles, Sœur

---

(1) Les deux autres étaient MM. Collombet et Ravel.

Saint-Pierre, mourait après avoir pratiqué une obéissance héroïque et prouvé que l'âme vraiment obéissante ne racontera que victoires. Au début de 1847, les anges cueillirent une autre fleur dans le parterre mystique, fleur fraîche éclose, toute brillante d'innocence et de pureté. C'était l'aimable Sœur Marie-Joseph, qui, encore à son printemps, s'en alla à la mort comme à un festin. Quelques mois après, une jeune religieuse, Sœur Saint-Raphaël, la suivait aux noces éternelles. Sa ravissante modestie était une éloquente et salutaire prédication. « Il a fallu, disait-on, voir cette pieuse vierge en proie à un affreux délire pour connaître la couleur de ses yeux.... »

A quelque temps de là, une vraie colombe de simplicité et de candeur prenait encore son vol vers la patrie. Il semblait que la douce Sœur Sainte-Enfance n'eût pas eu sa part de l'héritage d'Adam. Son nom éveille le souvenir de l'innocence, de l'amabilité, de la mansuétude. On respire une atmosphère céleste en lisant les notices de ces angéliques Sœurs.

Il n'est pas jusqu'à une novice converse, morte en ces premières années, qui n'ait laissé les plus édifiants souvenirs. C'était une âme de prière et d'oraison, une fille d'obéissance, un modèle de parfaite modestie.

La Révérende Mère trouvait une juste et suave compensation à ses douleurs quand sa pensée se portait sur des objets si dignes de sa tendresse. Heureusement, à travers les plus grandes épreuves morales, le nombre des véritables religieuses fut toujours considérable. Aussi, la bonne Mère disait-elle souvent : « Ma consolation et ma joie, je les trouve dans les religieuses ferventes et fidèles, dans le souvenir de celles qui meurent en prédestinées. »

Avant de dérouler le tableau des nouvelles épreuves que la Providence lui réservait, disons qu'aux premiers jours de son supériorat, continuant les rapports établis depuis peu avec la Doctrine chrétienne de Nancy, la Mère Sainte-Thaïs entrait en correspondance avec la Supérieure générale de cet Institut. Depuis, elle se fit souvent un bonheur de consulter l'excellente Mère Pauline de Faillonnet ; elle lui exposait fidèlement l'état de l'Institut, lui soumettait avec une confiance filiale ses projets, ses sollicitudes et tout ce qui pouvait intéresser le bien général. De son côté, la digne Supérieure lui marquait une vive sympathie, une parfaite estime et mettait avec joie à sa disposition les trésors de son expérience. En maintes circonstances, elle donna à ses filles adoptives des preuves du plus sincère attachement. On participa à tout ce qui se faisait d'édifiant et d'utile à la Doctrine Chrétienne, et tout ce qui se passait d'important et d'heureux chez nous était communiqué à Nancy et y recevait bienveillant accueil. Rien de ce qui nous intéressait n'était indifférent à la Mère de Faillonnet. Ses lettres, couchées avec honneur dans nos Annales, respirent un charmant esprit de famille. Elle avait plusieurs fois engagé la Mère Sainte-Thaïs à lui faire une visite ; mais, malgré leur vif et mutuel désir, nos vénérées Supérieures n'eurent jamais la consolation de se voir ici-bas. Leurs relations épistolaires devinrent plus rares et cessèrent presque tout à fait, lorsque notre petite Congrégation eut été déclarée indépendante et autorisée à se gouverner librement.

Toutefois, les liens de sainte amitié et de pieuse reconnaissance qui unissaient ces nobles cœurs, loin de s'affaiblir, se fortifièrent avec les années. C'est avec une confiance mutuelle que, dans les épreuves, aux heures critiques, elles réclamaient les secours spirituels de leurs Maisons. « Nous donnons peu, très peu, disait la Mère Sainte-Thaïs, en ces occasions, et nous recevons beaucoup. Soyons bien humbles et bien reconnaissantes : tout le bénéfice est pour nous. »

Six années s'étaient écoulées dans l'exercice de sa charge ; elle se réjouissait dans l'espérance de la déposer. Il lui eût été bien doux de rentrer dans la condition d'inférieure qu'elle avait toujours chérie et dont l'amour s'était considérablement accru pendant son supériorat. Mais cette consolation ne devait point lui être accordée. Il lui fallut reprendre le fardeau et, jusqu'à la mort, porter la lourde croix du gouvernement.

Le 20 décembre 1849, Mgr Meirieu, par acte épiscopal, inséré au registre des actes religieux, instituait de nouveau la Mère Sainte-Thaïs Supérieure générale de la Congrégation. Vu son développement toujours croissant, en raison aussi de circonstances toutes particulières, Sa Grandeur crut nécessaire de donner plus de force à l'autorité de la Supérieure et de l'entourer de plus de respect. C'est pourquoi cette nomination revêtit un caractère de solennité que n'avait pas eu l'élection précédente. Ce fut l'occasion d'une joie véritable. Les Sœurs appréciaient d'autant plus la conservation de leur digne Supérieure qu'un nouveau changement eût nui au bien général. On sentait le besoin de sa direction intelligente et ferme ; on était convaincu qu'elle pouvait seule raffermir les courages et fortifier les cœurs.

La chère Mère jugeait bien différemment : s'estimant une servante inutile, inhabile à gérer la maison du Seigneur, un vil instrument tout au plus apte aux plus humbles offices, elle aurait vu avec grand plaisir sa charge passer à une autre. Comme ces sentiments n'étaient point l'effet d'un défaut de générosité, mais le fruit d'une humilité sincère, elle s'inclina respectueusement devant la volonté divine. Cette courageuse soumission empruntait un mérite de plus à la connaissance pratique des difficultés de la position. Elle pouvait compter d'avance les douleurs poignantes et les peines sans nombre que lui réservait l'avenir ; mais elle entrevoyait aussi, semées sur son chemin, des grâces abondantes préparées par Celui qui est tout charité. Son âme se réconfortait par la méditation de ces paroles de nos saints Livres : « Sei
» gneur, je ne me suis point portée de moi-même aux
» choses grandes et élevées ; mais j'ai adhéré au témoi-

» gnage de votre volonté et j'ai espéré en votre puissant
» secours. » (Ps.)

C'est dans ces sentiments d'humilité et de confiance que
la Révérende Mère reprit la direction de la Communauté.
Mgr Meirieu donna toujours dans la suite des preuves du plus paternel intérêt à sa famille religieuse. Il
nomma M. Imbert, son Vicaire général, pour le remplacer en qualité de supérieur et confia l'aumônerie à un
des RR. PP. Maristes attachés au Grand Séminaire. Ces
dignes religieux et spécialement leur supérieur, le respectable Père Denis, mirent à la disposition de la Mère Sainte-
Thaïs leurs lumières et leur dévouement. Les encouragements et les conseils de ces hommes de Dieu ne contri-
buèrent pas peu à la soutenir pendant les jours de
l'épreuve. Ces jours pénibles ne tardèrent pas à se lever
plus sombres et plus longs que jamais. D'abord, elle
éprouva une sérieuse indisposition, au commencement de
1850. Dès qu'elle se trouva mieux, elle s'occupa activement de tous les besoins de sa chère famille; mais une
nouvelle croix s'ajouta aux anciennes : la Congrégation
fut affligée par une terrible mortalité ; on perdit bon
nombre d'excellents sujets, et, une année durant, les
malades se pressèrent et se succédèrent d'une manière
effrayante dans notre pauvre Maison. Il y en eut jusqu'à
vingt-deux à la fois, et cela sans épidémie, sans maladie
contagieuse. Il fallait des expiations, et Dieu se choisissait
des victimes. Sa main frappait à coups redoublés, conduite
bien plus par son amour que par sa justice.

La Mère Sainte-Thaïs, bien que parfaitement résignée,
était cependant plongée dans une profonde douleur. A
chaque nouveau décès, son cœur endurait les tortures
d'une longue agonie. On ne saurait peindre sa maternelle
charité et son dévouement pour les chères malades. Que
de jours et de nuits passés dans l'inquiétude au chevet de
la souffrance ! Quelle vigilance pour prévenir les embûches de l'ennemi, pour aider les âmes à combattre leurs

derniers combats ! Dès qu'une de ses chères filles avait été déclarée incurable, la bonne Mère ne la perdait plus un instant de vue ; c'est à l'infirmerie, auprès de la mourante, qu'elle fixait sa demeure. Tout en tenant sa correspondance et s'occupant des devoirs de sa charge, elle lui prodiguait ses soins les plus attentifs, lui suggérait de fortifiantes pensées et l'entretenait dans de saintes dispositions.

Le R. P. Denis, qui visitait souvent les édifiantes malades, disait à la Mère Sainte-Thaïs : « La croix est une bénédiction du Ciel. La grâce tombe abondante sur votre Maison. Je vous avoue que j'y entre toujours avec respect et une sainte émotion. Je sens que Dieu est là... »

Soutenue déjà par sa foi et son inébranlable confiance, elle puisait de nouvelles forces dans les encouragements du saint religieux. Elle en avait besoin, car la vertu, en dominant la nature, ne la rend pas insensible ; et, en ces jours de deuil, vaste et profonde était son affliction de Supérieure et de Mère. Une Sœur, la voyant pleurer, essaya de lui adresser quelques paroles consolantes. « On voit bien, répliqua-t-elle vivement, que vous ne savez pas ce que c'est que d'être mère. Si vous le saviez, vous ne parleriez pas ainsi. »

Revenant du champ funèbre, elle dit aux Sœurs : « Je vous aime toutes si tendrement que, si le bon Dieu me demandait de lui sacrifier une d'entre vous, je ne saurais laquelle lui offrir. Il faut bien que le choix vienne d'en haut pour que je puisse me soumettre. »

Plus d'une année s'était écoulée dans la désolation et les larmes ; la maladie et la mort poursuivaient leurs ravages et ne semblaient pas vouloir s'arrêter encore. Cependant des prières très ardentes sollicitaient la délivrance d'une si cruelle épreuve ; le Seigneur semblait sourd à toutes les supplications ; l'abattement et l'effroi régnaient dans la Communauté. La Révérende Mère eut enfin la pensée de recourir à la divine consolatrice de ceux qui pleurent, de s'adresser au Cœur affligé de Marie. Une neuvaine à Notre-Dame des Sept-Douleurs fut aussitôt commencée ; elle se fit avec une ferveur extraordinaire et amena le salut. La mortalité cessa instantanément; plusieurs religieuses gravement atteintes et dont l'état, au dire des hommes de l'art, était désespéré, éprouvèrent aussitôt une amélioration très sensible et recouvrèrent enfin une parfaite santé. L'une de ces chères malades fut même subitement et radicalement guérie en revenant de la Sainte Table. Elle ne s'en était approchée qu'à grand'peine, soutenue par une infirmière. Avant même la fin de la neuvaine, celle qui était tenue pour vraiment incurable pouvait reprendre ses occupations et son emploi. Après plus de quarante ans, elle travaillait encore très utilement pour notre chère Congrégation.

L'intervention de la puissante Auxiliatrice des chrétiens était manifeste. Grande fut la joie, grande aussi la reconnaissance de toute la Communauté. La digne Supérieure rendit surtout de vives actions de grâces pour une protection si visible et si prompte. Au jour de l'épreuve, elle avait béni la main qui la frappait ; à l'heure de la délivrance, elle exalta la divine Miséricorde de toute l'effusion de son âme.

La fin très édifiante des religieuses, moissonnées par la mort à cette date funèbre, laissait dans son âme un baume céleste, capable à lui seul d'adoucir tous ses maux, de fermer toutes ses blessures. En effet, de pures hosties s'étaient joyeusement offertes au Seigneur, qui, jaloux de la beauté de ces chastes colombes, les avait abritées *dans le trou du rocher*. On pourrait consacrer ici de magnifiques pages à la louange de ces chères défuntes; mais le cadre de ce travail ne saurait permettre de trop fréquentes digressions. Il y a, d'ailleurs, tant et de si précieux parfums de vertu à recueillir sur les pas de notre vénérée Mère qu'on ne peut butiner sur toutes les fleurs du che-

min. Contentons-nous donc de saluer en passant Sœur
Présentation, dont le nom est digne de figurer à côté de
celui des Thérèse, des Madeleine de Pazzi, des Catherine
de Sienne. Ce fut la première victime du grand sacrifice
de cette année de tribulations. Une âme séraphique, autre
Marie-Eustelle, fut immolée peu après. Sœur Marie-du-
Saint-Sacrement était son nom ; le Dieu de l'Eucharistie
avait ravi son cœur, et, joyeuse, elle s'en alla aux noces
éternelles.

Pour ne pas multiplier ces citations, traversons avec
respect leurs rangs sacrés pour aller droit à la tombe de
Mme Michel, la digne Mère de notre vénérée Supérieure.
C'est en octobre 1851 qu'elle succomba à une longue
maladie et termina par une sainte mort une vie pure et
sans tache. C'est ici le lieu de donner à cette respectable
dame un souvenir du cœur, de lui offrir un hommage de
juste et pieuse affection. Depuis que nous l'avons intro-
duite dans la Maison en qualité de pensionnaire, le silence
et l'oubli ont enseveli jusqu'à son nom même. L'ordre et
la rapidité de ce récit l'exigeaient ; mais rien ne pourrait
faire méconnaître ses mérites et ses vertus. Voyons-la,
dès le premier jour de son entrée, s'attachant à la Congrégation comme à sa famille propre, embrassant tous ses
intérêts, partageant ses épreuves, ses privations et ses
gênes. Pour se faire à la vie dure et pauvre de ces temps
primitifs, elle dut rompre avec des habitudes anciennes,
vaincre bien des répugnances. « Je vous aime beaucoup,
disait la Mère des Anges aux deux Sœurs, mais j'affec-
tionne plus encore votre chère maman. Je suis touchée de
la voir se contenter du strict nécessaire. Je l'estime grandement. »

Pendant le silence et le travail, Mme Michel demeurait
dans son appartement, sans troubler jamais la Communauté. Dans la belle saison, elle s'occupait au jardin, confié
à sa direction et qu'elle tenait admirablement. Libre de ses
actes et de son temps, elle en faisait le meilleur usage, ne

donnant rien à des visites et à des entretiens frivoles. Jalouse d'imiter son digne époux, de mettre en pratique le conseil qu'il lui donnait jadis, elle parcourait souvent, et toujours avec grande révérence et bonheur nouveau, les divines Ecritures où elle puisait de précieuses consolations et de vives lumières. Cette lecture fortifiante élevait son âme et nourrissait sa piété, laquelle était pour les personnes de son intimité un sujet de grande édification. Sa foi lui découvrait le bon Dieu dans toutes ses œuvres : elle le contemplait avec ravissement dans la belle et luxuriante nature. La culture des fleurs, sa passion favorite, son passe-temps le plus doux, favorisait les pieux élans de son âme vers l'auteur de tant de merveilles. C'est pour l'autel qu'elle réservait ces brillantes productions de la terre ; et, lorsqu'une main importune voulait en ravir les prémices ou que la sensualité en aspirait les senteurs, la pieuse dame, indignée, se prenait à faire de vifs reproches. « C'est bien pour cet usage que je soigne mes chères fleurs, disait-elle ; osera-t-on les offrir à Notre Seigneur quand une créature en aura enlevé les parfums ? »

Aux heures de récréation, Mme Michel se joignait souvent aux religieuses qu'elle aimait d'une tendresse de mère et dont elle était chérie. Les Novices et les Sœurs lui donnaient avec amour le nom de *maman* : les jeunes postulantes trouvaient en sa personne une amie pleine de bienveillance, qui se plaisait à les distraire, à les récréer et à les initier aux usages de la Maison. C'était toujours maman qui consolait les nouvelles venues, assaillies par l'ennui : elle était si ingénieuse qu'elle réussissait admirablement à dissiper leurs petits chagrins : elle avait même le talent de leur donner bonheur et joie. Aussi, quelqu'une de ces chères enfants paraissait-elle triste et sombre : « Il faut l'envoyer à maman », disait-on. Et Mme Michel la conduisait au jardin, étalait avec complaisance tout ce qui pouvait lui sourire, lui racontait de charmantes histoires, l'interrogeait, l'entretenait de ceux dont elle pleurait la séparation, lui marquait enfin une si affectueuse sympathie et une si touchante bonté que la petite affligée, se croyant avec sa mère, oubliait sa douleur et séchait ses larmes.

L'œil vigilant de cette bonne dame lui faisait deviner et prévenir les souffrances et les besoins des jeunes personnes : un regard lui suffisait pour en juger. « Delphine, disait-elle parfois à la Mère Sainte-Thaïs, si tu n'y prends garde, cette enfant sera malade. Vois comme elle pâlit ! Il lui faut tel remède, tel adoucissement. » La chère Mère profitait toujours de l'avis, et maintes fois elle put se convaincre que la bonne maman ne s'était point trompée.

Pour tout ce qui touche à la charité dans les paroles, Mme Michel était d'une délicatesse excessive ; digne en ce point de servir de modèle, sa conduite condamne hautement les personnes dont la langue distille à plaisir le venin de la médisance. Comme tous les nobles cœurs, elle avait un amour spécial pour les pauvres qu'elle assistait de tout son pouvoir. Elle vidait volontiers sa bourse entre leurs mains et s'imposait bien des sacrifices pour les soulager. Souvent on l'a vue offrir gracieusement sa tabatière à des vieillards que l'indigence réduisait à une privation bien dure pour des priseurs.

La haute piété de l'excellente dame parut surtout dans le zèle qu'elle déploya pour l'instruction religieuse des jeunes négresses, adoptées par la Congrégation en 1849. C'est à elle que fut dévolue la charge de catéchiser ces pauvres enfants du désert, sauvages encore à leur arrivée. On ne saurait dire avec quelle patiente bonté, quel esprit de discernement et de maternelle charité, elle s'acquitta de ce pieux et important devoir. Elle proportionna toujours ses leçons et ses explications à l'intelligence des intéressantes catéchumènes ; elle suivit le développement de leurs facultés et sut les affectionner au bien et leur inspirer 'horreur du mal. Les chères petites profitèrent si bien de

son cordial dévouement qu'elles purent bientôt recevoir le
sacrement de la régénération. Le jour de leur baptême
(4 avril 1850) fut une grande fête pour toute la Communauté ; la Mère Sainte-Thaïs en ressentit une joie toute
particulière, et sa digne maman prit la plus large part au
bonheur des heureuses rachetées auxquelles elle continua
ses soins avec grande consolation. Les nouvelles enfants
de la sainte Église se fortifièrent rapidement dans la
connaissance et dans l'amour d'une religion qui leur avait
donné une double liberté et des avantages infiniment précieux. Elles s'y attachèrent de tout leur cœur et vécurent
en vraies chrétiennes. Elles s'appliquèrent avec une bonne
volonté admirable à se défaire des habitudes de glouton-
nerie, de paresse et de vengeance qu'elles tenaient de leur
origine. La grâce opéra une merveilleuse transformation
dans ces natures rudes et sauvages, et l'édifiante ferveur
de ces pieuses enfants fut pour Mᵐᵉ Michel un grand sujet
de joie et de saint orgueil. Entre elle et les intéressantes
négresses s'était établie une douce familiarité, comme celle
qui unit les enfants à leur mère. Rien n'égalait l'amour
des jeunes Africaines pour leur respectable bienfaitrice et
leur meilleure amie. Aussi, sa mort leur fit-elle verser bien
des larmes, et leur reconnaissance s'exprima-t-elle par une
touchante douleur.

Ce qu'il importe plus particulièrement de dire ici, c'est
l'austère conduite de la Mère Sainte-Thaïs à l'égard d'une
personne qui avait tant de droits sur son cœur et qui lui
fut toujours si chère. On ne saura jamais toutes les violences que, quatorze ans durant, elle fit à sa tendresse
filiale, tous les sacrifices que lui valut, surtout dans sa
position de Supérieure, le séjour de Mᵐᵉ Michel dans la
Maison. Ce qui est bien connu, ce que bien des Sœurs ont
remarqué avec édification, c'est la sévérité inflexible avec
laquelle, tout en se conservant dans les bornes du respect,
elle refusa toujours à la nature les plus légitimes satisfactions. Ainsi, elle la voyait rarement en particulier et

ne lui parlait jamais au détriment de la Règle et du silence. Et c'est pour une mère dont elle connaissait toute la sensibilité qu'elle gardait cette excessive réserve! C'est pour une mère qu'elle paraissait indifférente et froide!... Elle souffrait beaucoup de ce que ces procédés présentaient de blessant pour sa chère maman; mais, devant exiger de ses filles spirituelles l'immolation de tout attachement trop humain, obligée de les exercer au renoncement religieux, elle voulait prêcher d'exemple et offrir un modèle achevé de toutes les vertus. Elle étouffa si bien la voix de la chair et du sang qu'on ne se serait point douté que ces liens si forts l'unissaient à Mme Michel.

Cette excellente dame ne pouvait, sans souffrir beaucoup, se voir ainsi traitée, et, maintes fois, de tristes et noires pensées pesèrent sur son âme. Elle comprenait bien que sa fille, pour l'acquit des devoirs de sa vocation, devait pratiquer une parfaite abnégation; elle connaissait assez, d'ailleurs, le cœur de sa Delphine pour ne point en douter; toutefois, elle ne pouvait se faire une idée d'un genre de perfection si élevée. Le bon Dieu voulait la purifier en la blessant dans sa partie la plus sensible et lui faire tirer de précieux avantages des mille petits sacrifices semés sur sa voie. En effet, Mme Michel avançait rapidement dans le chemin de la sainteté et, de jour en jour, s'unissait plus étroitement à Dieu. « J'ai demandé, disait-elle, de faire mon purgatoire ici-bas: voici une occasion favorable. » Et elle supportait patiemment le déplaisir et la souffrance qui lui arrivaient. C'est dans les dispositions les plus édifiantes qu'elle termina sa vie. Quelques jours avant son décès, elle avait dit confidentiellement : « J'ai obtenu une grâce extraordinaire : le don d'une contrition parfaite. J'en laisse l'assurance à mes chères filles. Cela leur vaudra plus de joie qu'un riche trésor. »

La Mère Sainte-Thaïs fut bien consolée d'une fin si chrétienne et si sainte. Malgré une bien légitime douleur, elle vaqua à ses affaires et remplit les obligations de sa charge

avec son exactitude et son assiduité ordinaires, ne s'exemp-
tant pas d'un seul exercice de Communauté. A en juger par
le calme et l'impassibilité de son extérieur, on eût dit que
la nature avait perdu tous ses droits : pas une plainte ne
s'exhala de son cœur. Cependant ce cœur était brisé, et on
sait, de source certaine, qu'elle sentit vivement toute la
peine d'une si douloureuse séparation et qu'elle eut besoin
de toute son énergie pour maîtriser ses émotions.

CHAPITRE III

Insurrection de 1851. — Merveilleuse protection.
Dévouement pendant le choléra.

C'est sur la croix que nous allons retrouver encore notre Mère ; nous la verrons toujours sans faiblir suivre les pas ensanglantés du Maître. L'insurrection de décembre 1851 jeta notre chère Congrégation à deux doigts de sa perte. Voyons ce que ces jours critiques apportèrent de douleurs et d'angoisses à la Mère Sainte-Thaïs et comment la Vierge Immaculée couvrit de sa miséricordieuse protection sa pieuse famille de la Sainte-Enfance. De son regard attentif, de son cœur dévoué, la Révérende Mère suivait avec le plus vif intérêt les combats et les épreuves de la sainte Église ; comme tous les esprits sérieux, elle avait prévu les nouvelles attaques que les méchants préparaient dans l'ombre. En face d'un avenir menaçant, sous un ciel gros de tempêtes, elle engagea ses filles à se disposer, par un redoublement de ferveur au service de Dieu, par une plus exacte observance de la Règle, à souffrir courageusement tous les maux qui pourraient advenir. Mais, en même temps qu'elle leur faisait entrevoir la persécution, elle ranimait leur foi et relevait leur espérance dans le secours du Ciel. Elle s'efforça surtout de leur inspirer un filial abandon à la Très Sainte Vierge, Mère et Patronne de la

Congrégation. Pour témoigner qu'elle remettait à Marie le soin et la garde de la Maison. elle fit afficher sur toutes les portes cette belle et confiante invocation : « O ma Maîtresse, ô ma Mère, etc. » La bonne Vierge ne pouvait frustrer l'attente de ses enfants; elle défendit leur cause, comme on va le voir.

Le samedi 6 décembre, des bandes d'insurgés, venus de divers points du département, se dirigèrent sur Digne. Bien que la Communauté s'attendit à de funestes événements, elle ne soupçonnait point l'approche du danger. Le coucher avait eu lieu à l'heure réglementaire ; un paisible sommeil régnait dans la demeure des épouses du Seigneur, lorsque, vers les 10 heures, la sonnette de la porte principale est agitée avec une violence extraordinaire. « Qui donc a pu s'introduire dans la cour, le portail étant fermé ? » se demande la Mère Sainte-Thaïs. Effrayée, elle se lève promptement et, avec précaution, regarde au dehors pour découvrir la cause d'un bruit si étrange; mais l'obscurité ne lui permet pas de rien distinguer, et la prudence lui fait un devoir de ne point ouvrir. Cependant on continue à sonner à coups redoublés, et la chère Mère entend une voix qui demande l'asile et la vie. Aussitôt, ne suivant que l'impulsion de son cœur. elle se dirige vers la porte pour donner satisfaction au malheureux solliciteur. « Je vous en conjure, ma chère Mère. lui dit vivement une Sœur qui s'était jointe à elle, n'ouvrez pas, n'ouvrez pas ! Vous pourriez tout compromettre en sauvant un inconnu, mal intentionné peut-être. »

Réfléchissant alors sur les conséquences probables de sa compassion. la Supérieure se rend à la prière de la Sœur et revient sur ses pas. résolue de ne point répondre aux appels affolés du visiteur nocturne.

Au milieu d'un horrible brouhaha, s'élevait dans le lointain le roulement des tambours. Des vociférations s'accentuaient toujours davantage: l'illusion n'était plus possible : de grands malheurs étaient à redouter. Les plus sombres pensées s'emparent de la Révérende Mère. Il lui semble déjà voir la Maison de Dieu profanée, de timides vierges obligées de fuir leur saint asile ou, ce qui est plus désolant encore, tomber entre les mains des ennemis de l'innocence pour être égorgées, — après avoir subi mille outrages... — Dans cette navrante perspective, elle tourne vers le ciel son esprit et son cœur et demande aide et secours à la Reine des Anges. Elle va ensuite examiner par une lucarne ce qui peut se passer, soit dans le quartier, soit en ville. A part l'incident de la sonnette, rien ne paraît de mauvais présage; le calme et la tranquillité règnent aux alentours ; mais, dans la cité, la confusion et le désordre montent, montent toujours.

Après ces premières perquisitions, la Mère Sainte-Thaïs se dirige vers son assistante pour lui faire part de ses noires appréhensions. Dormant d'un profond sommeil, la Mère Saint-Xavier n'avait rien entendu. Après l'avoir considérée un instant, la bonne Supérieure se retira sans oser l'éveiller. « La voyant dormir si paisiblement, je n'eus pas le cœur de la déranger », disait-elle plus tard.

Peu à peu, quelques religieuses, effrayées du bruit confus qui frappait leurs oreilles, étaient venues la joindre, lui manifestant leur épouvante et leur consternation. Elle les exhorta à se confier en Dieu, à prier beaucoup et avec ferveur pour éloigner les fléaux de sa juste colère. On se rendit à la chapelle, et, de toutes les poitrines, s'élancèrent vers le Divin Sauveur les plus ardentes supplications. La vénérée Mère excitait par son exemple la piété de ses filles. Celles qui l'ont vue en cette circonstance, prosternée au pied du Saint Tabernacle, le visage tout en feu, n'oublieront jamais l'impression produite sur leur âme. Toute la nuit se passa en prières; s'unissant au Maître agonisant à Gethsémani, ses épouses se disposaient ainsi à endurer une douloureuse passion. De temps en temps, la Mère Sainte-Thaïs interrompait son oraison pour songer à son troupeau bien-aimé et pour épier ce qui pouvait se produire au dehors. Hélas ! toutes ses recherches servaient à mieux confirmer ses craintes ! Il était visible qu'une catastrophe avait éclaté. Combien longues et poignantes furent les heures de cette mortelle veille ! La pieuse sollicitude de la Révérende Mère lui faisait ressentir par anticipation tous les maux qui pouvaient atteindre ses filles. Toutefois, sa confiance en Dieu ne fut point ébranlée. « J'ai caché bien avant dans les plaies de Jésus, dit-elle, le vœu de chasteté de toutes les Sœurs de la Congrégation. » Et elle se leva pleine de courage et de force.

A cette nuit terrible, succéda un jour plus malheureux encore : le matin, on trouva le cordon de la sonnette, la porte d'entrée, le mur tout ensanglantés. Cette découverte glaça d'effroi et consterna la chère Mère; elle ne pouvait s'expliquer un fait si étrange. Il lui paraissait toutefois que le visiteur nocturne devait être un homme d'ordre et de bien. poursuivi par des perturbateurs. Qu'est devenu ce personnage ? Rien n'annonce sa présence et ne laisse même soupçonner ce qui a pu lui advenir. N'a-t-il pas été atteint et assassiné par ses ennemis (1) ? Ces pensées et d'autres, non moins navrantes. se présentaient en foule à son esprit. Tourmentée par la crainte d'avoir causé la perte d'un honnête citoyen, d'un défenseur de la justice et de la religion, elle se croit souillée d'un sang innocent. « Harcelée par ces pénibles réflexions, dit-elle, le matin. dès que M. l'Aumônier arriva, je fus lui conter ce qui s'était passé et lui dire mes regrets et ma peine. D'un mot, il dissipa mes scrupules et me rassura parfaitement. m'affirmant que toutes sortes de raisons m'imposaient le devoir d'agir

---

(1) On sut plus tard que c'était le Procureur de la République. Fuyant devant l'insurrection, il s'était blessé au mur du cimetière et avait ensuite agité vivement, mais en vain, la cloche du couvent. Réfugié sous notre vieux hangar, il y passa une partie de la nuit. A la pointe du jour, il se dirigea vers la frontière.

comme je l'avais fait. Il me recommanda fort de refuser l'entrée de la maison à qui que ce fût. »

Tranquillisée quant à sa conscience, la Mère Sainte-Thaïs, loin d'être délivrée de ses craintes, acquit la certitude des calamités qui venaient fondre sur la société et désoler l'Église. Elle sut bientôt les exactions et les blasphèmes dont Digne était le témoin et la victime; elle apprit les chants infernaux qui affligeaient les oreilles, le désordre qui dominait partout. Lorsque nos Sœurs qui dirigeaient nos écoles de la ville vinrent au Couvent, le cœur inquiet de la bonne Mère se sentit soulagé d'un poids immense. « Vous voilà enfin, s'exclama-t-elle en les voyant! Dieu soit béni! Que j'ai souffert à votre sujet!... Il me semblait vous voir entre les mains de vos bourreaux!... »

La prière, les visites au Saint Sacrement remplirent tous les instants de cette anxieuse matinée, qui, d'ailleurs, ne fut marquée par aucun incident fàcheux. Cachées dans leur chère solitude, loin du bruit et du tumulte, nos Sœurs eussent été assez calmes sans la perspective des malheurs qui pouvaient les frapper. Mais, hélas! l'heure du sacrifice et du péril approche....; elle sonne déjà!.... Les ennemis du Christ ont obligé les prêtres à abandonner leurs sublimes fonctions. Si les forts d'Israël tremblent, s'ils cèdent aux puissances ténébreuses, que feront de craintives tourterelles? Sous les auspices de la Vierge Immaculée, elles ont fui dans une région inaccessible au vautour : elles se sont réfugiées dans le Cœur de Jésus !....

Cependant, tout en comptant sur le secours du Ciel, il est de la prudence de prendre des mesures de sûreté. La chère Mère y a pourvu. Elle a fait demander l'avis de Mgr Meirieu, qui, aussitôt, a député un messager pour lui dire : « Hàtez-vous, fuyez ! » A l'heure des vêpres, M. le Supérieur arrive et transmet cet ordre à la Communauté. Il y eut un moment de silence solennel, de majestueuse tristesse. Puis, tous les fronts s'inclinèrent pour recevoir un suprême pardon, une absolution générale....

Les soupirs et les larmes oppressaient toutes les poitrines. Il fallut les étouffer et prononcer un généreux *Fiat*... Quelle situation désolante ! Quel sombre avenir !

La Révérende Mère, dominant une profonde douleur, fit promptement tous les dispositifs et, avec une grande présence d'esprit, pensa à tous les besoins. Chaque Sœur reçut quelques pièces de monnaie, un pain et quelques objets indispensables. Quant aux novices, elle songea, avant tout, à les mettre en assurance : les ayant toutes munies d'un petit viatique, elle en fit conduire le plus grand nombre possible dans leurs familles respectives, et celles qu'elle ne put prudemment mettre en route, elle les entoura d'une vigilance toute spéciale et d'une délicate affection.

Ce n'est pas sans une très vive peine que la digne Supérieure franchit le seuil de l'enceinte sacrée qui renfermait l'Hôte divin. Un océan d'amertume submergea son âme lorsque, prenant congé de Jésus-Hostie et jetant un dernier regard sur le sacré Tabernacle, elle songea aux outrages qui pouvaient être réservés au Prisonnier d'amour....

Les chères malades, qu'elle devait laisser, lui donnaient aussi de vives inquiétudes, bien qu'elle les confiât à des mains prudentes et dévouées. L'infirmerie en comptait alors plusieurs, au nombre desquelles la Mère Saint-Michel, première assistante. Comme mesure de sûreté, on les transporta à la maison Guieu, et l'infirmière en chef, Sœur Sainte-Philomène, se dévoua à leur service. Mais la plus grande sollicitude de la bonne Mère Sainte-Thaïs était pour la vertu de la troupe virginale confiée à ses soins.

Passant par-dessus une foule de détails, pleins d'intérêt, mais ne se rattachant qu'indirectement à notre vénérée Mère, on ne fera ressortir ici ni les douces attentions de la Providence, ni la cordiale sympathie et la généreuse hospitalité que nos chères fugitives trouvèrent dans leur

détresse. On passera également sous silence et l'entrevue
de la chère Mère avec notre Evêque bien-aimé sur le
chemin de l'exil, et la dure nécessité qui obligea nos
Sœurs à quitter leur saint habit ; on ne dira rien non plus
de la désolation des novices et des jeunes professes,
forcées de quitter leurs bonnes Mères et leurs pieuses
compagnes, pas plus que des incidents divers de leur
triste pérégrination. Ces faits et plusieurs autres de cette
sinistre date sont bien relatés dans nos Annales. Arrêtant
nos yeux sur la noble figure de celle que nous vénérons à
juste titre, partageons avec elle les angoisses du moment.
Fort préoccupée du sort de ses filles chéries, attentive à
ce que toutes celles qui l'approchent n'aient pas trop à
souffrir, les consolant, les exhortant à la prière et à la
résignation, songeant aux absentes, gémissant sur les
excès des impies, nous la voyons toujours oublieuse d'elle-
même et consacrée sans réserve au bien de sa famille.
Pendant les trois nuits qu'elle passa hors de la maison, le
sommeil ne vint pas clore ses paupières, et des flots
d'amertume roulèrent sans cesse dans son âme.

Le lendemain du départ, 7 décembre, la Révérende Mère
envoya deux postulantes courageuses s'informer de l'état
des chères malades et prendre auprès de la Sœur infirmière des renseignements précis sur toutes choses. Hélas !
les nouvelles ne pouvaient être plus effrayantes !....

« Le moment des plus grands dangers est venu, dit-elle
à ses filles ; serrons-nous toujours plus fortement autour
de la Reine des Vierges, et les méchants ne pourront rien
contre nous ! » Le jour suivant, l'Eglise célébrait la fête
de la Conception très pure de Marie. Ce devait être, au
dire de tous, un jour d'horreurs et de cruautés. Ce fut, au
contraire, un jour de délivrance et de salut. Personne
n'ignore les circonstances providentielles qui ramenèrent
la paix et la tranquillité à Digne, la sécurité aux familles
et aux établissements religieux. L'intervention merveilleuse de la Vierge Immaculée est surtout parfaitement

connue. Ne nous arrêtons donc pas à les raconter, nous contentant d'unir nos actions de grâces à celles du peuple fidèle, à celles tout spécialement de notre bonne Mère et de nos chères Sœurs. Avant de parler de leur pieuse reconnaissance, il faut noter que, le 9, dès le point du jour, la Mère Sainte-Thaïs était partie, accompagnée de deux Sœurs anciennes, pour venir s'assurer par elle-même de ce qui se passait. Sur sa route, elle apprit la honteuse débandade des insurgés. La joie au cœur, elle précipita ses pas et eut bientôt franchi la porte de la paisible demeure restée déserte et que les ennemis de l'ordre avaient heureusement respectée. Oh ! avec quel amour, quelle douce consolation elle courut se prosterner aux pieds de l'auguste Captif, qui avait gardé intacte la retraite de ses épouses ! Avec quel bonheur elle embrassa les bien-aimées malades ! Comme elle s'empressa, ayant reçu l'assurance qu'il n'y avait plus rien à craindre, de rappeler ses chères filles dans leur éden !

Ce qui se passa au retour, les transports de joie qui éclatèrent de toutes parts se conçoivent facilement, mais ne sauraient se peindre... « La bonne chère Mère était rayonnante, dit une personne présente à la rentrée ; ses yeux brillaient d'un feu céleste ; on voyait bien que son bonheur surpassait celui de nous toutes réunies. » Il en était bien ainsi, car de même que, outre ses angoisses particulières, elle avait ressenti toutes les peines de sa chère famille, de même elle goûtait, avec sa part de suave contentement, toutes les jouissances de la Communauté.

Mais de nouvelles et poignantes inquiétudes vinrent soudain succéder à l'allégresse générale. Le jeudi soir, 10, la Révérende Mère apprit que trois mille insurgés d'un département limitrophe se dirigeaient sur la préfecture, non moins furieux que leurs collègues bas-alpins, dont ils accouraient renforcer les rangs. On prévoyait que l'insuccès de leurs frères, dont ils ignoraient l'échec, irritant leur infernable rage, ils se porteraient aux derniers excès. Ce qui rendait surtout la situation très critique, c'était l'absence de troupes dans le chef-lieu. Informée de ces alarmantes particularités, la Mère Sainte-Thaïs réunit les Sœurs professes pour délibérer sur ce qu'il y avait à faire. Fuir de nouveau ? Outre qu'elle répugne beaucoup, cette mesure ne paraît ni convenable, ni opportune, à une heure indue. Demeurer ? Ce parti offre de graves inconvénients : c'est mettre en danger beaucoup de jeunes et timides vierges. La question était plus qu'épineuse et le moment bien critique. Il fut enfin résolu que, si la position devenait périlleuse, les novices sortiraient à la dérobée par la porte du nord et iraient chercher refuge dans quelque habitation solitaire, tandis que les Sœurs anciennes attendraient que la force les arrachât du lieu saint, où elles passeraient la nuit. Cette décision prise, la chère Mère fit disposer pour chaque membre du noviciat un petit paquet renfermant, avec quelques hardes, un pain et une couverture. Elle fit ensuite déguiser quelques jeunes professes qui devaient fuir aussi à la première alerte. Elle leur adressa à toutes de touchantes exhortations et leur traça la règle de conduite qu'il faudrait suivre dans le monde, si de malheureux événements forçaient à y rentrer. Après avoir ainsi maternellement encouragé ses filles, elle alla se jeter aux pieds du divin Maître et répandre dans son cœur toute l'amertume du sien. Comme sept jours auparavant, la nuit tout entière s'écoula en humbles et ferventes supplications : chemins de croix la face contre terre, amendes honorables les bras élevés vers le ciel, prières de toutes sortes, tels furent les exercices de cette douloureuse veille. Ce fut un martyre que l'attente et la presque certitude des plus affreux malheurs. A tout instant, la bonne Supérieure croyait entendre résonner des pas suspects : elle allait guetter de côté et d'autre ce qui se passait et voir si elle ne découvrait pas au loin quelque signe funeste. Le calme et le silence de ces heures ténébreuses lui parlaient un langage effrayant. La pensée du Sauveur à Gethsémani lui donnait une force et une consolation ineffables. (On se rappelle que c'était la nuit du jeudi au vendredi.) Comme lui, ses épouses attendaient, fermes et courageuses, leurs cruels ennemis.

La puissance des justes est étonnante : ils arrachent les foudres vengeresses des mains du Très-Haut et en obtiennent des miracles de miséricorde. Bientôt, ce Dieu d'amour fit surabonder la joie où avaient abondé les larmes. On sait que les bandes dévastatrices. qui avaient choisi Digne pour théâtre de leurs exploits révolutionnaires, changèrent soudain leurs projets. Quelle panique s'était donc emparée de ces hommes audacieux ? Il n'entre pas dans notre plan d'approfondir cette question, non plus que bien d'autres relatives soit aux perfides complots des auteurs du désordre, soit aux châtiments qui leur furent infligés. Ce que nous avons plus d'intérêt à savoir, c'est la jubilation de toute la Communauté. le céleste bonheur de notre vénérée Mère. De bien douces larmes coulèrent de ses yeux, et, de son cœur reconnaissant, s'élancèrent vers le trône de l'Éternel des hymnes d'action de grâce.

Pour perpétuer le souvenir de la merveilleuse préservation et délivrance, pour en remercier à jamais le bon Dieu et la Très Sainte Vierge, la Mère Sainte-Thaïs demanda et obtint le privilège de passer. toutes les années, la nuit du jeudi au vendredi, dans l'octave de l'Immaculée Conception. devant le Très Saint Sacrement solennellement exposé dans notre chapelle. Cette précieuse faveur, consignée aux Actes religieux. fut accordée à perpétuité par Sa Grandeur Mgr Meirieu. Ce mémorial de la reconnaissance est le garant de nouvelles grâces pour les jours d'épreuves réservées à l'avenir.

Dans la suite. rappelant les événements de 1851, la Révérende Mère aimait à mettre en relief la miséricordieuse protection de Marie : elle nous excitait chaleureusement à une tendre et filiale dévotion à cette divine Reine. Le 8 décembre 1864, la conférence spirituelle étant sur l'objet de la fête, l'entretien s'engagea naturellement sur l'intervention manifeste de la Vierge Immaculée à cette douloureuse date et sur les marques évidentes de sa puissante protection envers la Communauté. La digne Supérieure fut plus expansive qu'à l'ordinaire, et la chaleur du discours lui fit, heureusement pour notre édification, braver la réserve de son humilité. Elle nous dévoila ce qui s'était passé dans son âme angélique. « Tout mon souci était pour le plus riche et le plus fragile des trésors : la pureté de mes filles et la mienne. Prosternée devant le céleste Epoux : « Vous savez, ô Jésus, et » vous voyez, lui disais-je, les projets abominables des » impies. La mort ne nous effraye point : nous ne la » craignons pas : mais nous avons horreur du péché que » ces infâmes veulent commettre pour nous déshonorer. » C'est notre beau lis que nous tremblons de flétrir. Nous » voulons avoir la gloire de vous l'offrir sans tache au » moment suprême.... Je prends donc, en ma qualité de » Supérieure, tous les vœux de chasteté de mes Sœurs et » j'en fais un manteau pour couvrir vos plaies divines. Ne » permettez pas que des mains sacrilèges souillent les » blanches robes de vos épouses. Gardez vous-même leurs » vœux sacrés et que rien ne puisse corrompre leurs » chastes cœurs. Leurs engagements vous concernent, ô » bon et très doux Maître ; faites, oui, faites, je vous en » conjure, que toutes y soient fidèles jusqu'au trépas. »

Et la bonne Mère ajoutait : « Non ce n'est pas la mort que j'appréhendais pour vous et pour moi, mais les outrages des méchants. N'oubliez jamais, Mes Sœurs, que votre vœu de virginité sert de vêtement à Jésus, qu'il cache la nudité de ses adorables plaies. Ce souvenir vous excitera à le garder scrupuleusement. Dans les occasions périlleuses pour votre vertu, rappelez à Notre Seigneur cette donation et osez lui dire : « Je suis votre bien, prenez donc

« soin de moi : ne vous laissez pas enlever un diamant qui
« est votre propriété. »

Bien d'autres fois, nous avons eu le bonheur d'entendre
notre vénérée Mère nous parler de sa sollicitude pour le
trésor des vierges : sa vigilance et sa délicatesse à ce sujet
étaient excessives. Il semble superflu de dire que l'incer-
titude du sort fait aux religieuses des divers établissements de l'Institut avait doublé ses angoisses pendant les
jours de la tribulation. Le service des postes étant sus-
pendu, aucune espèce de rapport possible, pas de nouvelles.
De leur côté, les Sœurs disséminées en maints endroits ne
savaient à quoi s'en tenir au sujet de la Maison Mère. Des
bruits désolants couraient partout, et, partout aussi, on
vivait dans les alarmes et dans l'effroi. Aussi, dès que le
calme fut rétabli, la bonne Supérieure se hâta de rassurer
ses filles absentes. Elle leur adressa une circulaire relatant
les graves événements qui s'étaient accomplis et invitant
à la reconnaissance.

Quelques mois plus tard, la Révérende Mère se voyait
ravir une auxiliaire dévouée : la Mère Saint-Michel, assistante, succombait à une douloureuse maladie, laissant
après elle des souvenirs pleins d'édification et de bien vifs
regrets. Sa notice occupe un rang d'honneur dans notre
nécrologe. Nous ne dirons rien ici à sa louange, sinon ces
paroles sorties plusieurs fois des lèvres de la Mère Sainte-
Thaïs : « Quelques jours après sa mort, la Mère Saint-
Michel nous annonça son entrée au paradis. » La défunte
avait été chargée par sa Supérieure d'obtenir, dès qu'elle
serait au ciel, plusieurs grâces importantes pour la Communauté. Bientôt, les vœux furent comblés par l'obtention
des faveurs désirées.

Cependant au milieu des amertumes, comme au sein des
douceurs dont parfois le Divin Maître lui laissait tomber
quelques gouttes, notre vénérée Mère poursuivait sa route,
moissonnant de nombreux mérites pour l'éternité. Elle
savait, le regard en haut, se passer de soutiens humains.

Ces fragiles appuis lui firent souvent défaut. A cette époque, le changement d'aumônier, renouvelé plusieurs fois, était peu propre à favoriser son zèle pour le bien. Dieu, jaloux de la gloire de ses œuvres, voulait que la conservation et la prospérité de l'Institut lui fussent uniquement attribuées. Ainsi, vers ce temps-là, sa providence paternelle le préserva d'une ruine inévitable et certaine. Passant par-dessus certains événements qui n'entrent qu'indirectement dans notre cadre, disons que la Révérende Mère vit se réaliser, en septembre 1853, un pieux projet, formé depuis longtemps et que divers motifs avaient forcé d'ajourner : la Maison fut solennellement bénite, au milieu de nos Sœurs réunies pour la retraite. Cette cérémonie fut un grand sujet de joie pour toute la Communauté. C'est sans doute à la puissance de cette religieuse consécration qu'on dut la préservation du terrible fléau qui désola nos contrées en 1854. Le choléra n'osa franchir l'asile mis en sûreté sous la protection du Très-Haut. La divine Patronne de la Sainte-Enfance se plut encore, en ces jours néfastes, à veiller sur sa famille, à la garder de toute atteinte. La prière, l'exercice de la charité et la confiance en Marie : voilà le secret du salut en cette circonstance critique.

Au commencement de l'été, l'apparition de l'épidémie avait jeté la consternation et l'effroi dans beaucoup de localités ; pendant les mois ds juillet et d'août, le mal gagna considérablement et une affreuse mortalité s'ensuivit. La panique s'empara bientôt des populations, qui fuyaient éperdues. Dans les campagnes surtout, les pauvres restaient sans consolation et sans secours. En ces pénibles conjonctures, nos Sœurs des divers établissements sollicitèrent l'autorisation de se dévouer au soin des cholériques et partout donnèrent des preuves d'une généreuse charité. Elles allaient de maison en maison, de chaumière en chaumière, distribuer des encouragements et des soins. Elles eurent ainsi la douce satisfaction de soulager les membres souffrants de Jésus-Christ et de préparer bon nombre de leurs frères à une sainte mort.

Les religieuses de la Maison Mère ne furent pas privées de cet honneur. Des demandes d'infirmières étant, de plusieurs localités, parvenues à l'évêché, M. Fortoul, Vicaire général et supérieur de la Congrégation depuis le départ de M. Imbert, porta à la Communauté les cris émouvants de la détresse. Spontanément, toutes les Sœurs réunies tombent à genoux et sollicitent avec instance d'être agréées pour cette périlleuse mission. Deux seulement furent choisies et partirent presque incontinent pour une commune (1) où le fléau sévissait avec tant de rigueur qu'on ne trouvait plus de bras pour ensevelir les morts. On rapporte que Mgr l'Évêque et M. le Préfet, s'étant rendus sur les lieux pour y porter des secours et y relever le moral des habitants terrifiés, se joignirent à la Sœur pour donner la sépulture à un obscur villageois.

Cependant M. Fortoul, enchanté de la générosité de ses filles, n'avait eu que l'embarras du choix. Pour consoler celles qui n'avaient pu être acceptées tout d'abord, il les assura que, sous peu, de nouvelles gardes-malades seraient prises dans leurs rangs, ce qui se vérifia, comme on va le voir.

La Révérende Mère était absente au départ des deux Sœurs dont il vient d'être question. A son retour dans la Maison Mère, elle chargea plusieurs professes de soigner en ville les pauvres que la contagion avait atteints, et, quelques jours plus tard, elle en désigna d'autres pour prodiguer les secours de la charité chrétienne en divers lieux, horriblement maltraités par le fléau (2). Elle faisait courageusement le sacrifice de ses chères filles en vue du bien et du salut de l'humanité souffrante. Voici ce que

---

(1) Clumane.

(2) Barles, Clumane, les Sauzeries, Verdaches.

raconte une des Sœurs appelées au glorieux emploi d'infirmière :

« Avant de nous laisser partir, notre digne Mère nous fit approcher des sacrements et nous recommanda de le faire comme si nous devions bientôt mourir; ensuite, nous ayant réunies dans sa cellule, elle nous adressa les plus maternelles exhortations : « Je suis par» tagée entre la joie et la tristesse, dit-elle ; je me réjouis » en songeant que vous aurez l'honneur de servir et d'as» sister Notre Seigneur lui-même dans la personne de nos » frères délaissés. Cette considération doit vous commu» niquer une sainte ardeur, une force surhumaine. Mais » une amère tristesse inonde mon âme en pensant que je » vous envoie probablement à la mort..... Confiance cepen» dant et grande générosité ! Si vous êtes avec le bon » Dieu, vous n'avez rien à craindre. Je vous conjure » instamment de vous conserver toujours dans une ex» trême pureté de conscience. Confessez-vous souvent ; » nourrissez-vous bien du pain de vie et tenez-vous prêtes » à paraître à tout instant devant le Souverain Juge. » Chaque soir, dites-vous qu'avant le jour suivant vous » pouvez être dans l'éternité. Le matin, répétez-vous que » le soir vous aurez peut-être subi votre jugement. » Enfin, ajoute la Sœur, après nous avoir fortement encouragées et nous avoir fait de tendres adieux, notre bonne Mère nous donna sa bénédiction et nous embrassa avec une émotion bien sensible.

« Une semaine après notre départ, nous lui écrivîmes que nous étions sans cesse au milieu des mourants et des morts, sans demeure stable, vu la distance des malades, exposées à bien des privations. Nous ajoutions qu'en une circonstance personne ne nous ayant offert à manger de toute la journée, nous avions été réduites à demander l'aumône pour l'amour de Dieu. La Révérende Mère nous fit cette belle réponse : « Je suis ravie que vous ayez été » trouvées dignes de souffrir les effets de la sainte pau-

» vreté et d'acquérir un trait de ressemblance avec notre
» divin Époux. Oh! estimez-vous bien heureuses et soyez
» fières de l'honneur qu'il a daigné vous faire de rompre
» avec lui le pain de l'aumône!... »

Enfin, après plusieurs semaines de fatigues et de veilles, nos Sœurs, envoyées aux secours des cholériques, revinrent toutes saines et sauves. Pas un cas, pas une victime, et cependant on avait affronté partout le danger. C'était un nouveau bienfait du ciel, une nouvelle marque de la protection spéciale de la Très Sainte Vierge que cette singulière préservation. Aussi, la reconnaissance et l'amour de tous les membres de la Congrégation furent-ils bien profonds et bien vifs. La vénérée Supérieure en rendit de solennelles actions de grâces et sentit redoubler sa confiance et sa foi (1).

Un immense sacrifice s'était imposé à toutes les âmes ; la réunion de septembre n'ayant pu s'effectuer, la mère et les enfants furent privées du doux plaisir de se revoir et de s'embrasser. Mais, si elle n'eut pas la consolation de grouper autour de sa personne ses filles bien-aimées, elle les renferma plus avant dans son cœur et leur prodigua sa sollicitude et son dévouement. Ses lettres, manifestant à chacune les ordres du Seigneur, allèrent consoler les douleurs et renouveler le courage pour le bon combat.

Le fléau disparu, on se remit partout à l'œuvre avec une nouvelle ardeur. Peu après, 8 décembre 1854, la promulgation du dogme de l'Immaculée Conception de Marie apportait à la digne Mère Sainte-Thaïs une céleste joie, un bonheur ineffable. Le culte de l'auguste Vierge, la dévotion à sa Conception toute pure fut toujours la passion de son cœur. Elle fit célébrer avec un saint délire le triom-

----

(1) Le Gouvernement accorda des mentions honorables à quinze de nos Sœurs qui s'étaient dévouées au soin des cholériques.

phe del'Immaculée, ainsi qu'en témoignent les Annales de l'Institut.

Cependant on soupirait de toutes parts après les vacances de 1855. Elles arrivèrent enfin, ces vacances tant désirées, et ramenèrent à la Révérende Mère un surcroît de pieuses jouissances. On avait tant souffert d'une double séparation ! Les joies de la piété filiale et les tendresses de l'amour maternel, sanctifiées par le sacrifice et la religion, se rencontrèrent pour le bonheur commun.

CHAPITRE IV

Troisième élection de la Mère Sainte-Thaïs. — M. Pascal, supérieur
de la Congrégation. — Trois vœux de la Révérende Mère.
Sa vie est en danger. — Réélection en 1861.

Au milieu de tribulations multiples, six nouvelles années
s'étaient écoulées dans les laborieuses fonctions du gouvernement. L'espérance de voir enfin tomber le redoutable
fardeau qui l'oppressait soutenait la Mère Sainte-Thaïs.
Dans cette douce attente, elle se disposa à rendre au
Seigneur un compte fidèle de son administration et, le
moment venu, humble et joyeuse, elle remit entre les
mains de son Évêque les clefs du pouvoir.

Contrairement à ce qui s'était pratiqué jusque-là, le
lendemain, 17 décembre 1855, on procéda à l'élection de la
Supérieure par scrutin secret. Le dépouillement des votes
découvrit un nom bien cher, et, quand la voix du Pontife
eut proclamé Sœur Sainte-Thaïs de nouveau Supérieure
générale de la Congrégation, la joie s'épanouit dans tous
les cœurs. Ce fut un jour de grande fête. Après les cérémonies religieuses, il y eut explosion de témoignages
pleins de respect et de tendresse. On se livrait aux
transports de la piété filiale. Dans l'après-midi, une intéressante représentation était donnée. Sur la scène, on

voyait apparaître la Religion, appuyée sur l'arbre du
salut ; elle venait réjouir et réconforter la chère réélue, et.
de sa main bienfaisante, elle lui présentait une phalange de
consolatrices et d'amies. La Foi, l'Espérance, la Charité et
plusieurs autres filles du ciel parlèrent tour à tour un
langage ravissant. Grandes furent la surprise et les douces
émotions de toute la Communauté, de la Révérende Mère
en particulier. Enfin, une gracieuse cantate, exécutée
avec une ardeur entraînante, clôtura cette réunion, au
souvenir toujours plein de fraîcheur et de vie.

La claire manifestation de la sainte volonté de Dieu
renouvela le courage et l'énergie de la vénérée Mère : elle
se remit à l'œuvre avec un zèle nouveau et une abnégation
plus généreuse encore. Ses soins vigilants produisirent
les plus consolants résultats : une pieuse rivalité régnait
parmi les professes ; un nombreux et fervent noviciat,
espoir de l'avenir, croissait sous son regard maternel ;
les établissements se multipliaient, et partout les humbles labeurs des enfants de l'Institut donnaient les
plus beaux fruits. L'estime des populations, la bonne
discipline et les succès de nos écoles nous méritaient la
confiance des agents de l'Université. D'autre part, l'approbation impériale de la Congrégation (avril 1853), la délivrance
de nombreuses mentions honorables à nos Sœurs institutrices ou hospitalières, qui s'étaient distinguées, avaient
donné du relief à notre modeste Maison. C'est à ces dispositions bienveillantes qu'elle dut le mandat de diriger
le Cours Normal d'institutrices. La Mère Sainte-Thaïs
hésita longtemps avant d'accéder à la proposition qui lui
en avait été officiellement faite : la volonté de Mgr Meirieu
fixa son indécision et amena un prompt acquiescement de
sa part. Le Cours Normal fut ouvert et annexé à la
Maison Mère au début de 1857.

Dans le courant d'octobre de la même année, le respectable M. Pascal, alors Vicaire général du Diocèse, fut
nommé supérieur de la Sainte-Enfance, en remplacement

de M. Fortoul qui, s'étant démis de cette fonction, nous conserva néanmoins toujours un intérêt vraiment paternel.

Le nom de M. Pascal éveille des souvenirs trop précieux et trop chers pour ne pas arrêter l'attention du cœur. Toute la Congrégation salua avec amour et reconnaissance cette heureuse nomination. Depuis le transfert à Digne de l'Institut naissant, il ne s'était plus trouvé en rapport immédiat avec ses membres. Ses meilleures intentions avaient été méconnues ; son ardeur pour le bien lui avait valu des humiliations et des disgrâces qu'il supporta avec la douce paix des saints. A l'écart de toute coopération directe, il n'avait point cessé, par des prières ferventes, des sacrifices de tous genres, d'attirer sur la chère œuvre de son inspiration l'abondance des faveurs divines. La vérité eut enfin son triomphe. M. Pascal devait, avant d'entrer en possession de la gloire réservée à ses héroïques vertus, verser en nos cœurs tous les trésors du sien et nous embaumer de la bonne odeur de Jésus-Christ.

Depuis sa nomination, ce digne Père sembla ne plus vivre que pour sa chère Sainte-Enfance. Il ne cachait point l'amour de prédilection qu'il lui portait. Sa biographie en fait foi, mais n'a pu révéler toutes les richesses de son amour paternel. Nos Annales ont consacré quelques pages émouvantes à sa mémoire vénérée ; néanmoins, rien ne saurait peindre, et les mérites de celui qu'on appela justement la personnification de toutes les vertus, et la religieuse vénération de ses filles spirituelles. Avant de s'endormir du sommeil du juste, il put jeter un regard consolé sur sa famille privilégiée qu'il laissait grandie et prospère.

On conçoit aisément les fruits de salut que son zèle et sa sainteté produisirent dans la Congrégation et la joie pieuse qu'en éprouva la Mère Sainte-Thaïs. Depuis deux ans environ, un autre fils du sanctuaire, vrai ministre de charité, exerçait les fonctions d'aumônier. Le bon M. Ventre était éminemment propre à seconder les desseins du Seigneur et à alléger le fardeau de la Supérieure. Dès le principe, le plus parfait accord s'établit entre le saint M. Pascal, le digne M. Ventre et la Révérende Mère. Ces trois respectables personnes semblaient faites pour se comprendre et travailler de concert. Nous verrons bientôt le magnifique résultat de cette unité de vues et de sentiments.

Éteindre les dettes qui grevaient l'Institut, lui laisser une Règle invariable et fixe, dûment approuvée, ériger au Roi de gloire un temple dont la splendeur ne fût pas trop indigne de sa majesté, tels étaient les trois vœux qui reposaient dans le cœur de la Mère Sainte-Thaïs. « Je mourrais contente, disait-elle, si je voyais ces trois désirs réalisés. »

Bien que des obstacles presque insurmontables parussent s'opposer à leur accomplissement, le bon Dieu se plut à satisfaire pleinement sa servante. D'abord, elle parvint, au prix de nombreux sacrifices, à se débarrasser de créanciers importuns ; ensuite, voyant la Maison délivrée des charges onéreuses que les malheurs de 1850 et de 1851 lui avaient imposées, elle songea à l'œuvre par excellence qu'elle élaborait depuis longues années. Aidée des lumières et des conseils du vénéré M. Pascal et du digne M. Ventre, elle prépara l'impression de nos saintes Règles. Les statuts, apportés par la vénérée Fondatrice, étaient restés, à travers des modifications diverses nécessitées par les circonstances, la base de notre édifice spirituel et comme l'âme de notre être moral. Toutefois, longtemps il n'y eut rien de bien définitif sur ce grave sujet : on soumettait à la réflexion et à l'épreuve les modes à adopter, les dispositions à prendre. Mais ce qui était constant et remarquable en ces premiers temps, c'était l'amour de la régularité. Jusqu'en 1840, les Sœurs ne furent point autorisées à se lier par la triple chaine des vœux, et cependant on en pratiquait généreusement la perfection. A cette date, on permit de contracter les saintes obligations ; mais liberté entière quant à l'engagement lui-même et quant à sa durée. Le moment était critique et l'avenir incertain : on pressentait douloureusement le prochain départ de la Fondatrice.

La Mère Sainte-Thaïs dit à sa sœur : « Ne nous lions que pour six mois, car, pour peu que dure cet état de choses, la Maison croulera, et, dût-elle se soutenir, je ne serais point d'avis d'y persévérer à moins d'une rénovation complète. »

On sait comment la divine Providence opéra le renouvellement si vivement désiré. Ces premiers vœux temporaires, réitérés ensuite, devinrent perpétuels en 1851, après l'adoption des statuts de la Doctrine-Chrétienne de Nancy. L'expérience ne tarda point à prouver que, malgré leur excellence intrinsèque, ces statuts ne convenaient que médiocrement à la Sainte-Enfance. Il fallait s'approprier les uns, rejeter ou modifier les autres, en former de spécialement propres et particuliers. On ne rendra point compte ici des détails et de la suite de ces travaux auxquels la Mère Sainte-Thaïs prit la plus large part. Elle étudia les législateurs monastiques, consulta des personnes graves et compétentes, mais surtout elle pria et fit prier beaucoup. Elle fit faire des bonnes œuvres, prescrivit des neuvaines et autres pratiques pieuses dans tout l'Institut, à l'effet d'obtenir les lumières et les bénédictions du Ciel.

Que d'heures n'a-t-elle pas employées à étudier et à réfléchir aux pieds du Crucifix ! Que de sacrifices et de pénitences n'a-t-elle pas présentés au Seigneur ! Mais aussi que de grâces ne sont-elles pas tombées du Cœur sacré de Jésus sur ces lignes qui devaient servir à le faire parfaitement aimer !

Enfin, le Représentant de l'autorité divine, après en avoir scruté tous les points, daigna honorer de sa haute approbation les Règles et Constitutions de l'Institut. Sa Grandeur en recommanda fortement l'observance dans les magnifiques pages qui ouvrent le code sacré. La Mère

Sainte-Thaïs, au comble du bonheur, goûta d'ineffables délices en voyant ses efforts couronnés, ses souhaits accomplis. Mais un travail très sérieux, des veilles fréquentes, une vive sollicitude avaient épuisé ses forces ; les grandes chaleurs de l'été altérèrent tout à fait sa santé, et son état devint bientôt alarmant. Vers la fin d'août, une grave maladie se déclara et mit sa vie en danger. La mort paraissait imminente : de longs jours se passèrent entre la crainte et l'espérance ; le deuil était dans toute la Communauté. En entrant pour les vacances, nos Sœurs se trouvaient plongées dans une amère tristesse. Bien sombre fut la réunion de 1861, bien poignantes les angoisses, mais surtout bien ardentes les prières en faveur de la bien-aimée malade. Elles firent violence au Ciel qui se laissa vaincre par les supplications de toute une famille éplorée. La vénérée Mère revint à la vie. Toutefois, la convalescence se prolongea jusqu'après le départ des religieuses qui durent s'éloigner sans avoir reçu ses sages avis.

Pendant tout le mois de septembre, la digne Supérieure n'avait pu s'occuper du gouvernement et des besoins de sa nombreuse famille. Son zèle et sa charité en souffrirent assurément ; néanmoins, soumise et toujours résignée à la volonté divine, elle ne laissa pas l'inquiétude et le trouble effleurer son âme. C'est elle-même qui en donna l'assurance peu après. Une de ses filles, retenue sur un lit de douleur, lui manifestait son ennui de ne pouvoir vaquer à ses occupations et de voir ses compagnes d'emploi surchargées de travail et de peine. La bonne Mère lui repartit : « Puisque le bon Dieu vous a envoyé la maladie, il ne veut pas que vous travailliez. Vos désirs inquiets procèdent de l'amour propre. Ne vous mettez point en peine de votre classe ; j'y ai pourvu. Tenez-vous donc en repos : vous y gagnerez beaucoup pour votre âme et même pour votre santé. La patience et la soumission : voilà tout ce que je demande de votre part.

» Quand je me suis trouvée naguère dans l'impuissance

de remplir les devoirs de ma charge, ajouta-t-elle, je ne m'en suis pas désolée du tout, et, bien que la circonstance fût capable de me donner du souci, je ne me suis pas fait une once de mauvais sang. »

Ces paroles frappèrent la Sœur, confuse de se voir bien éloignée d'une telle perfection.

Pendant les premiers jours de la convalescence, un véritable bonheur fut réservé à toute la Communauté. Le 9 septembre, Mgr Meirieu remit solennellement à chaque Sœur le livre des saintes Règles, nouvellement imprimées. C'est avec un profond respect et une pieuse émotion que le béni recueil fut reçu de la main du Pontife. C'est avec un religieux amour que les lèvres se collèrent sur ces pages sacrées, devenues, par la promulgation épiscopale, l'organe des volontés divines.

Cette précieuse cérémonie, relatée avec détails dans les Annales de l'Institut, a laissé des souvenirs profonds. Elle contribua puissamment à ramener les forces et la santé à la vénérée Supérieure qui, plus heureuse et plus satisfaite de cet événement qu'aucune de ses filles, en rendit de vives actions de grâces au Seigneur.

Une particularité remarquable demande à être notée ici : au moment où l'état de la chère malade inspirait les plus sérieuses inquiétudes, deux de nos Sœurs, passant au Laus, s'y arrêtèrent pour solliciter sa guérison auprès de la douce Vierge. Elles la recommandèrent aux prières du R. P. Blanchard, surnommé Bonne-Mère. Ce grand serviteur de Marie, favorisé de dons extraordinaires, voyant la vive douleur des pauvres suppliantes, se recueillit un instant et, d'un ton assuré, leur dit : « Consolez vous, mes Sœurs : votre Mère ne mourra pas de la maladie dont elle est atteinte. Elle a encore dix ans de vie..... »

C'était en septembre 1861, et, avant la fin de 1871, nous avons vu, hélas ! l'entier accomplissement de cette prophétie. Transmises à quelques membres de la Congrégation, les paroles du saint religieux répandirent pour lors l'espérance et la joie dans les âmes et préparèrent au futur et si redouté sacrifice.

Une fois rétablie, la Révérende Mère se livra avec toute l'énergie de son âme au service de sa famille bien-aimée. Bientôt allaient expirer les six années de son troisième supériorat. Elle se prépara à le déposer pour jamais, se croyant fondée à en attendre la délivrance : son âge avancé, une santé bien affaiblie par de longs et rudes travaux, des infirmités naissantes (paralysie de la main et du bras droits), tout semblait propre à nourrir l'espoir de son humilité. On la vit donc parcourir tous les offices et toutes les pièces de la maison, dresser un inventaire exact des objets qu'ils renfermaient et, avec un soin minutieux, mettre toutes choses en ordre. « A quoi bon tant de peine ? lui dit la bonne Sœur Sainte-Cécile, remarquable par une simplicité et une confiance d'enfant envers sa Supérieure. C'est inutile, ma chère Mère ; vous serez toujours à notre tête. »

Enfin arriva le jour de la déposition avec son triste cortège de cérémonies et ses imposantes formalités. La Mère Sainte-Thaïs alla prendre rang après la dernière professe. Sa joie était visible et contrastait avec la muette tristesse de toute la Communauté. « Quelle sombre soirée ! se disait-on. Heureusement, nous serons bientôt à demain. »

Le cœur léger, l'âme tranquille, la bonne Mère s'endormit joyeuse et jamais ne reposa plus paisiblement. L'aurore lui ramena un jour de désappointement et de déception. Le 20 décembre 1861, la voix du Pontife proclamait Sœur Sainte-Thaïs de nouveau Supérieure générale de la Congrégation. La voilà encore enchaînée, à son grand déplaisir, mais à la grande satisfaction de toutes ses filles. Tous les instants de cette mémorable journée furent marqués par de charmantes démonstrations de la piété filiale. Pieuse comédie, chants de circonstance, improvisés par le cœur, remplirent une partie de ces heureux moments.

Le soir, l'offrande à la Très Sainte Vierge des clefs du

pouvoir impressionnait salutairement tous les esprits. Il est imposant et plein d'éloquence le spectacle d'une Communauté religieuse rendant hommage à la Reine du Ciel, la saluant comme sa première Supérieure et sa Patronne spéciale !... Avant de procéder à cet acte de traditionnelle piété, le digne M. Pascal adressait à ses filles quelques paroles d'édification, sorties d'un cœur brûlant de la divine charité: puis, le premier, allait coller respectueusement ses lèvres sur les pieds de l'image bénie de la Vierge Mère. Tous les membres de la Maison, la vénérée et chère réélue en tête, suivirent cet exemple, tandis que le chœur chantait avec une céleste ardeur les belles litanies de Lorette. Cette gracieuse forme de la plus aimable dévotion avait, en cette circonstance, quelque chose de particulièrement touchant. Rien ne manqua à cette délicieuse fête ; elle se clôtura comme un écho du paradis.

A la réception de l'heureuse nouvelle, les Sœurs absentes tressaillirent d'une joie toute filiale ; elles se hâtèrent d'offrir leurs sincères hommages à leur bonne et vénérée Mère et de lui exprimer les plus consolantes promesses. Encouragée et réjouie par les excellentes dispositions de sa chère famille, la Mère Sainte-Thaïs reprit sa charge avec un nouveau zèle. « Ah ! c'est bien maintenant. disait-elle dans sa lettre circulaire en réponse aux félicitations et aux vœux de ses filles, c'est maintenant que nous ne formons qu'un cœur et qu'une âme ! Que le bon Dieu soit béni ! »

Oubliant et ses anciennes fatigues et les progrès sensibles de son infirmité, elle ne songea qu'au bien de la Congrégation et s'y dévoua sans réserve. Bientôt cependant, elle se vit contrainte de se défier de son énergie naturelle et de mieux compter avec ses forces qui tendaient à la trahir de nouveau. Au retour de l'été. se manifestèrent les symptômes de la maladie qui, l'année précédente. l'avait jetée sur les bords du tombeau. Pour prévenir le danger, on l'obligea de partir en toute hâte pour un de nos établissements. On espérait que l'air pur et frais des montagnes d'Allos lui serait salutaire. Dès qu'elle y fut, elle se trouva effectivement beaucoup mieux, et, quelques jours plus tard, on écrivait au couvent : « La chère Mère rajeunit; elle peut faire des heures de marche sans aide aucune et cela dans des chemins ardus. Nous projetons mille promenades dans les bois fleuris; les parties de plaisir se succéderont dans nos riants parages, et nous nous flattons de garder indéfiniment celle que nous aimons. »

Hélas ! ces beaux projets ne furent point réalisés : une rude épreuve allait chasser bien loin l'allégresse des premiers jours. Un incendie éclata pendant la nuit. Grand émoi, grande confusion dans le village ! A la première alerte, les bonnes Sœurs, levées promptement, disent à leur Supérieure : « Nous ne pouvons nous dispenser de secourir les braves gens qui, naguère, se sont dévoués pour éteindre le feu chez nous et qui nous ont toujours montré beaucoup de sympathie. » On peut juger de l'embarras et de l'inquiétude où ces paroles jetèrent la digne Mère. Cependant elle dut leur permettre de se porter sur le lieu du sinistre; mais les savoir au danger était trop pénible à son cœur. Elle ne put tenir à la pensée qu'elles prendraient inévitablement du mal. Elle appela la religieuse chargée de lui rendre les services réclamés par son état d'infirmité. « Aidez-moi à m'habiller promptement, je vous prie, dit-elle; il faut aller voir ce qui est arrivé aux Sœurs. Je ne puis me souffrir plus longtemps dans un bon lit, tandis qu'elles sont à la peine. Que leur sera-t-il advenu? »

Et la Sœur eut beau s'opposer à son désir et lui représenter l'imprudence qu'il y aurait à quitter la maison, vu sa moiteur habituelle et la fraîcheur de l'air, il fallut la satisfaire. La chère Mère était à peine dans la rue qu'une bonne villageoise l'arrête et lui dit : « Mais, Madame, qu'allez-vous donc faire ? Vous vous exposez à quelque accident. Dans votre état, vous ne pouvez nous prêter secours et la foule va vous renverser et vous faire du mal. Croyez-moi, rentrez ici et ne craignez pas pour les Sœurs.

Elles sont jeunes et robustes et tout le monde les respecte. Rien de fâcheux ne leur arrivera. » Et cette bienveillante personne la fit arrêter chez les parents d'une de nos novices, où on l'entoura de soins affectueux. Ces chères filles, objet de tant de sollicitude, vinrent enfin dissiper ses craintes. Le feu était éteint, et l'on n'avait pas eu **tr**op à souffrir.

La petite Communauté regagna sa demeure; la vénérée Mère se recoucha, tranquillisée, mais toute tremblante encore. Son pauvre corps, agité d'un mouvement convulsif, faisait pitié à voir, et, si son regard calme et doux n'eût inspiré la confiance, ses filles n'auraient point eu le cœur de se remettre au lit.

Le lendemain, pour chasser les restes de la frayeur nocturne et se délasser des fatigues essuyées, on passa la journée dans une délicieuse vallée. Une petite aventure amusa fort la société. La directrice, notre bonne Sœur Saint-Louis, rappela qu'au moment de courir au feu, soit pour se donner de la vie, soit pour s'éveiller, elle avait voulu se mouiller le visage. Croyant tenir la bouteille du vinaigre, elle avait vidé de l'huile dans le creux de sa main et s'en était soigneusement frotté les tempes, le nez, etc. Ce n'était pas le cas de rire au moment de la méprise; mais, au milieu des champs, l'hilarité fut charmante; la chère Mère se récréa aux dépens de l'habile parfumeuse.

Les larmes suivirent de près ces ris innocents. Au retour de la promenade, une fièvre ardente attaquait la bien-aimée Supérieure ; le matin suivant, une fluxion de poitrine mettait ses jours en grand péril. La vénérée malade, comprenant son état, demanda les Sacrements et se résigna à mourir loin de la Maison Mère. Quelle désolation pour les Sœurs qui l'entouraient! Que de regrets, que de pleurs ! Les médecins ayant déclaré la position très dangereuse, la nouvelle en fut mandée à Digne où l'alarme fut générale et la consternation inexprimable. « La chère Mère est plongée dans un état de prostration, dans 'une

espèce de léthargie effrayante, disait la fatale missive. »
Aussitôt, la Mère assistante partit pour Allos, redoutant
d'apprendre en route un triste dénouement. Elle arriva
bientôt, mais non sans appréhension. Heureusement, l'espérance salua son entrée dans la maison éprouvée : un mieux
très sensible venait de se produire. Après une forte application de sangsues, la malade avait soudain ouvert les
yeux, invariablement clos depuis plusieurs jours. Prenant
ensuite la main de la Sœur qui la soignait et la pressant
dans la sienne. « Courage ! avait-elle dit. Vous ne retour-
nerez pas seule !... » Des larmes répondirent seules à cette
douce et maternelle apostrophe. Les prières ferventes
d'une famille désolée avaient écarté la mort. La convalescence suivit de près, et son annonce alla promptement
réjouir tous les membres de la Congrégation.

« Pendant plus d'un mois que j'ai eu la consolation de lui
prodiguer mes soins, dit une des religieuses qui approchaient la Révérende Mère à cette époque, elle n'a cessé
de donner de grands exemples de patience et de résignation ;
elle nous a prêché toutes les vertus. Son esprit de foi et sa
dévotion à Marie m'avaient surtout frappée. C'est sans
doute sa confiance à Notre-Dame de la Salette, qu'elle
invoquait avec une ardente piété, qui nous a valu sa
guérison inespérée. »

Le 14 août, le retour de la bien-aimée Supérieure rappor-
tait à la Maison Mère le bonheur et la joie. La fête de
l'Assomption eut, cette année-là, un cachet de céleste
douceur. On se groupait avec un tendre amour autour de
la Mère Sainte-Thaïs ; on lui disait les angoisses passées,
les vœux brûlants, offerts au Seigneur, et la félicité
résultant de sa présence. La bonne Mère remerciait ses
chères filles et sentait renaître des forces nouvelles pour
les aimer et les servir.

La réunion de septembre lui prodigua mille témoignages
de filiale tendresse. Toutes les Sœurs revenaient d'autant
plus empressées et plus joyeuses que les vacances de 1861.

si tristes et si douloureuses, avaient failli se renouveler en 1862. Aussi, bien doux fut le plaisir de revoir et d'embrasser l'objet d'une si légitime affection et de recueillir encore les conseils de sa charité.

CHAPITRE V

La chapelle. — Mort de M. Pascal. — Cinquième élection
de la Révérende Mère Sainte-Thaïs. — Infirmités et douleurs.

Après les vacances, parfaitement rétablie, la digne Supérieure reprit le cours de ses occupations. Il restait au
fond de son cœur un désir bien ardent et bien cher : élever
à Notre Seigneur Jésus-Christ une demeure moins indigne
de son infinie majesté que la chapelle provisoire et assez
vaste pour réunir toutes les Sœurs à l'époque de la
retraite annuelle. Depuis longtemps, la Révérende Mère et
tous nos vénérés supérieurs songeaient sérieusement à
réaliser ce projet. Le défaut de resssources pécuniaires y
mettait toujours obstacle. « Combien je souffre, disait
souvent la chère Mère, de voir notre adorable Maître
logé d'une manière si peu convenable à sa souveraine
grandeur !.... »

Enfin la Providence enleva toutes les entraves et suppléa
à tous les besoins. La piété suggéra des moyens très
ingénieux et sut enfanter de magnifiques dévouements.
La charité publique fournit sa part aussi et sut ouvrir
même le cœur des pauvres. L'histoire de l'édifice sacré
occupe de belles pages dans les Annales de l'Institut. Nous
n'en ferons point ici le détail, nous contentant de rappeler

ces paroles du bon M. Ventre : « Notre chapelle s'est bâtie avec les privations et les sueurs de la Communauté tout entière. Chaque pierre rappelle bien des sacrifices. Les aumônes des âmes pieuses y ont uni leur puissance. »

Le 22 septembre 1863, la main du Pontife bénit et posa solennellement la première pierre du monument religieux. La Révérende Mère était rayonnante de bonheur. Elle suivit ensuite avec un joyeux intérêt les travaux de construction et d'embellissement. Elle voyait avec grande satisfaction ses chères filles consacrer leurs récréations au transport et à l'arrangement de certains matériaux. Voulant partager aussi l'honneur de contribuer à l'érection du saint temple, elle se faisait remplir de terre un tout petit panier et, de son bras encore libre, elle allait le vider au loin et revenait radieuse faire nouvelle opération. Il était touchant de la voir ainsi aller et venir en traînant sa pauvre jambe déjà paralysée à demi !...

Enfin, la belle et gracieuse église, sortie lentement des mains des ouvriers et artistes, était sanctifiée par les prières et les bénédictions de l'Évêque. Le 15 août 1866, deux jours après la consécration de l'autel, le saint sacrifice était offert dans ce nouveau sanctuaire. Les voûtes retentirent de chants joyeux et triomphants : tous les cœurs tressaillaient ; la vénérée Mère Sainte-Thaïs semblait rajeunie. « J'ai offert, dit-elle, notre belle chapelle à notre adorable Seigneur, le priant de ne pas souffrir que nous l'y outragions jamais par des irrévérences et des froideurs dans nos exercices de piété, dans nos communions surtout. Que notre ferveur et notre amour lui fassent trouver ce séjour délicieux et agréable et en soient le plus bel ornement ! Oui, il faut que nous l'enchaînions dans ce tabernacle, et que notre amour le réjouisse et le console constamment désormais.

» Livrons-nous à de saints transports en ce jour d'allégresse : mais n'oublions pas de bien remercier le bon Dieu. Pour moi, c'est de toute mon âme que je lui rends grâces de ce qu'il a bien voulu nous fournir les moyens et nous accorder le bonheur de lui ériger une demeure pas trop indigne de sa grandeur suprême. »

Le vénéré M. Pascal, à qui l'édification de la maison de Dieu était particulièrement chère et qui assistait tout heureux à la pose de la première pierre, n'avait pas vu le couronnement de l'édifice. Il était allé lui-même fournir un beau diamant à la céleste Jérusalem. Sa perte fut un coup bien sensible pour la Sainte-Enfance qui lui devait, après Dieu, son existence et sa prospérité. La Mère Sainte-Thaïs en fut particulièrement affectée. Quelques jours après, elle payait au digne et pieux Fondateur un juste tribut de respect et de reconnaissance. Une circulaire annonçait à tous nos établissements le douloureux sacrifice qui nous était imposé et donnait au meilleur des pères des éloges bien mérités.

A partir de cette époque, la santé de la Révérende Mère s'affaiblit de jour en jour. En 1861 et 1862, nous l'avons vue luttant contre la mort et n'en triomphant que par une miséricordieuse intervention d'en haut. Avant cette époque, déjà l'infirmité, qui devait pour longtemps la clouer à la croix, lui avait fait sa première visite. Un engourdissement pénible gêna d'abord les mouvements du bras droit. C'était le commencement d'une paralysie qui, peu à peu, gagna en étendue et en intensité. Sous le poids de la souffrance, d'une sollicitude constante et de chagrins particuliers, que nous ne rappellerons point ici, les années s'écoulaient écrasantes pour notre vénérée Mère. Cependant elle continuait à oublier ses maux, pour veiller à tous les besoins de sa chère famille et satisfaire à tous ses devoirs.

Vers la mi-décembre 1867, expiraient les six ans de sa quatrième élection. Cette fois, elle se croyait assurée de voir tomber pour toujours le fardeau de la supériorité qu'elle paraissait absolument impuissante à porter désormais. La jambe et le bras droits presque entièrement privés de mouvement, la taille déformée, la tête penchée sur la poitrine, elle était un objet de compassion et de pitié. On ne pouvait toutefois se faire à l'idée de ne plus vivre sous sa direction ; on voulait la conserver à tout prix. Un miracle pouvait seul procurer ce bonheur. Ce miracle, on tenta de l'obtenir.

Dans tous les établissements, comme dans la Maison Mère, on s'efforça de toucher le cœur de Dieu par des prières très ardentes et par une générosité extraordinaire à observer la sainte Règle. On s'obstinait de toutes parts à faire une sainte violence au Ciel. Ayant lu, à cette époque, en communauté, la vie du bienheureux Benoît-Joseph Labre, admirant la puissance de ce grand serviteur de Jésus-Christ, on s'adressa spécialement à ce riche mendiant pour obtenir la faveur vivement désirée. « Puisque la cause de sa canonisation est pendante, la guérison de notre respectable infirme en hâtera le triomphe, se disait-on. Cet heureux pauvre nous sera propice ; l'affaire le touche de trop près : nous serons exaucées ! »

Aux supplications, on joignit les sacrifices. Que de pratiques pieuses, de courageux efforts furent offerts à la même intention ! « Si on savait tout ce que je fais ! disait naïvement une Sœur. N'était pour la chère Mère, je n'aurais pas la force de m'imposer pareilles mortifications. »

Après plusieurs neuvaines infructueuses, on s'humilia sans se décourager. « Je mets obstacle, par mes péchés et ma tiédeur, à l'obtention de la grâce ambitionnée, entendait-on dire tristement. Qu'on me sépare des âmes ferventes, afin que je ne détourne pas les regards favorables du Seigneur !... »

« Non, c'est moi qui suis Jonas, s'écriait une Sœur ; que je sois punie, mais que les vœux des cœurs innocents soient entendus ! »

Ces humbles débats se renouvelaient souvent. On résolut d'y mettre fin en redoublant de ferveur pendant la dernière semaine qui précédait les élections. Ce fut une sainte rivalité, un combat très édifiant.

Après bien des instances, on obtint, du R. P. Supérieur, la permission de passer une nuit tout entière devant le Très Saint Sacrement. C'était au commencement de décembre ; le froid faisait sentir toute sa rigueur ; on n'y songea même pas : il fallait emporter d'assaut la faveur sollicitée. Aussi, que de prières brûlantes pendant cette veille sainte !

On n'avait point pris conseil de la Mère Sainte-Thaïs pour des mesures et des actes qu'elle n'aurait, à coup sûr, pas autorisés. C'était comme un expédition spontanée, la croisade de la piété filiale. L'humble Supérieure avait des vues bien différentes et priait dans un sens tout opposé. Hélas ! elle était à elle seule plus puissante que toutes ses filles ! Elle eut connaissance, malgré le secret qu'on lui en faisait, du touchant témoignage d'attachement qu'on lui donnait. « Je suis heureuse, dit-elle, du bien qui se fait à mon occasion. Dieu en sera glorifié par l'affermissement de l'esprit religieux ; mais je ne mérite pas qu'on fasse rien à ma considération. »

« Mes bonnes Sœurs, fit-elle un jour aux religieuses réunies, je suis bien sensible à votre pieux dévouement ; vous avez la charité de beaucoup prier pour moi ; je vous en remercie. N'oubliez pas que je ne suis plus qu'une pauvre vieille, toute cassée, qui ne peut plus vous être utile. » Ces paroles émurent, mais n'empêchèrent pas de prier dans le même but.

L'heure de la déposition arriva ; jamais elle n'avait été si triste. La Mère Sainte-Thaïs, appuyée sur le bras de son assistante, vint s'agenouiller devant son Évêque et, de sa main gauche qui conservait un reste de liberté, elle déposa aux pieds de Sa Grandeur les clefs du pouvoir. « Il me sembla, dit-elle plus tard, qu'un faix épouvantable tombait de mes épaules. Comme je me trouvai légère après la cérémonie ! Il n'est plus possible que je sois Supérieure, me dis-je alors ; je vais enfin jouir de la vie commune !... Je ne pus fermer l'œil pendant la nuit : je songeais à la responsabilité assumée sur ma tête pendant vingt-quatre ans ; je repassais toutes les fautes de mon administration et j'en étais effrayée. Il me semblait voir le Souverain Juge tout irrité...... »

Voilà les craintes d'une sincère humilité et voici la conduite d'une religieuse parfaite. Comme on l'engageait à ne pas quitter sa cellule et à rester à la place occupée par elle jusque-là, vu les gênes de son infirmité : « Oh ! non, dit-elle ; laissez-moi accomplir la Règle et prendre rang après toutes les professes. Ce sera plus édifiant pour la Communauté. »

Cependant les prières de la pieuse famille n'avaient pas été vaines. Si le Seigneur ne les exauça point dans le sens de la demande, il les fit retomber en pluie de grâces sur les âmes. En premier lieu, notons la réélection de la respectable Mère. Les Sœurs votantes ne s'étaient point endormies dans l'anxiété : elles savaient qu'un nom bien cher sortirait, le lendemain, de l'urne électorale. Le choix des cœurs, confirmé par le Pontife, donna lieu à une explosion de bonheur. Oubliant le cérémonial : « Vive la chère Mère Sainte-Thaïs ! » s'écria une voix plus hardie que les autres. Un frémissement de douce émotion circula partout. Une seule personne était stupéfaite et désappointée. La Révérende Mère, déçue dans ses espérances, fut prise d'un tremblement nerveux. Elle essaya néanmoins de se relever : « Soutenez-moi, dit-elle à la Mère Saint-Xavier ; je défaille !... » Assistée par cette dernière, elle s'agenouilla péniblement pour recevoir son obédience. Mgr l'Évêque lui adressa des paroles encourageantes et lui rappela le langage de l'Apôtre : « Je me » glorifierai de mes peines et de mes souffrances. Oui, je » prendrai plaisir à me glorifier dans mes infirmités, afin » que la puissance de Jésus-Christ habite en moi. » « Ce que vous ne pourrez faire, poursuivit le Prélat, le bon Dieu le fera : donc, moins vous ferez, plus le bon Dieu fera.... »

Ce discours fit sur tous les esprits une profonde impres
sion. La Révérende Mère y puisa un courage surprenant
qui sembla renouveler la vigueur de sa jeunesse. « Je sens
en moi, disait-elle à une Sœur, quelques jours après, des
forces morales extraordinaires pour porter le fardeau
qui m'est imposé de nouveau. C'est une preuve que tout
s'est fait par la volonté divine. »

Les cérémonies religieuses d'usage eurent lieu dans la
journée ; mais pas de représentation, aucun chant de
réjouissance. La joie était calme et silencieuse : les larmes
coulaient de bien des yeux : la triste position de la vénérée Mère affectait ses filles, autant que son héroïque
abnégation les touchait. » Qui ne se dévouerait généreusement, dit fort à propos l'une d'elles, en voyant notre
bonne Mère, brisée par la souffrance, se sacrifier sans
réserve jusqu'à la fin ? » Et l'on s'exhortait mutuellement
à rivaliser de zèle et de bonne volonté dans la pratique de
tous les devoirs pour alléger le poids de l'autorité. « Ma
chère Mère, lui dit une Sœur, soyez contente : nous voulons toutes être bien sages ; nous ne vous causerons plus
aucun chagrin. — Oui, je suis heureuse que la sainte
volonté de Dieu s'accomplisse, répondit-elle avec un doux
sourire, et je compte sur votre promesse. »

L'effet des ferventes prières qui avaient précédé se fit
sentir dans tout l'Institut. A la Maison Mère et dans les
établissements, il y eut, avec un bonheur satisfait, une
rénovation spirituelle bien sensible, ce qui contribua puissamment à fortifier et à réjouir notre vénérée Mère. Aux
lettres bien consolantes que lui adressèrent de toutes
parts nos Sœurs absentes, elle répondit par une circulaire
dictée par son cœur. On peut la lire dans le Recueil de ses
lettres, sous la date du 13 janvier 1868.

Quoique broyée par les douleurs physiques, elle reprit
sa charge avec un dévouement nouveau. Comme on l'engageait à ne pas trop se fatiguer, lui rappelant les paroles
de Mgr Meirieu, lors de sa précédente élection : « Laissez-

moi faire tout ce que je puis, dit elle ; il en restera toujours assez pour le bon Dieu... »

Pressée encore un autre jour de se donner un peu de relâche : « Il faut que je travaille à présent. Je me reposerai au Ciel », répondit-elle.

Cependant son état devenait de plus en plus pénible. A cette date, 1868, elle ne pouvait appuyer qu'un genou en priant ; mais, tant qu'elle eut un reste de liberté, elle voulut assister à tous les exercices communs et refusa, d'une main étrangère, les petits services qu'elle pouvait encore se rendre à grand'peine. Bientôt, la paralysie progressa rapidement sans que l'art humain pût arrêter son cours : du côté droit, elle s'étendit peu à peu sur toute la partie gauche. Un tremblement nerveux agitait fréquemment son corps. A sa vue, l'émotion gagnait le cœur et l'on se détournait pour essuyer des larmes. Les membres paralysés, loin de perdre le sentiment, avaient acquis une sensibilité excessive et ne pouvaient sans douleur aiguë supporter le contact d'un objet si doux et si léger fût-il. Chaque fois qu'on la touchait, ce qui se reproduisait à tout instant dans l'impuissance où elle se trouvait de faire aucun mouvement, c'était une souffrance nouvelle. Sa grande délicatesse et sa parfaite modestie ajoutaient de nouveaux tourments à des maux déjà intolérables.

« Ma vie est un martyre, disait-elle à une Sœur, témoin de ses cuisantes peines. Demandez pour moi la patience. Je crains d'en manquer. Vous ne pouvez comprendre ce que cette infirmité me fait souffrir. Tout me coûte ; tout est travail pour moi. Oh ! que je mourrais volontiers !... Mais que la sainte volonté de Dieu se fasse ! »

« Que ce corps m'ennuie ! s'exclamait-elle un autre jour. Que la vie m'est à charge ! Je ne passe pas un moment sans souffrir. Le bon Dieu m'a prise par le côté faible : impatiente et vive par caractère, je ne redoutais rien tant que l'état d'impuissance où je suis réduite. »

On rapporte, en effet, que notre vénérée Mère, parlant

autrefois d'une Sœur malade, s'était écriée : « Oh ! que j'ai compassion de cette pauvre Sœur ! Je n'appréhenderais point ses souffrances ; mais la privation où elle se trouve de tout mouvement m'effraye, et je prie le bon Dieu de m'épargner une pareille croix. »

Peu après, le Seigneur l'attachait plus étroitement que sa chère infirme à l'instrument du sacrifice. Voilà comment il traite ses amis de choix.

« On voyait, disent les personnes qui l'approchaient de près à cette époque, on voyait la chère Mère progresser rapidement dans la voie d'une héroïque abnégation. Elle ne parlait jamais de son mal, s'occupait d'affaires, pensait à tout avec une tendre sollicitude, au point qu'on aurait pu croire qu'elle ne souffrait pas. Cependant nous savions qu'elle ressentait de vives douleurs dans tout son corps, dans la tête surtout ; les nuits étaient mauvaises et souvent sans sommeil. Elle supportait tout en silence, et, lorsqu'elle était obligée de réclamer quelque service, c'était avec de si douces paroles et un si aimable sourire que la peine donnée nous devenait délicieuse. »

« Je ne me rappelle pas, dit la Sœur chargée de la soigner, avoir fait la moindre des choses pour elle, ne fût-ce que de chasser les mouches importunes qui la fatiguaient, sans qu'elle m'ait remerciée humblement. »

Un jour qu'on lui marquait du déplaisir de ce qu'elle taisait ce qui pouvait augmenter ou alléger ses souffrances : « Que voulez-vous, dit-elle, je ne puis me plaindre constamment. Si je voulais tout dire, du matin au soir et du soir au matin nous en serions à mes misères, ce qui serait fort peu édifiant. Mieux vaut souffrir en paix. »

Ce qui la torturait plus que son infirmité, c'étaient les peines morales qui en résultaient : « Je suis indigne et incapable d'être Supérieure, disait-elle ; j'en ai le titre sans en remplir les attributions. Je donne lieu à des irrégularités, ne pouvant plus suivre ni présider les exercices communs ; cependant c'est un de mes principaux devoirs. »

Une Sœur, l'ayant trouvée le visage tout en pleurs, osa lui demander le sujet d'un chagrin qu'elle souhaitait dissiper. « Comment voulez-vous que je sois sans inquiétude? répondit-elle. Je ne puis remplir les obligations de ma charge. Les Sœurs sont privées des consolations que je leur dois. Je connais leurs besoins et je ne puis les soulager. Oh! si vous saviez ce que je souffre!... » Et elle éclata en sanglots.

« Que je serais heureuse, s'écria maintes fois la respectable infirme, si, avant ma mort, j'avais le bonheur d'être dégagée du fardeau qui m'écrase et que, débarrassée de tout souci, je pusse mieux songer à mon éternité. Sur le bord de la tombe, je suis sans cesse assaillie par mille préoccupations et affaires. Oh! quelle lourde chaîne! »

Elle supplia, à plusieurs reprises, ses supérieurs de remettre à d'autres mains les rênes du gouvernement : de graves raisons firent toujours échouer ses démarches. Elle dut, jusqu'à la fin, se sacrifier sans réserve. Mais, si l'infirmité et la maladie opposaient une barrière à son action extérieure, rien ne pouvait altérer sa charité. Elle priait, elle offrait ses souffrances pour le bien général et particulier et pensait à tout avec ce tact et cette délicatesse qu'une mère seule peut avoir. Elle faisait transmettre à ses filles absentes ses recommandations, ses avis et ses ordres. A l'époque de la réunion, elle trouvait dans son cœur une énergie et un dévouement surhumains pour les encourager toutes et leur insinuer le véritable esprit religieux. Les malades étaient toujours l'objet de ses douces attentions. Lorsque celles-ci ne pouvaient plus la visiter, elle se faisait elle-même conduire à l'infirmerie pour leur porter ses consolations maternelles.

Une pieuse Sœur qui, depuis longtemps, vivait d'une vie languissante, lui exprimait le désir de s'en aller vite au ciel. Notre vénérée Mère lui dit : « Le bon Dieu nous fait bien soupirer l'une et l'autre, il est vrai; mais ayons bon courage : il nous appellera enfin. Profitons

bien, en attendant, des occasions de nous enrichir spiri-
tuellement. »

« Elle pouvait bien m'exhorter à la patience, cette digne
Mère, disait ensuite la malade. Elle est si douce, si résignée dans sa triste situation ! Mes maux ne sont pas
comparables aux siens et, quand je souffre un peu plus,
je puis me distraire et changer au moins de place ; mais
ma bonne Supérieure, quel tourment elle doit endurer !
Dans mes insomnies, je songe à elle et sa pensée me
donne force et courage. »

Oui, sa vue seule était pour toute la Communauté une
muette et bien éloquente prédication. Aussi, se plaisait-on
à l'approcher le plus possible. N'eût-on passé qu'une
minute auprès d'elle, on se retirait porté au bien, excité à
la vertu, mais profondément attristé de la voir toujours
s'affaisser davantage.

« Je suis comme une morte, disait-elle ; mon corps
ressemble à un cadavre ; cette cellule est un tombeau où je
suis ensevelie toute vivante. »

Du fond de ce sépulcre, elle glorifiait Dieu et se rendait
très utile à la sainte Eglise dont elle partageait les épreuves présentes. En 1870 et 1871, l'anxiété la plus pénible
assombrit son âme de catholique, de Française et de mère.
Ce furent encore les angoisses de 1851, bien augmentées
par les douleurs de Notre Très Saint Père le Pape ; ce
furent aussi les supplications ardentes de la détresse et
les dévouements de la charité. La sollicitude de la Mère
Sainte-Thaïs pour chacune de ses filles, pour celles surtout que l'éloignement exposait davantage, ne saurait se
concevoir. Elle redoutait pour toutes les terribles atteintes et de l'impitoyable Allemand, qui souillait notre sol, et
de ces ennemis intérieurs acharnés contre la religion. La
douce Vierge Marie voulut encore, en ces temps calami-
teux, être le salut de la patrie désolée, le salut de sa chère
Sainte-Enfance.

Le 2 août 1870, presque au lendemain d'une entreprise

folle et désastreuse, notre vénérée Mère fit associer l'Institut à l'Archiconfrérie de Notre-Dame des Anges. Cette divine Reine daigna couvrir de sa puissante égide tous les membres de la Congrégation. Nos écoles restèrent partout ouvertes et furent très fréquentées : non seulement nos Sœurs ne furent inquiétées nulle part, mais elles se virent entourées de plus de sympathie et d'estime, soit par les populations, soit par les autorités civiles. « Nous sentons que Notre-Dame des Anges veille sur nous, disait-on avec notre Révérende Mère ; nous ne craignons rien, sous sa garde. »

Les faveurs signalées reçues pendant ces jours troublés furent le fruit de la confiance en Marie et de la charité envers les pauvres victimes de la guerre. Notre bonne Mère leur fit distribuer libéralement des secours et des soins et eut la consolation de trouver dans ses filles un courage et un dévouement dignes d'éloges. Elles lui adressèrent une pétition, enrichie de nombreuses signatures, pour obtenir la permission de se consacrer au service des ambulances. Le projet d'en établir dans notre département n'ayant pas eu de suite, l'autorisation ambitionnée n'eut pas sa raison d'être. Toutefois, la digne Supérieure éprouva un véritable bonheur des nobles sentiments manifestés en cette occasion. « Je garde cet écrit, dit elle, pour attester à la postérité les belles dispositions de patriotisme et de charité qui me consolent à l'heure présente. »

L'attentat du 20 septembre 1870 (1) et, quelques mois plus tard, les horreurs de la Commune affectèrent bien douloureusement le cœur de notre vénérée Mère. Après le rétablissement de l'ordre et de la tranquillité dans notre pays désolé, les maux de l'Église, la captivité de son auguste Chef ne cessèrent de la préoccuper. Ses propres souffrances étaient mises en oubli devant des douleurs si

---

(1) Prise de Rome par l'armée piémontaise.

graves et si majestueuses. Victime courageuse, elle baisait la main qui la frappait sans jamais achever son immolation, qu'elle appelait toutefois d'un brûlant désir. « Quand donc finira mon exil ? disait elle. Oh ! qu'il me tarde d'abandonner cette prison mortelle !... Il y en a qui font un sacrifice pour accepter la mort ; moi, j'en fais un pour accepter la vie. »

CHAPITRE VI

Caractères du gouvernement de la Révérende Mère : sagesse et fermeté.

Avant d'assister au suprême sacrifice, pénétrons mieux encore dans le cœur de notre Mère bien-aimée pour en découvrir les trésors.

Ce qui précède a révélé déjà les mérites personnels, les dispositions et les qualités remarquables dont le Ciel l'avait douée. Les faits suivants, pris entre mille, mettront mieux en lumière la rare aptitude et l'énergique fermeté de cette habile Supérieure, le généreux dévouement et la tendre charité de cette excellente Mère.

Sagesse et force, douceur et fermeté : tels sont, en effet, les traits saillants de son administration, les principaux caractères de tous ses actes. L'esprit d'intelligence et de discernement, le tact exquis dont elle était favorisée attestaient qu'avec la sagesse lui étaient venus tous les biens. « Votre Supérieure a une capacité peu commune, disait à une de nos Sœurs un personnage grave et compétent. Il suffit de l'entretenir quelques instants pour découvrir en elle une grande perspicacité, une justesse d'esprit très remarquable. C'est une femme de mérite et de savoir, une bonne penseuse et, on peut le supposer facilement, une excellente ménagère. »

« Quelle femme, disait-on en la voyant trancher sans hésitation des questions embarrassantes, quelle femme ! Elle s'entend à tout. Elle sait bien défendre les intérêts temporels de sa Congrégation. On comprend toutefois que ce n'est point ce qui la préoccupe le plus, qu'avant tout elle veut sauvegarder l'honneur et les intérêts spirituels. »

« La Mère Sainte-Thaïs, a dit en plusieurs circonstances le bon M. Ventre, qui fut à même de la connaître à fond, la Mère Sainte Thaïs a une étendue, une profondeur, une solidité de jugement très rares, même dans un homme. Ses vues sont très élevées et son coup d'œil très sûr. Et, malgré des qualités si précieuses, elle agit avec une grande circonspection et beaucoup de défiance de son propre sens. »

C'est la sagesse qui inspirait à la digne Supérieure cette prudence et cette humilité. Elle aimait à soumettre ses idées et ses vues et à suivre les avis de quiconque paraissait mieux éclairé et plus sage. Elle mûrissait ses projets dans le silence et la prière et, d'avance, prévoyait les difficultés et les obstacles ; mais une détermination lui semblait-elle nécessaire ou utile, rien ne pouvait l'en détourner : sa fermeté était inflexible. En face du devoir, elle ne pliait jamais : « Je serai toujours barre de fer, disait-elle, quand il s'agira de maintenir l'observance de la Règle. Tant que je serai Supérieure, pour le bon ordre, je tiendrai à l'autorité. Après moi, l'on fera comme on voudra. »

Ce n'était point de sa part hauteur et fierté ; mais elle avait compris que, sans une main énergique et ferme, l'édifice religieux ne peut se soutenir.

« Si j'avais deux âmes, répondit-elle vivement à une Sœur qui, au nom d'une autre, demandait une permission contraire à la sainte pauvreté, si j'avais deux âmes, je pourrais en sacrifier une pour complaire à N..., mais je n'en ai qu'une seule et je veux la sauver. Pour être Supérieure, je n'en suis pas moins religieuse ; j'ai fait vœu de pauvreté. Si N... n'y songe pas, je dois y songer pour elle

et pour moi. Dût-elle se fâcher, je n'en persisterai pas
moins dans mon refus. Me mit-on le couteau sous la
gorge, je répondrai toujours selon ma conscience. »

Toute faute contraire à l'obéissance et à la soumission
était châtiée avec rigueur, ainsi que le prouvent les faits
suivants.

« Placée seule dans un poste, non loin de Digne, rapporte une ancienne professe, je fus visiter des Sœurs
voisines. Je les trouvai dans l'embarras pour des affaires
qui ne pouvaient guère se débrouiller qu'à la Maison
Mère. C'était aux approches de la Noël ; je proposai donc
d'aller passer les fêtes au Couvent. Ne pouvant en demander la permission, je crus pouvoir la présumer. J'avais
même l'espérance que, faisant le voyage par charité, je
serais bien accueillie. Pour arriver plus tôt, je veillai une
partie de la nuit et je fis plusieurs heures de marche. La
pensée de revoir mes bons Supérieurs, de savourer quelques jours durant les douceurs de la famille, me roidissait
contre la fatigue et les difficultés. Hélas ! quelles ne furent
pas ma déception et ma douleur en abordant notre bien
chère Mère !... Elle refusa de m'embrasser et me dit :
« Par quel ordre êtes-vous ici ? Qui vous a permis de
» venir ? Si ce n'était qu'il faudrait voyager le jour de Noël,
» je vous obligerais à repartir sur le champ. » Je tombai à
genoux avec la Sœur que j'avais cru pouvoir accompagner : mais rien ne put rendre ma démarche excusable : je
dus me résigner à passer les fêtes, si joyeuses pour tous
les cœurs chrétiens, dans la disgrâce et les larmes. Deux
longs jours s'écoulèrent sans qu'il me fût possible d'approcher celle qui s'était toujours montrée très bienveillante à
mon égard... Après que j'eus assez souffert, assez pleuré,
la Révérende Mère me fit dire : « Votre pénitence a été
» dure : vous n'aurez plus envie de revenir à sottise sem-
» blable. Vous êtes pardonnée. » J'allai aussitôt me jeter
dans ses bras ; elle me rendit toute son amitié. Il ne fallut
rien moins que de sérieuses réflexions sur la réception de

la Sainte Famille à Bethléem pour me rendre l'épreuve supportable.

» De retour dans mon établissement, écrivant à ma Supérieure, je lui souhaitai la force d'imposer des actes si coûteux à la pauvre nature, promettant bien de ne plus lui en fournir l'occasion. »

Pour faire suite à ce trait, ajoutons qu'une autre Sœur, ayant commis pareille faute, en subit de plus fâcheuses conséquences encore. C'était en 1854. Le choléra faisant de cruels ravages, la Mère Sainte-Thaïs avait donné ordre à toutes les Sœurs de rester dans leurs postes respectifs, la réunion annuelle ne pouvant avoir lieu cette année-là. Toutefois, pour graves raisons, elle rappela la directrice d'un établissement peu éloigné. La Sœur adjointe, dont il n'était nullement question dans la lettre de la chère Mère, se dit : « Puisqu'on ne parle pas de ce que je dois faire, je puis bien accompagner ma chère Sœur et aller voir mes bonnes Supérieures. » C'est ce qu'elle fit. Mais quelle ne fut pas sa stupéfaction lorsqu'elle entendit la Révérende Mère lui dire d'un ton sévère : « Qui vous a donné permission de venir ici ? » La pauvre Sœur resta muette. Pour désarmer sa Supérieure, elle essaya de l'embrasser de nouveau, mais une main énergique la repoussa, et ces paroles foudroyantes retentirent au fond de son âme : « Je n'embrasse pas une désobéissante qui ne veut faire que sa volonté. Allez dire à la Sœur commissionnaire d'arrêter aussitôt une place à la diligence, car vous repartirez tout de suite. Vous avez à peine une heure pour déjeuner. » Et la bonne Sœur Annonciation obéit sans réplique. Cette chère Sœur était une âme bien trempée et solidement établie dans la vertu. L'épreuve la fortifia encore et l'affermit pour jamais dans une parfaite obéissance. La Mère Sainte-Thaïs l'estimait beaucoup et, à sa mort, elle la proposa comme un modèle d'humilité, de recueillement et de ferveur.

Voici un autre trait d'étonnante et salutaire fermeté :

une Sœur refusait de se rendre dans le poste assigné par l'obéissance. Après avoir écouté toute une série d'observations : « Je ne céderai point, répondit la chère Mère, parce que telle est la volonté de Dieu. » Et la récalcitrante fut obligée pour lors de se résigner. Quelques jours s'étaient à peine écoulés que, saisie de tristesse et d'ennui, elle venait encore demander son changement. En présence de M. l'Aumònier, la Révérende Mère lui répéta qu'elle ne se rendrait point à ses instances. « Le démon s'est déjà bien ri de vous, ajouta-t-elle. Vous devez vous en tenir à ce que je vous ai dit et obéir aveuglément. Je ne me rétracte pas. Vous vous soumettrez ou vous quitterez l'Institut.... » Et, malgré les représentations de M. Ventre, qui la priait de céder, elle fut inexorable. Bien des jours se passèrent sans que la Sœur revînt à de meilleurs sentiments. « Il est temps d'en finir, lui dit enfin la ferme Supérieure : j'ai poussé assez loin ma patience. Puisque vous ne voulez pas obéir de bon cœur, vous partirez dès demain avec votre mère qui se trouve ici. Un séjour dans votre famille vous est nécessaire. Vous comprendrez peut-être mieux après épreuve l'importance des obligations religieuses. Vous quitterez le saint habit. Quand vos dispositions seront changées, je pourrai vous permettre de revenir. » Effrayée de cette terrible décision, fondant en larmes, la pauvre rebelle se jette aux pieds de la Révérende Mère, la supplie de la garder quelque temps encore, se soumet a tout et promet de réparer ses torts et de vivre désormais d'une manière vraiment religieuse. Notre digne Mère, qui ne désirait rien tant, accepte la promesse qu'elle fait mettre par écrit et déposer sous la statue de la Très Sainte Vierge. Depuis lors, la sœur a toujours été docile et fort affectionnée à l'obéissance.

Citons encore. Une religieuse devait se rendre dans un poste avec une adjointe qu'elle n'agréait pas. Elle répondit par des larmes à l'ordre qu'elle en reçut; ce que voyant, la

Révérende Mère lui dit : « Eh bien ! ma Sœur, vous partirez toute seule et vous ferez tout ce que vous voudrez !... » Et, se levant, elle la quitta. Plongée dans une grande inquiétude, la Sœur pleura le reste de la journée. Ces paroles : « Vous ferez tout ce que vous voudrez » l'avaient jetée dans la désolation. Sur le soir, elle frappait humblement à la porte de la Supérieure, mais on lui dit : « La chère Mère n'est pas visible. — Oh ! de grâce, s'il m'est impossible de l'aborder, veuillez l'assurer que je ne veux pas faire ma volonté, que je suis disposée à me soumettre à tout ! — C'est bien ! » fit répondre la Mère Sainte-Thaïs. Un peu rassurée, mais point encore consolée, la Sœur ne put fermer l'œil de la nuit. Heureusement, la pluie fit différer le départ, et, le lendemain, elle alla se jeter aux pieds de la chère Mère qui l'accueillit avec bonté et lui pardonna.

Faisant la visite d'un établissement, une professe lui allégua mille raisons pour quitter le poste qu'elle occupait et où elle faisait le bien. Au moment du départ, la Révérende Mère, un peu fâchée des trop vives instances de la Sœur, lui dit avec une sainte énergie. « Sachez bien que je ne reviendrai plus vous voir jusqu'à ce que cette eau touche au pont que voici. » (On était alors près d'un pont très élevé.) Honteuse et repentante, l'importune solliciteuse la supplia de ne pas lui infliger une si dure pénitence et protesta de son entière soumission.

Une toute jeune Sœur, placée à Digne, éprouvait une si grande répugnance pour ce poste que, tous les matins, quand il fallait s'y rendre, de grosses larmes inondaient ses paupières. La sage Supérieure lui dit un jour : « Pourquoi pleurer de la sorte ? C'est très mal de votre part. Vous êtes contrariée ? Tant mieux ! Ah ! ma pauvre petite, vous commencez à peine ; vous en verrez bien d'autres. Allons, mon enfant, marchez à votre classe, et sans larmoyer ! »

« J'éprouvais une extrême répulsion pour soigner les malades dans les hôpitaux, dit une Sœur. et j'y fus

employée quatre années de suite, malgré toutes mes représentations pour en être dispensée. « Si cet emploi vous
» plaisait, me répondait la chère Mère, je ne pourrais vous
» le confier parce que vous y courriez des dangers; mais,
» puisqu'il vous répugne beaucoup, le bon Dieu veut que je
» vous en charge. » Et chaque fois que je l'avais entendue
me dire avec ce ton de douce fermeté qui lui était propre :
« Partez, mon enfant, allez où le bon Dieu vous appelle ! »
je me sentais pleine de force et d'énergie pour me vaincre. »

La Révérende Mère était inexorable envers les religieuses qui raisonnaient l'obéissance, comme on peut en
juger par l'exemple suivant. Une Sœur infirmière se
trouvant fatiguée, elle lui enjoignit de prendre pendant
huit jours un potage préparé spécialement pour les malades
et de venir le manger au réfectoire commun. La Sœur, qui
éprouvait quelque peine à se servir elle-même ce qui était
destiné à l'infirmerie, répondit que ce n'était pas nécessaire. qu'elle n'en avait nul besoin. « Vous en prendrez
quinze jours, lui dit la Mère Sainte-Thaïs. » Interdite et
bien contrariée. la bonne infirmière laissa échapper un
soupir. « Ce sera alors pendant trois semaines. » De plus
en plus mortifiée : « Ma chère Mère! ma chère Mère !
s'écria la Sœur d'une voix suppliante. — Eh bien! vous en
prendrez pendant un mois... » A ces mots, la Sœur ne put
retenir un signe de mécontentement. « Vous en mangerez
deux mois durant!... » Stupéfaite. la pauvre raisonneuse
s'arrêta. Elle allait payer cher sa malheureuse résistance :
deux longs mois, elle fut condamnée à se porter au
réfectoire le potage qu'elle avait dû apprêter avec soin.

Tout retard dans l'exécution des ordres reçus était puni
sévèrement. Arrivant dans un de nos postes, la vénérée
Mère chargea la directrice de remettre à l'une des Sœurs
adjointes une lettre de sa famille. La directrice glissa la
lettre dans sa poche et vaqua à ses occupations. S'étant
ensuite présentée pour entretenir sa Supérieure: « Avez-
vous fait ma commission. lui fut-il demandé? — Non, ma

chère Mère, mais je m'en acquitterai au plus tôt. — J'étais si heureuse de procurer à cette chère enfant la satisfaction d'apprendre des nouvelles qui lui seront agréables, et vous différez sa joie !... Oh ! ce n'est pas bien de votre part ; vous me faites de la peine par votre peu de charité et d'obéissance ! » La Mère Sainte-Thaïs se contenta pour lors de cette petite réprimande ; mais, plus tard, elle lui fit mieux sentir sa faute. Six mois environ, elle refusa d'écrire à la directrice en question, laquelle, fort affligée, comprit la sévère leçon et en profita.

Une autre Sœur, dirigée par un esprit de mortification mal entendu, n'agréait pas les soins qui lui étaient donnés et dont elle avait grand besoin. Pour l'en punir, la digne Mère l'obligea à demander trois fois à la Sœur réfectorière ce qu'il y avait de meilleur.

Feu notre pieuse Sœur Saint-François avait, dans son ardeur pour la pénitence, dépassé les bornes d'une sage modération. A son retour dans la Maison Mère, elle reçut, en pleine communauté, une forte réprimande, et ordre fut donné de lui servir à tous les repas des douceurs et des mets choisis. Terrible châtiment pour une âme mortifiée !

Mais, si la prudente Mère combattait l'attache à des privations entachées de la volonté propre, elle ne faisait point grâce à la délicatesse et à la sensualité. « A mon entrée au noviciat, raconte une Sœur, j'avais beaucoup de répugnance pour certains mets. Un jour, entre autres, je le manifestai en laissant une partie de ce qui m'était servi, ce qui sembla passer inaperçu. Il n'en était rien. A la prochaine réunion, j'entendis la chère Mère me reprocher publiquement mon immortification. Elle m'imposa pour pénitence de demander à la chère Sœur économe ce qui serait le plus de mon goût. Bien qu'il m'en coutât énormément, je dus obéir. Je fus donc servie avec distinction, soit dans la qualité et la quantité des aliments, soit sous le rapport de la vaisselle. Ma confusion était extrême. J'étais pour jamais guérie de ma sensualité. »

La bonne Sœur Marie du Saint-Sacrement, qui vivait dans les premiers temps de l'Institut et qui nous a laissé de si beaux exemples de vertu, fut punie d'une manière semblable, étant encore au noviciat. La Révérende Mère lui fit servir du chocolat, des biscuits et autres douceurs, avec ordre de les manger sans faire la grimace. La jeune novice s'acquitta souvent à genoux d'une pénitence d'autant plus coûteuse que la Communauté n'avait alors que du pain sec au petit déjeuner.

Tout ce qui sentait les recherches de la mauvaise nature ne trouvait pas grâce à ses yeux. Elle flétrissait avec une vigueur remarquable la susceptibilité et l'humeur ombrageuse. Elle préférait une personne qui commet bien des fautes, qui est sujette à de nombreux défauts, mais qui va droit, qui aime à être connue et souffre humblement d'être reprise et corrigée, à celle qui, ne faisant pas d'écarts, n'ayant pas de travers saillants, manque de franchise, se blesse et se froisse pour un rien. « Je ne redoute rien tant, disait-elle, que ces esprits qu'un mot, un signe, un geste, un regard met en méfiance. Ce genre étroit qui se fâche de tout fait immensément souffrir. Les personnes susceptibles sont bien à plaindre, car, malgré les ménagements et les réserves dont on use à leur égard, il arrive très souvent mille choses qui les contrarient. S'agit-il de leur faire quelque juste observation, de leur donner quelque avis dans la seule vue de leur bien ? Il faut étudier et peser toutes ses paroles, emmieller le son de sa voix, surveiller enfin toutes ses démarches. Oui, il faut pour ces petits esprits, pour ces cœurs si sensibles, des précautions minutieuses, des douceurs recherchées. Ce n'est qu'avec des gants mollets qu'on peut traiter avec les douillettes. Eh bien ! je m'en mettrai pour ne pas les égratigner. » Et elle chargea une Sœur de lui en préparer une paire dont elle pût se servir au moment opportun.

« Étant allée peu après, raconte naïvement une Sœur, l'entretenir en particulier, je la vis tout d'abord prendre

les gants significatifs, en me disant : « Puisque vous êtes
» si délicate, si facile à blesser, je me mets en mesure de
» ne pas vous faire du mal. » Mon impression ne saurait
se dire, mais le remède fut efficace. »

Quand la Révérende Mère reprenait des infractions à la
Règle, elle était redoutable aux plus intrépides. Toutefois,
on était si convaincu qu'elle agissait dans le seul intérêt
du bien, qu'au lieu d'en être fâché on se sentait porté à
l'aimer davantage. « Pour ce qui me concerne, dit une
Sœur, je n'ai jamais éprouvé du chagrin de ses remontrances et de ses corrections, et cependant elle ne
m'épargnait point, sachant combien j'avais besoin d'être
humiliée. C'est que, à travers les plus amers reproches,
j'apercevais toujours la plus maternelle bonté. »

La Mère Sainte-Thaïs tenait fortement à ce qu'on se
conformât exactement à tous les points du coutumier.
En quelques circonstances, elle dépouilla du voile de
la religion certaines Sœurs qui l'avaient négligemment
laissé tomber ou ne l'avaient point fixé comme cela était
prescrit.

Ayant repris deux fois une novice professe qui n'arrêtait
pas sa croix, selon l'usage établi, elle la lui enleva pour
trois jours.

Visitant un de nos postes, elle fut peinée de ce qu'une
Sœur laissait parfois son chapelet de costume accroché
dans sa chambre; elle l'emporta sans rien dire. La dispa-
rition de la pieuse chaîne ne tarda pas à être aperçue
et regrettée. Mais c'est en vain que la coupable demanda
grâce et pardon pour sa négligence : la Révérende Mère
lui fit faire une longue pénitence.

Elle ne souffrait point qu'on manquât de respect aux
Sœurs anciennes. Une jeune professe s'étant oubliée à ce
sujet en fut sévèrement punie : elle fut privée de souper
en communauté la veille de Noël et condamnée à se mettre
au lit après le triste repas qu'elle prit seule. Défense lui
fut faite de chanter les beaux cantiques préparés pour la

fête et même d'assister à la messe de minuit. Châtiment bien dur et bien sensible qui n'a jamais été oublié.

On se souvient toujours aussi avec quelle force et quelle énergie la digne Supérieure s'élevait contre les brèches faites à la discipline religieuse, contre toute atteinte à la sainte pauvreté surtout. Une fois entre autres, elle releva avec tant de vigueur certaines fautes relatives à ce sujet que toute l'assemblée était dans le tremblement et la crainte. Les soupirs et les larmes répondaient à la voix émue de la Révérende Mère. Toutes les Sœurs, qui avaient des reproches à se faire, réparèrent leurs torts et acceptèrent humblement une pénitence plus ou moins sévère. La plus foudroyante fut infligée à une novice professe qui s'était permis d'examiner si les matelas des lits étaient également bons et mollets. La Révérende Mère l'en réprimanda vertement et lui fit donner tous les articles de literie qu'elle avait apportés dans la Congrégation et tous ceux de sa jeune sœur également religieuse. Ce qui l'aurait trop surchargée fut déposé au bas de sa couchette. Trois interminables nuits se passèrent sans qu'elle pût fermer l'œil sur ce véritable échafaud. Elle avait expié durement une faute qui tenait en partie à sa légèreté naturelle. Enfin, touchée de ses larmes et de l'humilité dont elle avait fait preuve, la chère Mère, qui ne voulait que guérir et sauver, lui pardonna et lui rendit ses bonnes grâces.

La superfluité et le luxe étaient impitoyablement poursuivis par elle, aussi bien dans les objets et les meubles destinés à l'usage commun que dans ce qui était attribué au service particulier. Elle enjoignait aux Sœurs directrices de ne faire pour leur établissement aucune acquisition qui pût blesser la simplicité religieuse. L'une d'elles, ayant failli en ce point, n'eut pas lieu de s'en applaudir. Pouvant disposer librement d'une somme pour l'ameublement de sa maison, elle s'était dit qu'une descente de lit et une table de nuit étaient indispensables et se les était procurées. Peu après. la Mère Sainte-Thaïs, visitant le poste, la directrice.

toute fière, lui offrit une chambre à coucher avec riche assortiment. Il était tard lorsque la Révérende Mère s'aperçut de l'outrage fait à la sainte pauvreté ; elle ne put le venger sur le champ; mais, le lendemain, ayant examiné en détail la belle descente de lit et la table en bois ciré avec dessus en marbre, elle administra une forte correction à la trop opulente hôtesse. Réunissant les Sœurs de la localité et celles du voisinage qui l'y avaient accompagnée : « Ma Sœur, dit-elle à la délinquante, j'ai été scandalisée dans votre établissement. Vous avez des meubles qui ne conviennent point à des épouses du Dieu de Nazareth. Je vous ordonne de faire disparaître tout cela, aujourd'hui même. » Elle parla si fortement ensuite sur les dangers des aises et des commodités, sur les abus contraires à l'esprit de pauvreté que les témoins, au nombre de douze, en furent vivement impressionnés. Inutile d'ajouter que table de nuit et descente de lit disparurent bien vite et sans retour.

Ainsi furent enlevés avec réprimande et injonction formelle deux chapeaux de soleil trop élégants que la chère Mère remarqua dans un autre poste. Elle les interdit absolument comme peu conformes à la modestie religieuse. Un autre chapeau donna lieu à une leçon plus solennelle encore. Lors de son passage à N..., la Mère Sainte-Thaïs adressa une sévère remontrance à une Sœur qui en avait un à coupe gracieuse, orné de quelques décimètres de velours. Elle ordonna ensuite de l'apporter à la Maison Mère, pour les vacances, ce qui fut exécuté. Quand toutes les Sœurs furent rentrées, elle les réunit et, avec sa fermeté ordinaire, réprimanda la coupable. Après une forte exhortation à l'amour et à la pratique rigoureuse de la sainte pauvreté, elle fit brûler le chapeau devant toute l'assemblée.

Elle imposa d'autres fois encore des humiliations et des pénitences publiques propres à faire impression. Nous n'en citerons plus qu'un trait. Une novice voilée ayant blessé l'obéissance et l'esprit de soumission, la Révérende Mère lui reprocha vivement sa conduite devant toute la Communauté. « Vous ne méritez pas, mon enfant, lui dit-elle ensuite, de porter le symbole de la modestie et de l'humilité : apportez-moi votre voile. Vous ne le remettrez point que vous n'ayez compris et réparé vos torts. » Et la jeune Sœur passa deux grandes semaines privée de la parure des vierges. Trois de ses compagnes, touchées de ses larmes, supplièrent leur Supérieure de pardonner, assurant que Sœur N... serait plus soumise et plus humble. « Votre démarche me fait plaisir, répondit la vénérée Mère, mais je ne puis accéder à votre demande. Il faut que votre Sœur fasse la pénitence que j'ai dû lui infliger. Je lui rendrai son voile quand il en sera temps. » Les petites avocates ne gagnèrent rien

Dans une circonstance semblable, la Mère Sainte-Thaïs se laissa fléchir par une pieuse et sainte Sœur qui la conjura publiquement, à genoux, d'user de miséricorde envers une jeune professe dépouillée du saint voile en punition de certains manquements. « Venez reprendre votre voile, dit-elle à la coupable qui éclatait en sanglots. C'est à la prière de la charité que je me rends. Ne m'en faites pas repentir. »

Ce qui précède est plus que suffisant pour mettre en relief la sage fermeté de notre digne Supérieure. Pourrait-on la trouver répréhensible, l'accuser d'une rigueur outrée, en comparant sa mâle énergie à l'effrayante sévérité des saints Pères des déserts, des fondateurs d'ordres religieux?

Qu'on interroge l'histoire des François d'Assise, des Ignace de Loyola et de tant d'autres illustres personnages, suscités pour édifier ou soutenir la Maison de Dieu, et l'on verra que son esprit est essentiellement un esprit de zèle et de force, voire même de sainte colère contre les transgresseurs de la loi. Le doux Sauveur ne s'arma-t-il pas d'un fouet, ne foudroya-t-il pas des plus terribles anathèmes les violateurs de l'antique alliance?

Toutefois, ce ne serait point reproduire les plus beaux

caractères de l'administration de la vénérée Mère Sainte-Thaïs que d'en considérer seulement la sagesse et la fermeté. Voyons-en aussitôt un cachet non moins saillant et plus précieux encore : la maternelle bonté, la suave charité.

CHAPITRE VII

———

Deuxième caractère du gouvernement de la Révérende Mère Sainte-Thaïs :
maternelle affection, suave charité.

Si Dieu a fait le cœur des mères sur le modèle du sien, pour étudier la maternelle bonté de la Mère Sainte-Thaïs, il faudrait sonder les abîmes de l'éternelle dilection. C'est dans les entrailles de la divine charité qu'elle avait puisé cette exquise délicatesse de sentiments, cette tendre sollicitude pour sa famille religieuse qui sont les plus beaux traits de son gouvernement. La puissance de l'amour l'a emporté sur la puissance de la force et a chanté de glorieux triomphes.

C'est parce que la Révérende Mère était tout affection et tout dévouement pour ses filles qu'elle en fut si tendrement aimée et qu'elle exerça un empire si absolu et si salutaire sur les esprits et sur les cœurs. Laissons encore ici parler les témoins et les sujets de sa charité maternelle.

« Rien n'échappait à sa vigilance, dit une Sœur. Elle avait l'œil et le cœur à tout, et sa prévoyance s'étendait aux plus minces détails ; elle devinait tous les besoins et savait le secret de les soulager. Ses douces prévenances étaient les mêmes pour chacune de ses filles ; mais les faibles, les malades, les affligées avaient cependant une plus large part à son attentive bienveillance et pouvaient se croire les préférées. »

« Combien de fois ne l'avons-nous pas vue, dit une respectable ancienne, parcourir lestement et inopinément les divers offices pour s'assurer si tout était dans l'ordre. Elle trouvait toujours dans ces visites l'occasion de faire pratiquer quelque acte de vertu. Elle sortait fréquemment de sa cellule pendant le travail, faisait d'un regard le tour de la salle de réunion et du jardin, puis rentrait sans avoir été vue. Aussi, savait-elle toujours bien des choses qu'on lui croyait inconnues. Sa sollicitude pour les malades ne saurait se dire. Elle s'informait de leur état avec une touchante bonté, voulait qu'on fît exactement les remèdes et que les infirmières ne perdissent jamais de vue leurs graves obligations. Elle avait soin de voir comment les potions, les tisanes, etc., étaient préparées ; elle veillait à ce que les convalescentes fussent l'objet d'une spéciale attention. »

« Sortant de maladie, rapporte une Sœur, je voyais presque tous les jours la chère Mère venir examiner ce qui m'était servi ; une fois, entre autres, doutant que ce qui m'était destiné me fût nuisible, elle ne me permit d'y toucher qu'après information sur la manière dont on l'avait apprêté. »

« Il me serait impossible, ajoute une autre religieuse, de dire jusqu'où la Révérende Mère porta la charité à mon égard. Ma santé demanda longtemps des soins particuliers qu'elle me fit donner avec une délicatesse et une générosité qui me couvraient de confusion. Elle défendit expressémens de me faire connaître le prix de certains remèdes coûteux qu'elle me procura, et, quoi que je fisse pour le savoir, je n'y parvins point. Après ma guérison, sachant que la voiture me fatiguait, elle me fit conduire dans mon poste sur le petit âne du couvent par une personne très prudente et bien dévouée. »

Une jeune professe eut lieu d'apprécier la vigilance et

le dévouement de sa bonne Supérieure. Souffrant d'une violente odontalgie, elle alla prier, par l'ordre de la Révérende Mère, la Sœur infirmière de lui appliquer quelques sangsues. Cette dernière jugea qu'il fallait remettre ce soin au lendemain, disant qu'il était trop tard. La patiente se retira donc en silence et se mit au lit. A peine y était-elle que la chère Mère vint lui demander comment elle se trouvait. Embarrassée, la Sœur ne sut que répondre, ce qui fit comprendre à la Mère Sainte-Thaïs que ses ordres n'avaient pas été exécutés. Elle alla aussitôt reprendre ses vêtements, se dirigea vers la pharmacie et revint bientôt avec le bocal des sangsues et tout ce qui est nécessaire pour en faire usage. Quelques religieuses, qui l'avaient vue passer et repasser dans le dortoir, se levèrent pour savoir de quoi il s'agissait. L'ayant trouvée remplissant l'office d'infirmière, elles la pressèrent vivement d'aller se reposer, s'offrant à continuer ses charitables fonctions. Ce n'est qu'après avoir vu les bienfaisants annélides jouer parfaitement leur rôle qu'elle consentit à se retirer. « J'étais soulagée physiquement, dit la Sœur, objet de cette bonté spéciale, et mon cœur, vivement ému, débordait de reconnaissance. »

« Retenue à l'infirmerie pour raison de santé, rapporte une autre de ses filles, je la vis arriver soudain avec un air souriant qui me charma. Après m'avoir adressé quelques paroles affectueuses, elle m'offrit une belle orange, me recommandant de la manger. Un jour, m'entendant tousser, elle m'envoya prendre dans sa cellule une bouteille de sirop qui lui était sans doute destiné. Comme je faisais difficulté : « Prenez-le tout de suite et ne dites rien », me fit-elle. Je dus obéir sans réplique. »

Malgré la similitude des faits, citons encore : on aime tant à parler d'une Mère, à contempler les trésors de son cœur ! « Quelques mois après mon admission au noviciat, dit une professe, atteinte d'une sérieuse maladie, dont le début était alarmant, je fus l'objet d'une tendre sollicitude de la part de la Révérende Mère. Le soin de me veiller la nuit ayant été confié à une de mes compagnes : « Cette enfant n'a » aucune expérience, dit-elle, et si elle venait à s'endor- » mir !... Il faut désigner une Sœur sur laquelle nous » puissions mieux compter. » Comme elle achevait ces pa- roles, la cloche annonça le grand silence, et l'on ne prit pas d'autres dispositions. Quelle n'est pas ma surprise lorsque, vers minuit, je vois, près de ma couche, s'approcher un visage plein de douceur ! C'était ma vénérée Supérieure... Elle me demande tout bas comment je me trouve et veut savoir si ma garde malade ne s'est pas endormie. Je la remerciai avec effusion de sa tendre bonté et la priai de ne pas se déranger ainsi pour moi. Il faut bien noter que c'était en hiver ; le froid faisait sentir toute sa rigueur, et, pour venir à l'infirmerie sans troubler le repos des Sœurs, la bonne chère Mère avait dû parcourir plusieurs salles, corridors et escaliers. Cette visite nocturne fut un remède efficace pour mes souffrances et un baume pour mon cœur. »

Ajoutons que ce n'est pas la seule fois que la Mère Sainte-Thaïs se leva la nuit pour visiter les malades dont l'état était grave, et, toujours, pour ne pas déranger la Communauté, elle suivait le chemin le plus long et le moins commode. Quand l'infirmité ne lui permit plus ces visites charitables, sa sollicitude pour les chères malades sembla devenir plus vive et plus ardente encore : « Je n'ai pu dormir cette nuit, disait-elle un matin à son assistante ; je pensais à cette pauvre Sœur qui est si mal et je la recommandais à Dieu. »

Recevait-elle pendant les jours de la souffrance quelques primeurs, fruits, pâtisserie, etc., elle les faisait aussitôt porter aux malades. « Peut-être cela leur vaudra un peu d'appétit ? » disait-elle, toute joyeuse. Un jour, alors que, sous le poids de vives douleurs, infirme et dégoûtée, elle recevait un petit pâté qu'une main habile s'était plu à lui faire, elle s'écria, après l'avoir considéré un instant :

« Oh ! je vous en prie, ne le coupez pas pour moi. Il est trop joli. Il fera plaisir à nos pauvres malades ; portez-le-leur vite. S'il en reste. j'en goûterai pour vous faire plaisir. » Et, quoi que Sœur N.... pût dire pour lui faire accepter le premier et le meilleur morceau, elle ne gagna rien. Il fallut le réserver tout entier pour les malades.

« Cette bonne et tendre Mère, sachant que je souffrais parfois de l'estomac et que j'avais un travail très fatigant, dit une Sœur, me faisait porter du vin sucré et autres choses fortifiantes et veillait à ce que j'eusse un bon lit. Je ne puis penser sans émotion à ses attentions délicates. »

Une autre, non moins touchée et reconnaissante, demande à rappeler ici un trait de prévenance maternelle. « Employée à l'externat de Digne et un peu souffrante, j'avais permission d'aller dans ma famille pour remettre ma santé. Quelques jours avant mon départ, je vis arriver la chère Mère pendant la récréation de midi. Surprise. autant que charmée de cette heureuse visite, je m'écriai : « Comment se fait-il, ma bien chère Mère, qu'avec une » chaleur accablante vous veniez nous voir à cette heure ? » — Je désire vous entretenir de votre voyage, et, comme » vous marchez difficilement, je viens en causer avec » vous. — Mais. repris-je toute confuse, je serais moi- » même allée à la Maison ce soir, après ma classe. sans » que vous fissiez un trajet qui vous fatiguera beaucoup. » — Ne savez-vous pas, reprit mon excellente Supérieure, » qu'une mère se doit tout entière à ses filles et qu'elle » doit prendre pour elle ce qu'il y a de plus difficile ? » Qui n'aimerait une si bonne Mère. me dis-je en moi même ! »

A une jeune Sœur que la vénérée Supérieure interrogeait sur l'état de sa santé et qui se fondait en remerciements pour les bons soins dont elle était l'objet : « Ne faut-il pas que je vous soigne tout aussi bien que les autres, dit-elle ? Si vous étiez auprès de votre maman, elle veillerait sur vous et soulagerait tous vos maux. En la quittant, vous êtes devenue ma fille ; je dois la remplacer. »

Ayant remarqué que deux religieuses de l'école maternelle avaient un air languissant, elle voulut en savoir la raison. Elle leur fit mille questions ; mais les chères asiliennes, ne ressentant aucun malaise, ne pouvaient motiver leur étiolement. La Révérende Mère se fit rendre un compte très minutieux de ce qui leur était donné pour le repas qu'elles prenaient dans leur établissement. Elle apprit alors que, sauf le petit potage que nos deux Sœurs faisaient sur les lieux, il ne paraissait jamais sur la table que des restes de mets, apprêtés souvent depuis deux jours et qu'elles emportaient chaque matin, mais pas toujours en quantité suffisante. C'est ce que les Sœurs trop timides ne déclarèrent qu'à grand'peine. Très affligée, la digne Supérieure mande aussitôt la cuisinière et lui ordonne de pourvoir de viande fraîche et de bons aliments les jeunes Sœurs qui ont une tâche si laborieuse et si fatigante. Elle charge ensuite la Sœur économe de veiller à ce que cet ordre soit fidèlement exécuté. Non contente de cela, elle donne aux deux Sœurs en question l'adresse des fournisseurs de la Maison Mère, avec recommandation de prendre chez eux tout ce qui peut leur être nécessaire. Elle leur enjoint, en outre, de l'informer si tout se faisait suivant sa volonté formelle. Pour mieux s'en assurer, très souvent elle allait les attendre au portail, au moment du départ, visitait leurs provisions et leur remettait de temps à autre quelque pot de confiture.

Maintes fois, une Sœur qui endurait de fortes douleurs névralgiques vit la Révérende Mère se déranger pendant les exercices religieux, lui demander si elle souffrait toujours beaucoup, la faire sortir de la réunion et même la suivre pour lui donner ou lui faire donner certains soins. « Touchée d'une si affectueuse bonté, dit la malade, il m'eût été difficile de me prononcer sur un point, savoir :

laquelle de mes deux mères j'aimais le plus, celle que j'avais trouvée en religion ou ma mère selon la nature. »

« Placée dans un petit poste avec une jeune Sœur, dit une respectable professe, je reçus la visite de notre vénérée Supérieure à une époque où ma compagne se trouvait assez gravement fatiguée. Je fus témoin de la maternelle sollicitude et des douces prévenances de notre bien chère Mère. A son départ, grande recommandation me fut faite d'écrire au plus tôt, ce que je ne fis pas aussi exactement qu'elle l'aurait désiré. Aussi, me répondit-elle, courrier par courrier, et me fit-elle d'amers reproches. « On connaît » bien que vous n'êtes pas mère et que vous ne savez pas » ce que souffre mon cœur loin de mes chères malades. » Si vous le compreniez, vous ne m'auriez pas tant fait » soupirer après quelques lignes rassurantes », disait-elle en terminant. »

Une Sœur placée seule, sérieusement alitée et ne voulant pas lui causer du chagrin, prit une jeune garde-malade et ne fit point connaître son état. A peine en convalescence, elle ouvrit sa classe et informa enfin la Révérende Mère de tout ce qui lui était arrivé. A cette nouvelle, saisie de douleur, la digne Mère dirigea aussitôt vers la convalescente une Sœur porteuse d'un pli contenant cette douce plainte : « Comment se fait-il, ma chère enfant, que vous vous soyez ainsi exposée à mourir sans avoir personne de la Communauté pour vous consoler et vous prêter secours ? Nous sommes pauvres, il est vrai ; mais n'eussions-nous qu'une pièce de cinq francs, nous l'emploierions à assister une malade. Je vous en prie, que cela ne vous arrive plus : mon cœur en a éprouvé une peine bien sensible. Je vous envoie ma Sœur N..., car je comprends que vous n'êtes pas encore en état de travailler. Elle a ordre de vous faire prendre tout ce qu'il faut pour rétablir votre santé : vous lui obéirez en cela. » Et la bonne Supérieure lui laissa plusieurs mois cette auxiliaire.

« Dans une autre circonstance, j'eus beau, dit la même Sœur, protester à ma vénérée Mère que, malgré une petite indisposition dont je l'informais par obéissance, je pouvais continuer ma classe, elle ne me crut point. Elle m'intima l'ordre de partir immédiatement pour Digne, où je fus accueillie et traitée avec la plus tendre affection. »

« A mon grand étonnement, dit une Sœur directrice, je vis arriver un jour dans mon établissement une de mes consœurs qui me dit : « Notre digne Mère m'envoie pour » vous aider. Sa tendresse n'a pas goûté l'offre que vous » lui faites de vous charger de tout le travail pour don- » ner du repos à votre chère adjointe. Quoique vous ne lui » demandiez pas de secours, elle tient à vous en procurer. » Elle ne veut point abuser de votre dévouement et de » votre excellente santé ; elle a voulu vous causer une » surprise en m'envoyant vers vous sans vous prévenir. » Tant de bonté, ajoute la directrice en question, m'avait si étroitement unie à son cœur que je l'aimais au delà de toute expression. »

« Mes démarches pour obtenir de l'administration muni- cipale une petite rétribution pour une adjointe de plus, vu le nombre considérable de nos élèves, ayant échoué, dit une supérieure locale, notre vénérée Mère me fit écrire : « Je vous enverrai une cinquième Sœur au premier jour, » car je crains que vous n'ayez trop de besogne et que » votre santé n'en souffre. Cette santé m'est plus chère » qu'à M. N... Toutes les considérations d'intérêt ne me » sont rien devant le besoin de vous soulager. »

Lorsque la Mère Sainte-Thaïs voyait ses chères filles souffrir dans leurs postes, soit à cause du logement, soit pour tout autre sujet et qu'elle ne pouvait adoucir leur position, elle les rappelait à la Maison Professe.

« Combien de fois l'avons-nous vue, disent les Sœurs qui l'approchaient de près, se tourmenter, se mettre en quête pour procurer du secours à nos malades dans les établis- ments. Nous tâchions de la rassurer, disant : « Elles ont

» moins de mal que vous ne croyez. Dès qu'elles ont
» quelque incommodité, elles vous en font part, comme
» de petits enfants. Vous avez trop de bonté ; vous vous
» alarmez trop vite. » C'était en vain ; rien ne pouvait la
tranquilliser ; elle n'avait de repos qu'elle n'eût envoyé
quelqu'un sur les lieux. »

La tendre compassion de la Révérende Mère s'étendait
sur tous les malheureux et les pauvres dont les besoins
lui étaient connus. Il ne s'en présentait aucun qu'elle ne
secourût. Au récit de leur infortune et de leurs maux, son
cœur s'attendrissait, ses yeux se mouillaient de larmes :
« Donnez, donnez vite, disait-elle : l'aumône sera pour
nous une source de bénédictions et de richesses. Nous
savons un bon secret pour nous tirer de positions difficiles
et gênantes : lorsque nous manquons d'argent pour satisfaire nos créanciers, que nous sommes dans la pénurie de
certaines choses, nous nous hâtons de partager avec les
pauvres le peu qui nous reste : nous faisons quelque bonne
œuvre extraordinaire, et, à coup sûr, il nous arrive promptement tout ce qu'il nous faut. Voilà une recette infaillible,
un moyen de prospérité dont devraient user tous ceux qui
sont à bout de ressources. »

Une foule de traits fort touchants témoigneraient hautement de l'excessive bonté de la Mère Sainte-Thaïs envers
les indigents. Pour nous borner à un seul, nous dirons que
la famille Roux ressentit mille fois les effets de sa générosité. Elle lui fournit longtemps presque toute sa nourriture
et des remèdes pour la mère habituellement souffrante.
Elle lui faisait porter tantôt une bouteille de bon vin, tantôt
un bocal de confiture, tantôt du bouillon, etc. Un jour de
fête, les vieux époux, sortant de notre chapelle où ils
avaient entendu la sainte messe et communié, demandè-
rent à présenter leurs devoirs à la chère Mère. Elle eut
beaucoup de plaisir à les voir et, quand elle les eût con-
gédiés, elle dit à une Sœur : « C'est aujourd'hui fête de
première classe : ces braves gens n'ont peut-être rien pour

leur déjeuner. Je veux les traiter un peu. Allez demander deux grands bols de café ou de chocolat que vous leur porterez vite. » L'ordre fut joyeusement exécuté. Les vieillards ne tarissaient plus en actions de grâces. « Oh ! que je suis heureuse, s'exclama la Révérende Mère, en apprenant cela, que je suis donc heureuse d'avoir pu leur procurer une petite satisfaction ! Allez, de ma part, demander à la Sœur infirmière un pot de confiture de bonne dimension et d'excellente qualité. » Celle-ci, croyant que c'était pour des dames qu'elle savait au parloir, donna de bon cœur ce qu'elle avait de mieux. « Empressez-vous, dit la chère Mère à sa fidèle messagère et confidente, de porter cette bonne conserve à Roux et à sa femme; je veux qu'ils en goûtent ce matin même. » On laisse à penser la joie de ces chers amis du bon Dieu !... Dans la journée, la Sœur infirmière voulut savoir des nouvelles de sa compote et réclama ce qui devait en rester. Il lui fut répondu que la Révérende Mère en avait disposé. « C'est tout ce que j'avais de meilleur, si j'avais su ! dit la Sœur, qui comprit que ses calculs l'avaient trompée. Maintenant que donnerai-je à mes convalescentes ? » Ces paroles furent rapportées à notre vénérée Mère qui s'écria : « Tant mieux, tant mieux ! Nos malades auront autre chose, tandis que ces pauvres gens sont privés de tout. » Et ses yeux pétillaient de bonheur, et son visage était illuminé d'un feu céleste.

Dans une autre circonstance, le père Roux sortait de notre chapelle l'air triste et inquiet. Comme elle se trouvait sur son passage, la bonne chère Mère remarqua son chagrin. Elle l'appela et, après quelques mots de sympathique intérêt : « Qu'avez-vous, lui dit-elle, vous ne paraissez pas content ? Vos provisions sont-elles épuisées ? Vous manque-t-il quelque chose ? Les dames de la miséricorde ont peut-être cessé de vous secourir ? — Ce n'est pas cela, bien digne Mère. Nous sommes trop heureux de tout ce que vous nous donnez si charitablement. »

Convaincue que le vieillard avait quelque grand ennui

qu'il n'osait révéler, elle insista pour savoir la vérité. Le brave homme finit par lui dire que, dans quelques jours, il lui fallait payer vingt francs pour son loyer, sous peine de se voir mettre à la porte. « Je n'ai pas le sou, dit-il, et je ne gagne rien... » La Révérende Mère l'encouragea beaucoup, l'exhorta à confier sa peine à saint Joseph et à espérer.

Le lendemain, elle dit à une Sœur : « J'ai là une petite somme dont je puis disposer pour quelque œuvre de charité. Portez-la vite à Roux et n'en parlez à personne. Je tiens à ce que cela reste bien caché. » La religieuse rapporte que la Mère Supérieure était rayonnante en lui donnant ce message. L'aumône fut reçue avec transport et arrosée des larmes de la reconnaissance. Depuis lors surtout, les malheureux vieillards vouèrent une affection touchante à celle qui pourvoyait à leurs besoins avec tant de cordialité. Sur son lit de mort, le père Roux parlait encore avec attendrissement de la bonne Mère Sainte-Thaïs. Il récitait tous les jours le chapelet à son intention. « Comme je vais la voir volontiers et la remercier en paradis », disait-il, peu avant son décès.

« La tendre bonté de la Révérende Mère embrassait tous les membres de nos familles respectives, dit une Sœur. Elle qui savait si bien nous prêcher, surtout d'exemple, le détachement de la chair et du sang, voulait qu'une affectueuse reconnaissance anima nos cœurs envers les auteurs de nos jours. Elle avait pour tous nos proches une singulière affection, les considérant comme les siens propres. Elle s'informait de leur état, voulait savoir de leurs nouvelles, leur procurait tous les plaisirs en son pouvoir. »

« N'oubliez pas, disait-elle à une religieuse qui se disposait à écrire à ses vieux parents, n'oubliez pas de leur dire mille bonnes choses de ma part. » Et à une autre qui objectait force raisons pour être dispensée de visiter sa famille : « Je ne puis refuser à vos excellents parents une consolation qu'ils méritent à tant de titres ; vous obéirez en allant les voir. Le bon Dieu veut les dédommager un peu du grand sacrifice qu'ils lui ont fait de tous leurs enfants. »

« Il ne faut pas me remercier, répondait-elle à une jeune professe qui lui exprimait la reconnaissance de sa mère ; j'ai eu tant de plaisir à lui en faire que je suis bien payée de la permission accordée. »

« J'ai particulièrement expérimenté sa délicate charité, dit une ancienne professe. Lorsque le bon Dieu eut appelé à lui ma pauvre et bien aimée mère, à laquelle j'avais prodigué mes soins, je revins dans la Communauté très affligée de sa perte et fort en peine au sujet de mon père, qui restait seul, plongé dans une profonde douleur. Ma digne Supérieure me témoigna la plus tendre sympathie, m'encouragea de ses plus douces paroles et, à mon départ pour ma résidence, eut pour moi des attentions touchantes Elle remit à ma compagne des biscuits et du chocolat, avec recommandation de m'en faire prendre et de me procurer du bon vin pour remettre mes forces, bien affaiblies en ce moment. Elle voulut que la Sœur se chargeât pour lors d'une partie de mon travail, afin de me procurer du soulagement et du repos. « Ne soyez pas en peine pour » votre père, me dit-elle en me quittant. Dieu le protégera, » et, s'il était malade, je vous enverrais immédiatement » pour le soigner. » Malgré ses graves et nombreuses occupations, elle n'oubliait pas de m'en demander des nouvelles dans ses lettres. « Pauvre Sœur, que de soucis » vous devez avoir ! Sachez que je pense souvent à vous. »

» Plus tard, étant dans une grande perplexité, vu la position critique de mon frère, ma bonne Révérende Mère me dit : « Écrivez-lui toutes les fois que cela peut lui » faire du bien, et moi je prierai toujours pour vous et » pour lui. » Je ne doute pas que ses saintes prières ne nous aient fortifiés et soutenus l'un et l'autre. »

« J'eus le malheur de perdre celle qui m'avait donné le jour, étant dans un poste assez éloigné du toit paternel. dit une respectable professe. Ma sœur aînée eut la consolation d'aller lui fermer les yeux. A son retour dans la Communauté, notre vénérée Mère, qui partageait toute sa douleur, l'envoya vers moi, disant : « Allez voir ce que » fait cette chère enfant ; allez mêler vos larmes et vous » consoler ensemble, et sachez toutes deux que je serai » doublement votre mère, car un lien de plus m'attache à » vous. » On eût dit que, depuis ce jour, son cœur, toujours si bon, se fût encore dilaté pour enfermer notre affliction. »

« Combien de fois, rapporte une autre religieuse, ne l'ai-je pas vue attendrie en me parlant de ma pauvre vieille mère que l'éloignement de tous mes frères, enrôlés sous les drapeaux, en 1870, plongeait dans une douloureuse anxiété. « Pauvre mère ! faisait-elle. Après avoir élevé une » nombreuse famille, elle se voit privée de tous ses enfants ! » Pauvre mère ! O mon Dieu !... »

« Elle offrait ses prières et ses souffrances pour la conservation et le retour de mes chers frères, et je n'ai jamais douté qu'elle ne fût exaucée. Toutefois, je n'avais pas de leurs nouvelles et les désastres de la France me faisaient craindre qu'ils ne fussent tombés sous le fer meurtrier. Angoissée, quoique toujours confiante, j'allai un jour verser le trop plein de mon cœur dans celui de ma vénérée Supérieure. Elle m'accueillit avec la plus suave charité et m'encouragea puissamment par ces paroles que je considérai comme une prophétie. « Non, ma bonne » Sœur, vos frères ne sont pas morts ; ils reviendront. » Ces mots, prononcés après un moment de silence et sur un ton de conviction profonde, me frappèrent. J'attendis fermement le retour de ceux dont j'avais déjà pleuré la perte. Ce ne fut pas en vain : trois de mes frères rentrèrent au foyer après la capitulation de Paris ; le quatrième, prisonnier en Allemagne, arrivait un peu plus tard au pays natal.

« Peu après, avec l'autorisation de ma Révérende Mère, j'accompagnais ma famille dans un sanctuaire de la Très Sainte Vierge. Nous lui rendions grâces, ainsi qu'à son virginal époux, de la protection accordée à nos chers soldats. J'ai toujours attribué cette faveur à la puissance des prières de ma sainte Supérieure. »

Cette excellente Mère avait de ces procédés d'une exquise délicatesse. Ainsi, recevait-elle pour quelqu'une de ses filles l'annonce soit d'une guérison désirée, soit une nouvelle précieuse à la piété, elle s'empressait de la commmuniquer. « Vous êtes bien contente de la lettre que je vous ai fait remettre, n'est-ce pas ? disait-elle à une Sœur. Voilà donc votre bon vieux père revenu à la pratique des devoirs religieux ? Je m'associe de tout cœur à votre joie. Il faut bien remercier le bon Dieu qui a exaucé vos ardentes prières. »

Le fait suivant peint trop bien la généreuse sollicitude de la Mère Sainte-Thaïs pour être passé sous silence. Une jeune Sœur devait se rendre dans sa famille, pour s'y reposer un peu. Comme le voiturier chargé de l'y conduire manquait de prudence, la bonne Supérieure refusa de la lui confier. Quelques jours plus tard, elle la fit partir sous la garde d'un homme sérieux, dans un petit carrosse spécial fort commode. « Le voyage sera un peu plus dispendieux, lui dit-elle ; mais je vous saurai bien accompagnée et je serai sans inquiétude. Vos parents ne verseront que la somme nécessaire pour couvrir les frais par voie ordinaire. Je me charge du reste. Dites-leur que je tiens plus à votre santé qu'à une pièce de métal. A votre retour, avant de régler avec la Sœur économe, vous viendrez me trouver et je vous donnerai ce qui manquera pour compléter ce que vous devez lui rembourser. Vous ne parlerez point de ceci ; j'ai le droit de le faire, mais je n'en dois compte à personne. » La religieuse et sa famille furent très touchées d'un procédé aussi généreux que tendre. Les parents, malgré leur état de gêne, ne voulurent pas être moins délicats que la Révérende Mère. Ils lui firent offrir leurs vifs remerciements et tinrent à couvrir tous les frais du voyage.

Une autre Sœur, ayant appris l'état grave de sa vieille mère, avait sollicité et obtenu la permission d'aller lui dire un suprême adieu. Craignant ensuite d'avoir blessé le renoncement religieux en exprimant trop vivement son désir, affligée de ce que, préoccupée sans cesse de sa chère malade, elle ne pouvait vaquer librement à la prière, elle alla confier sa peine à sa digne Supérieure. « Tranquillisez-vous, lui fut-il répondu : vous n'offensez pas le bon Dieu en cela. Il faut bien que vous pensiez à votre mère ! Vous avez bien fait de me demander d'aller la voir. J'allais vous l'offrir quand vous êtes venue m'en parler. Vous partirez au plus tôt. »

La même Sœur, devant passer une partie de la nuit pour arroser le jardin, rapporte que la Révérende Mère lui recommanda de ne pas sonner quand elle rentrerait, mais de donner seulement quelques coups au portail, ce qu'elle fit exactement. Quelles ne furent pas sa surprise et sa confusion en voyant sa bonne Supérieure lui ouvrir tout doucement !... Elle n'avait pas voulu déranger la Sœur portière et s'était privée de sommeil pour ne pas troubler le sien.

« Son inépuisable bonté, dit un autre membre de la Congrégation, m'a toujours vivement impressionnée. Cette qualité si attachante se reproduisait dans toute sa conduite ; elle perçait dans ses regards, dans ses gestes, dans son ton de voix surtout. Il semblait que, pour lui attirer la confiance et l'amour de toutes ses filles, le Ciel l'en avait toute revêtue au dedans et au dehors. Aussi, ne trouve-t-on d'autre écho dans nos âmes que celui-ci : « Oh ! quelle mère ! Comme elle nous aime ! »

Cet écho se répercutait au loin. Les chères élèves de nos Sœurs le répétaient à l'envi, témoin une petite fille de neuf ans qui, au retour de l'école, disait : « O maman, qu'elles sont heureuses les Sœurs d'avoir une si bonne Mère ! Elle nous a fait l'examen ; mais, voyez-vous, nous ne pouvons rien lui dire qu'elle ne sache. Elle connaît tous les livres que nous avons d'un bout à l'autre. Et ce qui est plus, elle parle doux, doux, et dit si bien les choses !... Elle prêche bien mieux que M. le Curé. Oh ! qu'elle est bonne cette Mère ! Je n'ai rien su de ce qu'elle m'a demandé ; elle ne m'a pas grondée ; elle m'a appelée auprès d'elle et a essuyé mes larmes. » Depuis, quand la petite espiègle était reprise et corrigée, elle disait : « Allez, vous n'êtes pas la chère Mère des Sœurs. Ce n'est pas ainsi qu'elle gronde. »

Les séculiers qui avaient occasion de l'entretenir étaient frappés de l'air de bénignité empreint sur toute sa physionomie. Un monsieur, venu à Digne à dessein de ramener sa fille, alors novice dans l'Institut, changea soudain de sentiment après avoir parlé à la Mère Sainte-Thaïs. « Je te laisse bien volontiers entre les mains d'une telle Supérieure, lui dit-il ; je comprends que c'est une vraie mère et je suis persuadé que tu ne pourras qu'être heureuse sous sa sage direction. J'avais connu le bon M. Michel, que j'estimais beaucoup ; maintenant, je suis certain que sa fille est digne de lui. Aussi, je te quitte sans inquiétude. Je saurai répondre à qui essayera de dénigrer ou de flétrir cette respectable Société. » L'honorable monsieur agit toujours depuis en conséquence de la conviction acquise dans son entrevue avec la Révérende Mère : il se montra plein de bienveillance pour toutes les Sœurs de la Congrégation.

L'empire de la bonté est tout puissant. On ne peut se défendre d'aimer un cœur généreux et tendre. Aussi, pénétrons encore plus avant dans le noble sanctuaire de la charité maternelle ; étudions le plus beau côté de son dévouement : le zèle pour le bien spirituel. Plus nous connaîtrons notre Mère, plus nous l'aimerons, et, de l'amour à l'imitation, il n'y a pas de limite.

—◦◦❯❰◦◦—

CHAPITRE VIII

Suite du même sujet : bonté maternelle. — Zèle pour le bien spirituel.

La note dominante du gouvernement de la Révérende Mère Sainte-Thaïs fut toujours, on peut l'affirmer sans exagération, la bonté, le dévouement le plus affectueux. Mais c'est dans le domaine religieux, c'est pour le bien des âmes qu'elle déploya tous les trésors de son amour.

« Mes Sœurs, disait-elle un jour de conférence spirituelle, si vous êtes bien fidèles à tous vos devoirs, si vous marchez avec ardeur dans la voie de la perfection, vous me dégagez de toute responsabilité, vous me donnez le vrai bonheur. Quelqu'un, ajouta-elle, s'apitoyait sur mon compte, disant que je devais me donner bien du mal, avoir bien du souci pour fournir aux besoins d'une si grande famille. « Comment faites-vous, me demandait-on, pour » procurer la nourriture, le vêtement, etc., à toutes vos » filles, attendu que votre Institut a peu de fonds, que le » traitement des Sœurs institutrices doit être insuffisant » et que les temps sont mauvais ? — Cela ne m'inquiète » pas le moins du monde, répliquai-je ; je m'appuie sur la » Providence qui ne nous a jamais fait défaut. Je n'ai

» qu'une grande sollicitude : assurer le maintien de la
» discipline régulière, le règne de la ferveur et de la
» piété. »

Oui, toujours, mille voix le proclament, la plus vive
sollicitude de cette excellente Supérieure fut pour les
intérêts spirituels de sa chère famille. Chacune de ses
filles peut fournir des preuves de son zèle pieux et de sa
délicate bonté, car toutes ont expérimenté son dévouement
pour leur progrès dans la vertu et pour leur consolation.

Choisissons quelques traits parmi leurs notes.

« J'ai été dans une grande perplexité à tel sujet, lui dit
une trop craintive Sœur, mais je n'ai osé vous aborder,
sachant la gravité et la multitude de vos occupations. —
Mon enfant, lui répondit la digne Mère, je suis à la disposition de tout le monde ; mon premier et plus important
devoir est de faire du bien à toutes mes chères Sœurs. Je
suis pour vous, comme pour les autres : quand vous aurez
à me parler, venez sans gêne. Je regrette que vous ayez
gardé par devers vous des choses qui vous ont fait souffrir. N'ayez pas tant peur de me déranger et de me donner
de la peine ; allez plus simplement et croyez que ma plus
grande inquiétude serait de ne pouvoir contribuer à votre
sanctification et à votre bonheur. »

La Mère Sainte-Thaïs avait un talent spécial pour
répandre la lumière et la joie dans les cœurs. Une réponse
brève suffisait pour ramener la sérénité dans une atmosphère enténébrée. Une jeune professe, assaillie par mille
pensées contraires à sa vocation, lui fit part de ses troubles.
« Vous êtes où le bon Dieu vous veut, lui dit la Révérende
Mère : bannissez donc toute crainte. Soyez contente dans
sa Maison et sachez qu'une religieuse fait toujours ce qu'il
y a de plus parfait en obéissant, alors même qu'elle ne
serait employée qu'à décrépir un mur. » Cette assurance
fit renaître la tranquillité et la paix.

« Je ne pouvais me retirer d'auprès d'elle, dit une Sœur,
avec la tristesse dans l'âme : ses paroles y versaient un

céleste baume. Ses avis étaient toujours dictés à propos par son affection maternelle, et sa pénétration d'esprit lui découvrait les sentiments les plus cachés. Combien de fois n'ai-je pas été étonnée de l'entendre me révéler des choses que je croyais bien secrètes. »

« On aurait dit, ajoute une grave religieuse, qu'elle voyait clairement dans le sanctuaire de l'intérieur. Pour moi, j'ai la conviction que Celui qui voit tout à découvert lui révélait parfois les choses les plus intimes. En voici une preuve certaine. Pendant mon noviciat, j'étais sur le point de renoncer à ma vocation pour retourner auprès de ma mère infirme dont le souvenir me poursuivait. J'allai dire ma résolution à notre vénérée Supérieure qui me répéta les mêmes paroles que le R. P. Blanchard m'avait dites au Laus, trois ans avant mon entrée en religion : « Une marque » évidente que Notre-Seignenr vous veut toute à Lui, me » dit-elle. c'est le vœu de chasteté perpétuelle que vous » avez émis à l'âge de quatorze ans. Le divin Maître, qui » ne peut souffrir de rival dans le cœur de ses épouses, a » voulu par ce lien sacré vous préserver de toute attache » dangereuse. » Je fus ahurie de ce langage, d'autant que Dieu seul et mon confesseur avaient eu connaissance de mon engagement.

» Dans une autre circonstance, à propos d'une affaire dont je m'étais occupée, elle me dit : « Vous avez eu telle » intention : vous vous êtes proposé telle fin ; telle idée » vous a absorbée. » La chère Mère disait parfaitement vrai. »

« Une seule de ses paroles, affirme une Sœur qui eut à supporter de grandes épreuves, relevait mon courage et m'impressionnait plus salutairement que les plus longs et les plus beaux discours de qui que ce fût. »

Sachant qu'une toute jeune professe se trouvait dans une situation assez délicate, elle daigna la faire appeler et l'entretint plusieurs fois avec une maternelle bénignité. Comme la chère enfant la remerciait avec effusion : « Non.

non, dit-elle. *A l'exemple du Bon Pasteur, ne fallait-il pas que je courusse après la brebis perdue ?* »

Une autre de ses filles, ayant des ennuis et des chagrins bien amers qu'elle concentrait depuis longtemps, surmonta enfin sa timidité et alla les confier à sa Supérieure. Elle eut l'occasion de connaître tout ce qu'il y avait de compatissant amour dans le cœur de la digne Mère. En la quittant, elle se disait : « Je sais au moins maintenant qu'elle m'aime bien. Que m'importe ce qu'on peut me faire souffrir d'ailleurs. »

« Je la craignais un peu, raconte une Sœur ; mais, chaque fois que j'avais à lui parler, elle m'accueillait avec une douceur si aimable que mon cœur se dilatait. Un jour, n'ayant pu lui confier de vive voix un petit chagrin, je le mis par écrit et je fis passer mon billet sous sa porte, avant de partir pour ma classe. Dès qu'elle en eut pris connaissance, elle m'envoya chercher en ville, ne voulant pas, dit-elle, me laisser dans la peine jusqu'au soir. »

« Placée non loin de Digne, dit une bonne Sœur, je fus en proie à une terrible anxiété ; j'écrivis mon ennui à la chère Mère. Quels ne furent pas mon étonnement et ma joie lorsque, le surlendemain, je la vis arriver dans mon poste. « Mon enfant, me dit-elle, je viens apporter la ré- » ponse à votre lettre. » Elle me parla avec la plus tendre charité, dissipa toutes mes peines et me laissa pleine de courage et de force. »

Une parole, un signe, l'air même du visage lui faisait soupçonner une souffrance secrète qu'elle se hâtait d'alléger. « Je crois, disait-elle à une religieuse un peu timide, qu'elle savait dans une situation bien épineuse, je crois que vous êtes dans la peine à tel sujet et que vous n'osez m'en faire part. C'est pourquoi j'ai pris un prétexte pour vous appeler. Je sens tout ce que vous devez souffrir, ma pauvre enfant, et je veux vous donner du courage. » Elle lui fit ensuite raconter tout ce qui l'affligeait, lui témoigna la plus tendre sympathie et la congédia bien fortifiée.

Dans une autre circonstance, la même Sœur eut lieu d'admirer l'ineffable bonté de la Révérende Mère. « Je la trouvai extraordinairement expansive, dit-elle. Plusieurs fois, je voulus me retirer après l'avoir entretenue un moment ; mais toujours elle me retenait, me parlant de tout ce qui me concernait, me faisant même connaître certaines choses qui m'étaient tout à fait étrangères. Je sentais que toutes ses paroles étaient inspirées par un zèle pur et ardent, par un intérêt tout maternel. Elle craignait pour moi une funeste influence, des dangers bien redoutables, et voulait me prémunir et m'éclairer. Oh ! jamais je n'oublierai ce précieux entretien ! C'est à la charité de ma bonne Mère que je dois de n'avoir pas péri. »

« A la tête, jeune encore, d'un établissement dans une localité où la religion protestante dominait, dit une Sœur, je pus apprécier le zèle apostolique dont était dévorée notre vénérée Mère. Après s'être assurée de la tenue de nos classes, elle me fit rendre un compte très détaillé de ma conduite et de mes rapports, soit avec les élèves, soit avec les personnes du dehors. Sachant qu'une jeune fille entretenait correspondance avec un ministre de la secte, qu'elle devait épouser, notre chère Mère voulut la voir. Elle lui parla avec tant de douceur et de charité que la demoiselle promit de se convertir et de renoncer à l'alliance projetée. Sur le champ, elle se défit des livres hérétiques et des lettres qu'elle tenait de son fiancé. Le tout fut brûlé sous ses yeux par notre sainte Supérieure qui lui recommanda de visiter souvent les Sœurs, lesquelles la soutiendraient dans ses bonnes dispositions. L'heureuse prosélyte fut fidèle, grâce aux prières de la Révérende Mère.

» La journée avait été bien remplie et il semble qu'elle devait être satisfaite et aller prendre en paix un repos indispensable et bien mérité. Il n'en fut rien. Après le modeste repas du soir : « Faites coucher les Sœurs dans

» une chambre reculée, dit-elle, et nous causerons ensem-
» ble. » Son désir rempli, elle employa toute la nuit à me
développer les vérités saintes, attaquées par le protestan-
tisme. Elle me parla avec beaucoup de force et d'onction
du bonheur d'appartenir à la véritable Église et de posséder la vraie foi. « Qu'il est beau, s'exclama-t-elle, de
» consacrer sa vie à faire germer dans l'âme des enfants
» cette divine vertu, de ranimer le flambeau de cette céleste
» clarté dans les cœurs où il est près de s'éteindre!... »
Elle me donna des règles sages pour faire le catéchisme
avec fruit. « Quand vous aurez présenté un dogme sacré
» à vos élèves, me dit-elle, et que vous aurez prouvé que
» c'est Notre Seigneur Jésus-Christ qui nous l'a enseigné,
» demandez-leur si elles croient et, sur leur réponse affir-
» mative, faites-leur répéter jusqu'à trois fois cette pro-
» fession catholique; mais que ce soit avec piété et
» respect, afin qu'elles restent bien convaincues. »

» A minuit, je priai la chère Mère d'aller se reposer ;
mes instances furent vaines. Elle consentit seulement à
accepter un petit rafraîchissement, à revêtir son manteau,
car il faisait froid ; puis, n'écoutant que son zèle pour les
âmes, elle reprit sa conférence. Elle me prescrivit de faire
mon journal quotidien et m'indiqua le moyen de lui rendre
compte en peu de mots de toute ma conduite. « Je n'ai fait
» tout cela, me dit-elle en me quittant, que pour vous
» affermir dans la foi et vous mettre en état d'opérer le
» plus de bien possible. »

» Arrivée à Digne, elle m'expédia deux volumes destinés
à perfectionner mon instruction religieuse et à préparer
mes catéchismes. »

« J'ai toujours remarqué en notre bien-aimée et regrettée
Mère Sainte-Thaïs, dit une grave religieuse, un amour
extrême pour les âmes. Elle tenait si fort à une vocation
qu'elle ne craignait pas de s'imposer toutes sortes de sacrifices, de souffrir même des injures pour conserver un
sujet. Personnellement, il m'est impossible de songer aux

mille preuves de sa tendre sollicitude sans que mon cœur soit transporté de la plus vive reconnaissance et que mes yeux se mouillent de larmes. Combien de fois n'a-t-elle pas mis le baume sur mes plaies ! »

Lorsqu'elle se voyait contrainte de céder à des exigences injustes, à des persécutions insensées, elle était triste et inquiète. « Je n'oublierai jamais, dit une religieuse, victime de la folle tendresse de ses parents et arrachée par eux aux douceurs du noviciat, je n'oublierai jamais la maternelle vigilance dont elle m'entoura dans une circonstance bien critique. Je devais aller dans ma famille pour de prétendus arrangements : mais des dangers et des pièges attendaient mon inexpérience. La vénérée Mère Sainte-Thaïs les avait devinés, et sa sagesse sut me prémunir et me garder. Le jour du départ fixé, elle m'adressa les plus sages avis et m'exhorta à ne point me jeter dans les filets que le démon me tendrait infailliblement. Ce n'est pas sans émotion que je l'entendis me dire : « J'ai bien du
» regret de vous laisser partir seule ; vous allez être au
» milieu d'une mer agitée et menaçante. Je désirerais vous
» accompagner moi-même et vous soutenir dans le combat.
» Si mes infirmités s'y opposent, ce que je ne puis visible-
» ment, je le ferai par la prière. Tous les jours, je vous le
» promets, je vous recommanderai au bon Dieu. De votre
» côté, ayez soin d'être bien fidèle à la grâce ; dites tous
» les matins les litanies de la Providence et, j'en suis cer-
» taine, vous reviendrez bientôt. » Après quelques autres conseils, relatifs à mes parents, elle me donna sa bénédiction que je reçus avec le même respect et la même espérance que si un ange me l'avait apportée du ciel.

« Deux semaines après, j'avais triomphé d'insurmontables obstacles. Revêtue d'une force extraordinaire, je m'étais arrachée des bras d'une mère désolée dont j'étais l'unique enfant et qui demandait, à grands cris et en versant d'abondantes larmes, ma présence et mes soins. Le Seigneur, qui voulait un parfait sacrifice, me rendit sourde à la voix de la chair et du sang, grâce aux puissantes supplications de ma sainte Supérieure. »

En cours d'un de ses fréquents voyages, cette excellente Mère apprit qu'une jeune Sœur devait recevoir à Digne, pendant son absence, une visite très préjudiciable à sa vocation et à son âme. Aussitôt, ne consultant que son zèle et sa charité, elle revient au Couvent, fait part de son inquiétude à la Mère assistante et repart le lendemain, emmenant la Sœur qui, sans cette mesure, aurait couru des dangers bien réels.

« Tandis que je réglais avec notre vénérée Mère certaines petites affaires, dit une professe, on vint nous déranger. Après les visites reçues, il était tard ; il fallut se mettre à table, puis sonna l'heure du coucher. J'avais encore certaine communication à faire à ma bien-aimée Supérieure, mais je n'osais le lui dire : elle avait tant besoin de repos ! Une Sœur, sachant mon désir, le lui exprima à mon insu. La chère Mère entrait tout juste dans son lit ; elle en sortit aussitôt, prompte comme l'éclair. Comme on la priait de ne pas se lever, disant que j'irais lui parler dans sa chambre: « Non, non, répondit-elle avec
» vivacité ; je ne suis pas ici pour dormir, mais pour
» servir et consoler mes bien chères enfants... »

Une autre religieuse, objet de la tendre affection de la Révérende Mère, réclame une page pour exprimer sa pieuse gratitude et exhaler son repentir et son amour. Prêtons lui une bienveillante attention : « Ma vie n'était rien moins que fervente, dit-elle. Pour m'offrir le moyen de me retremper dans l'esprit religieux, ma bonne Supérieure voulut bien me permettre de venir passer quelques jours dans la Maison Mère. J'en avais grand besoin, bien que je ne le comprisse guère alors, et j'avais bien résolu de cacher les dangers que je courais. On aurait dit que son œil vigilant apercevait l'abîme entr'ouvert sous mes pas et qu'elle tremblait pour mon inexpérience. Je sus qu'elle avait dit : « Cette enfant me donne bien de l'inquié-

» tude ; je doute de sa sincérité. » En apprenant sa peine,
je fus comme brisée. « C'est vraiment une mère, me dis-je ;
» une mère seule a des appréhensions qui ne trompent
» pas. Oh ! elle m'a devinée !... » Je n'eus pourtant pas la
force de faire le sacrifice que le bon Dieu demandait de
moi. Et voici les paroles que, du lit de douleur où la
retenait son infirmité, elle m'adressa au moment du départ : « Rappelez-vous bien, mon enfant, qu'au tribunal du
« Souverain Juge vous rendrez compte une à une de toutes
» les grâces reçues !... Elles sont sont bien nombreuses ces
» grâces, et chacune est une goutte du sang de Jésus-
» Christ. Voyez comme votre âme a été abreuvée de ce
» sang divin ! » Ces paroles étaient prononcées d'un ton si
pénétré que j'en fus bouleversée ; et, quand mon regard ren-
contra le sien, je vis une grosse larme perler à sa paupiè
re... J'étais anéantie !... Ah ! je n'oublierai jamais ce regard
si expressif !... Il me semblait alors que j'étais convertie, et
cependant, hélas ! les tristes prévisions de l'excellente
chère Mère ne tardèrent pas à se vérifier. Je mis bientôt
en oubli ses conseils et ses touchantes exhortations. Toutefois, dans les moments de défaillance, sa voix émue et
son œil plein de larmes venaient souvent me troubler et
réveiller des remords. Serait-ce son bon ange, me deman-
dais-je alors ? Enfin, à l'époque de la retraite générale,
j'ouvris les yeux et je compris mon malheureux état. Sans
plus tarder, j'allai me jeter aux pieds de ma vénérée Supérieure. Je me sentais bien coupable ; j'aurais souhaité
qu'elle m'accablât de reproches : je l'avais tant et si longtemps contristée ! Les sanglots oppressaient ma poitrine.
A peine pus-je la prier de me traiter selon mon mérite.
J'attendais ma sentence... Quel ne fut pas mon étonnement,
lorsque, de sa plus douce voix, elle me dit : « Que béni
» soit le Ciel ! Vous voilà de retour, mon enfant ? Sachez
» que je vous pardonne tout. D'ailleurs, le Divin Maître
» vous a pardonné ; il a oublié toutes vos infidélités, toutes
» vos fautes... Pourrais-je, moi, en garder le souvenir ? »

Ces paroles me découvrirent un trésor de miséricorde et de mansuétude et achevèrent ma conversoin. »

« J'avais reçu une pénitence bien méritée, mais bien dure pour mon orgueil et ma susceptibilité, dit une Sœur. Je compris enfin mes torts et la peine que j'avais dû causer à ma digne Supérieure. J'allai toute tremblante lui en demander pardon. Elle comprit mon trouble et mon découragement et jeta sur moi un regard d'une douceur, d'une tendresse ineffable, et, d'une voix plus suave encore : « Mon enfant, me fit-elle, approchez-vous de moi. Que ce » qui vous est arrivé ne vous éloigne point, car plus que » jamais je suis à présent votre Mère... » A ces mots, je perdis presque le sentiment. Je ne pouvais supporter tant de bénignité. J'éclatai en sanglots; mon cœur était véritablement contrit. « Allons, ma pauvre Sœur, courage, » grande confiance, poursuivit ma bonne Mère : vous » deviendrez une sainte religieuse. Ce châtiment n'est point » un obstable à votre vocation. D'autres se sont trouvées » en cas semblable qui, aujourd'hui, font toute ma conso- » lation. Et puis, je vous soutiendrai ; venez à moi sans » gêne. Le jour, la nuit, je suis toujours à votre disposition. » C'était surtout l'accent de ce langage si maternel qui m'attendrissait. Je ne pus saisir toutes les paroles qui m'étaient adressées; mais ce que je sais très bien, c'est que je la quittai fortifiée et consolée. J'avais contemplé une image vivante du Bon Pasteur, accueillant sa brebis perdue. Je ne saurais dire tous les traits de condescendance et de généreux dévouement dont j'ai été l'objet en cette circonstance inoubliable de ma vie. »

L'amour d'une Mère est bien le seul qui ressemble à l'amour de Dieu: le seul qui ne soit pas amoindri par l'égoïsme; le seul tout pénétré d'abnégation. d'indulgence, de suavité. Parlons-en donc encore : la diffusion ne saurait déplaire en ce point.

Ne se sentant pas le courage, elle pourtant si énergique et si ferme. de réprimander une de ses filles absentes, qui

en avait grand besoin, elle lui fit écrire par le digne
M. Ventre, lequel s'exprima en ces termes : « On dirait que
votre chère Mère a un faible pour vous. « Voyez, m'a-t-elle
» dit, comme cette Sœur est franche; ne la grondez pas
» trop. » Heureusement pour vous, je n'ai pas fait vœu
de lui obéir et je puis bien m'écarter un peu de son programme. » Et ainsi fit-il.

« J'ai eu lieu maintes fois d'admirer l'indulgente bonté
de la Révérende Mère, dit une autre note. J'avais mérité
de vifs reproches pour mes maladresses, oublis ou impré-
voyances, et je n'ai reçu de sa part que maternels avis et
paroles rassurantes. Une fois, entre autres, chargée
d'accompagner une Sœur à la diligence et de jeter à la
poste une lettre, prévenant de son départ et enjoignant de
la faire prendre à un lieu désigné où elle devait s'arrêter
sur la voie publique, j'oubliai la lettre et revins au Couvent
après le départ du courrier. Désolée de l'embarras que ma
faute allait causer, je fus, craintive, dire mon chagrin à
la chère Mère. Elle m'avait tant recommandé la lettre ! « O
» mon Dieu, que va devenir cette chère enfant, déposée
» sur la route, dans un pays tout à fait inconnu ?...
» Allons prier le bon Dieu de lui venir en aide ! » Tels
furent les seuls reproches que je recueillis. Emue d'une si
maternelle indulgence, je remerciai avec effusion le
Seigneur d'avoir une si bonne Mère, en même temps que
je le priai pour notre voyageuse. »

« Chargée de conduire les novices en promenade, dit une
Sœur, j'avais ordre de rentrer exactement pour telle heure,
vu qu'on différait un exercice religieux pour nous
attendre. Ayant gravi une haute montagne, la jeune troupe
se dispersa dans le bois et, au moment du départ, j'eus
bien de la peine pour la rassembler. Je ne pus, à mon vif
déplaisir, la ramener pour l'heure indiquée. Arrivée au
Couvent, j'eus hâte d'exposer la cause du retard, préparée
à recevoir une juste réprimande. Ma bonne Supérieure,
voyant mon trouble, m'écouta avec douceur et me sourit

sans m'adresser un mot de reproche, ce qui me ,toucha et m'édifia singulièrement. « La chère Mère peut bien me » prêcher l'indulgence et la miséricorde, me dis-je; ses » exemples parlent plus haut que ses discours. »

» Le lendemain seulement, je reçus à ce sujet une leçon tout empreinte de suavité : « Si vous aviez eu bien à » cœur d'obéir ponctuellement, me dit-elle, vous auriez » pris vos mesures pour n'être pas en défaut. Ce ne sont » pas les novices qui ont tort; c'est bien vous. Tenez-vous » en garde pour ne plus causer désormais pareil désordre. » Je n'ai point oublié ce trait d'aimable fermeté et de sage réserve. »

Le cœur de cette miséricordieuse Mère se trahissait même au milieu des plus énergiques remontrances ; on ne pouvait se retirer d'auprès d'elle l'âme triste et abattue, car ses paroles, en la remuant, y laissaient un céleste baume. Elle ne corrigea jamais une coupable repentante sans faire briller à ses yeux un rayon d'espérance. « Un jour, dit une Sœur, après m'avoir grondée bien fort, elle me mit le crucifix entre les mains, me le fit considérer et baiser à plusieurs reprises; puis, après une touchante exhortation : « Levez-vous, mon enfant, ajouta-t-elle, » embrassez-moi et tout sera fini. » Dire la salutaire impression que je reçus, en cette circonstance, serait difficile. »

Elle était remplie d'indulgence pour celles de ses filles que la légèreté de la nature ou de l'âge faisait souvent faillir. L'une d'elles fut accusée d'une faute exagérée ou du moins flétrie avec trop d'indignation : « Je la reprendrai, dit la Révérende Mère; mais je ne puis la traiter avec la sévérité qu'on désire. On trouve, je le sais, que je ménage cette petite Sœur; cependant je lui dis bien ses vérités; mais je suis Mère et, en cette qualité, je dois des égards à sa jeunesse et à son excessive légèreté. »

« C'est à sa grande charité et à son généreux désinté- ressement que je dois ma vocation. dit une respectable ancienne. Il y avait trois mois à peine que j'étais au noviciat lorsque mon père vint me voir et me déclara l'intention de me ramener à la maison, disant qu'il ne pouvait payer ma pension et mes dépenses. Je sortis du parloir bien triste ; je me rendis en pleurant à une réunion de Communauté. J'avais grand'peine à étouffer mes sanglots et, malgré moi, de longs soupirs s'échappaient de mon cœur. Notre vénérée Mère m'avait entendue ; après l'exercice, me prenant à part, elle me demanda le sujet de mes pleurs : « Ne vous désolez pas, me dit-elle, après » m'avoir écoutée avec un affectueux intérêt : vous resterez » ici ; vous serez religieuse. Appliquez-vous toujours bien » à l'étude et soyez sage. Ne vous inquiétez pas pour vos » dépenses : votre père payera ce qu'il pourra. » Ces douces paroles me consolèrent parfaitement, et le souvenir de la chère Mère Sainte-Thaïs excite toujours plus ma reconnaissance. »

Une autre Sœur dont les parents venaient d'essuyer de grands revers de fortune était fort en souci pour sa dot, ce qu'apprenant la Réverende Mère lui dit : « Faites-vous une bonne dot d'humilité, d'abnégation, d'esprit de sacrifice et de toutes les vertus. Notre Seigneur n'a pas donné d'autres trésors à ses Apôtres quand il les envoya prêcher son évangile. »

Elle avait toujours en vue le bien spirituel de sa chère famille. Avait-on l'air de trop compter sur soi ? Elle administrait une bonne humiliation. Portait-on, au contraire, la crainte et la méfiance trop loin ? Elle relevait le courage et poussait la bonté jusqu'à louer ce qu'on avait fait de bien. « Je sais qu'avec de la bonne volonté vous réussirez, vous triompherez de telle difficulté », disait-elle.

A une Sœur qui avait montré une certaine affectation en lisant : « Vous croyez savoir bien lire, n'est-ce pas ? Vous irez trouver la plus petite novice et vous lui demanderez de vous donner une leçon de lecture. » Et ainsi fallut-il faire.

A une autre qui présumait de son savoir : « Vous répéte-rez vingt fois : « Je suis une folle ! » dit-elle.

« Si vous étiez parfaite, répliqua-t-elle à une religieuse qui se lamentait fort sur ses défauts, si vous n'aviez plus les misères humaines, nous serions trop indignes d'habiter avec vous !.... »

Une jeune Sœur faisait valoir mille raisons ; elle citait simplement certains actes de vertu qu'elle avait faits pour obtenir une faveur : « Allez, dit la Révérende Mère en soupirant, allez au Tabernacle demander la connaissance de vous-même. »

« Soyez sans inquiétude, lui disait avec un peu de présomption une jeune professe : je deviendrai une grande sainte. — Ah ! oui, vous serez ceinte de votre ceinture », fit la chère Mère.

Elle avait de ces attentions qui allaient à l'âme : « Je crois vous faire plaisir, dit-elle à une Sœur fort en peine, en vous apprenant que ce que vous avez dit à Sœur N... lui a été salutaire, au lieu de l'indisposer. Soyez donc sans regret et remerciez le bon Dieu de s'être servi de vos paroles pour lui faire du bien. »

Elle s'efforçait toujours de détruire aussitôt une mau-vaise impression donnée : « Ne soyez pas en peine au sujet de votre nouvelle adjointe, disait-elle à une Sœur directrice. Sa conduite antérieure a laissé à désirer ; mais elle a bien réparé ses torts, et je crois qu'elle se soutiendra dans ses bonnes dispositions. »

Lorsque la Mère Sainte-Thaïs avait quelque ordre pénible à intimer, elle devait faire violence à sa tendresse maternelle qui lui inspirait toujours des paroles encou-rageantes. « Ayant un sacrifice coûteux à m'imposer, dit une Sœur, elle commença par me marquer beaucoup de confiance et me faire certaines confidences. « Il faut, » ajouta-t-elle, que vous soyez bien soumise à la volonté » de Dieu et que vous fassiez généreusement ce que je » crois nécessaire pour le bien de la Communauté. » Je ne pouvais qu'acquiescer de grand cœur à tous les désirs de cette si bonne Mère. »

« Avant de me faire quelques observations sur certain défaut dont elle voulait me corriger, dit une autre religieuse, elle me rappela tout ce qui, dans ma conduite, lui donnait de la satisfaction : « Vous êtes tout à votre devoir ; » j'applaudis à votre zèle ; j'en suis heureuse ; mais il y » a dans votre caractère une presque absence d'aménité. » Vous êtes un peu raide, un peu sèche. Il faut vous » défaire de cela ; vous allez résolument vous y mettre et » vous réussirez, etc., etc. » Je fus si frappée de la douce amitié et du tendre intérêt de ma vénérée Supérieure que je fis l'impossible pour profiter de ses avis. »

On aurait dit, en maintes circonstances, qu'elle avait l'intuition des désirs et des souffrances intimes de ses filles. En voici une preuve : « J'étais dans une vive anxiété, rapporte l'une d'elles ; je vins un soir de la ville, où j'étais placée, pour chercher auprès de ma Révérende Mère un soulagement à ma peine. N'ayant pu l'aborder, j'allais retourner à mon poste toute découragée, après m'être arrêtée un instant dans notre chapelle, lorsqu'une Sœur vint m'appeler de la part de notre chère Mère. Je n'avais parlé à personne ; mon ennui était mon secret. Surprise, autant que charmée, je me rendis dans la cellule de ma Supérieure qui, en m'apercevant, me dit avec un doux sourire : « Est ce bien vous, ma Sœur N... ? Je me » suis sentie fortement inspirée de vous faire venir sans » savoir pourquoi, ignorant même que vous fussiez au » Couvent. » Je lui exposai toute mon inquiétude et j'en reçus les plus tendres encouragements. Comme je lui témoignais ma reconnaissance bien sentie : « Non, non, » ce n'est pas moi qu'il faut remercier, c'est le bon Dieu. » Il vous a vue dans la tribulation et il a voulu vous » consoler ; pas directement, vous êtes trop imparfaite, » vous ne l'auriez point compris, mais par mon organe. » Il vous fallait du sensible, parce que vous ne connaissez

» point assez ce langage intérieur qu'il parle aux âmes
» fidèles. »

Avait-on le cœur abattu, l'âme troublée, avons-nous dit
déjà, une seule parole, un simple regard de la sainte Supérieure ramenait la paix et la sérénité. Feu notre Sœur
Saint-André, cette fille de foi vive, de naïve confiance,
d'obéissance aveugle, en fit souvent l'expérience. Toutes
nos chères anciennes savent avec quelle enfantine simplicité, quel filial abandon elle recourait à la chère Mère. On
l'a vue revenir du Grand Séminaire, où elle était employée,
triste et désolée, passer un instant auprès d'elle et s'en
retourner toute joyeuse. On raconte qu'un jour, entre
autres, elle arriva, inquiète et chagrine, se présenta devant
notre vénérée Mère qui, très occupée, lui dit : « Malgré
ma meilleure volonté, je ne puis vous recevoir en ce
moment. Allez à votre travail; en passant devant la chapelle, arrêtez-vous-y un instant; récitez un *Ave Maria*;
ensuite confiez à Notre Seigneur tout ce que vous vouliez
me dire et soyez contente. — Vous le dites du bon ? »
répliqua naïvement la Sœur. Et, sur l'affirmative, elle obéit
aveuglément et repartit toute consolée.

Ainsi, maintes fois, avons-nous admiré la puissance de
la sainteté et de l'amour maternel, le pouvoir de la confiance et de l'affection filiales.

TROISIÈME PARTIE

CHAPITRE PREMIER

Esprit de foi. — Confiance en Dieu.

Après avoir considéré avec admiration les traits caractéristiques du gouvernement de notre Mère vénérée, étudions dans sa vie privée les vertus qui font la vraie religieuse. Par de simples traits, pleins d'exactitude et de vérité, par des paroles échappées de son cœur, par de pieux avis tombés de ses lèvres, nous allons saisir les secrets de sa belle âme. Puissions-nous courir à l'odeur de ses parfums dans le chemin de la perfection !

On peut avancer sans exagération aucune que, de bonne heure, la grâce l'avait habituée à vivre de la vie du juste, à penser et à juger d'après les règles de l'éternelle Vérité, à se laisser diriger, en un mot, par l'esprit de foi.

Son attitude pendant la prière était toujours grave et profondément recueillie ; sa physionomie avait alors quelque chose de séraphique. En sa présence, on était comme forcé de rentrer en soi-même, de s'humilier devant Dieu et de prier : sa vue inspirait la dévotion et la ferveur. Son respect et sa modestie dans le lieu saint faisaient surtout une impression profonde ; devant le Tabernacle, elle paraissait comme anéantie : on eût dit qu'elle voyait Jésus de ses yeux corporels, tant elle était absorbée dans sa contemplation.

« Je la considérais quelquefois, dit une Sœur, pour ranimer ma piété. Durant l'oraison, elle ne semblait plus sur la terre : son corps immobile, son regard ordinairement baissé, fixé parfois sur la prison d'amour, décelaient les saints transports de son âme. En allant à la Table eucharistique et en en revenant, elle était dans un si profond recueillement qu'elle ne devait ni voir ni entendre ce qui se passait autour d'elle. »

On aurait pu croire que, plongée dans un intime commerce avec la Souveraine Majesté, la pieuse Mère ne veillait point sur ses filles pendant les exercices spirituels. Il n'en était rien. Chose étrange ! s'il arrivait à quelqu'une de se laisser distraire, de ne pas répondre assez dévotement aux prières communes, elle ne manquait point de lui en faire l'observation.

Quant à elle, c'est avec une attention et une révérence singulières qu'elle priait vocalement, se hâtant même un peu pour ne pas donner aux pensées étrangères le temps de pénétrer dans son esprit.

Elle ne faisait pas le moindre bruit dans la chapelle et recommandait toutes sortes de précautions pour ne point blesser le silence de la Maison de Dieu. Il fallait, pour répondre à ses désirs, à sa volonté formelle, fermer tout doucement les portes, marcher avec modération, éviter enfin tout ce qui aurait pu déranger et troubler pendant la prière. Elle était sévère en cela surtout pendant le

saint sacrifice et aux heures désignées pour les confes
sions. Elle ne souffrait jamais qu'on lui dît un seul mot,
même tout bas, dans l'église. Elle exigeait presque la
même réserve dans les pièces contiguës : ainsi , elle
réprimanda une jeune sœur qui avait parlé dans le vestibule : « Ce lieu fait en quelque sorte partie de la chapelle ;
il faut s'y comporter avec respect », dit elle.

La Révérende Mère ne pouvait souffrir non plus dans le
lieu saint ces postures nonchalantes et molles qui accu-
sent le défaut d'esprit de foi, comme de s'accouder sur le
prie-dieu, de soutenir la tête, de s'asseoir trop commodé-
ment, etc. Elle voulait qu'on tînt le corps droit, la vue
baissée, les mains jointes, mais sans affectation.

Les cérémonies du culte catholique parlaient fortement
à son âme et l'impressionnaient visiblement. Une Sœur
assure avoir été frappée de l'air céleste de sa Supérieure
pendant le baptême d'un enfant moribond (1). Au moment
où la chétive créature fut ondoyée, la chère Mère prit un
visage radieux et révéla ainsi l'estime qu'elle faisait de la
grâce de la régénération. Après la cérémonie, elle parla
de ce grand bienfait avec tant de joie et d'onction que la
Communauté en fut dans le ravissement.

Elle voulait qu'on tînt à grand honneur d'avoir à remplir quelque office, si bas fût il, dans le lieu saint et qu'on
s'en acquittât avec un zèle pieux et plein de respect.

Un prêtre était, aux yeux de sa foi, Notre Seigneur
Jésus-Christ lui-même. Il fallait bien se garder de dire en
sa présence un seul mot contre un ecclésiastique quelconque : on aurait encouru sa disgrâce et reçu une sévère
punition. « Lui ayant avoué, dit une Sœur, que j'avais
prêté l'oreille aux propos d'une dame dénigrant le curé de
la paroisse, la chère Mère me répondit, fort mécontente :

---

(1) Né dans le bourg Notre-Dame, cet enfant fut baptisé dans notre chapelle.
On craignait qu'il ne mourût avant d'arriver à la Cathédrale de Digne.

« Cela est bien mal ; il ne faut plus le faire jamais. Vous
» auriez dû dire à cette personne : Nous ne nous occupons
» pas de la conduite de ces messieurs ; nous ne connais-
» sons pas leurs devoirs. D'ailleurs, nos fonctions ne nous
» laissent pas le temps de penser à ce qui se passe dans le
» pays, et nous sommes bien aises de l'ignorer. »

La piété de la Révérende Mère ne tolérait pas le moindre
travail le dimanche ; tout ce qui n'était pas rigoureusement indispensable devait être ajourné. Elle ne permettait
point qu'on s'occupât, en ce saint jour, de certains soins
d'ordre et de propreté, comme de vergeter les habits, de
nettoyer les ustensiles de cuisine, d'épousseter les murs,
les meubles, etc., etc.

Elle n'avait pas moins de zèle pour faire respecter les
objets religieux et bénits. Elle recommandait de les placer
toujours en lieu convenable, de porter dignement le crucifix, de ne point s'asseoir sur des livres de piété, de ne
pas jeter au hasard des écrits pieux, mais de les brûler, etc.

On remarquait avec édification qu'elle saluait toujours
profondément les statues et les images saintes qu'elle
voyait sur son passage. Souvent, en montant l'escalier de
l'ancien local, elle s'agenouillait et baisait la terre vis-à-
vis du grand Christ appendu au mur.

Elle avait une spéciale devotion au signe de la croix
qu'elle faisait toujours avec une grande révérence. Quand
l'infirmité gêna ses mouvements, elle figura seulement
une croix sur la poitrine ou sur le front. Privée plus tard,
par la paralysie, de cette consolation, elle en prononçait
la formule avec une piété plus touchante encore. Elle avait
chargé une Sœur de former le signe du salut sur sa
couche en l'aspergeant d'eau bénite, chaque fois qu'elle
devait prendre un peu de repos. Elle s'enquérait souvent
si son désir avait été rempli. Comme on lui marquait de
l'étonnement de ce que, pendant le jour, elle tenait à cette
pratique, aussi bien que le soir, elle répondit : « Est-ce
que le diable n'est pas ici le jour, aussi bien que la nuit ? »

Son esprit de foi éclatait surtout dans les instructions religieuses qu'elle donnait à la Communauté. En l'entendant parler de Dieu, des vérités éternelles, de Notre Seigneur Jésus-Christ, on était saisi d'une pieuse vénération. Elle dépeignait si vivement la résurrection, le jugement, le bonheur des élus qu'on croyait en être témoin. L'intérêt qu'elle savait attacher à ses catéchismes les faisait paraître toujours trop courts. « Je ne croyais pas, disait naïvement une jeune aspirante, après avoir assisté à l'explication de la Doctrine, je ne croyais pas que la chère Mère sût tant de belles choses. Je n'aurais pas même pensé qu'une femme pût posséder des connaissances si étendues. »

Cet étonnement n'était pas rare quand on ne connaissait pas la Révérende Mère ; mais les Sœurs savaient bien quel zèle elle déployait pour accroître toujours davantage la science sacrée qu'elle possédait.

Cet attrait, cette estime pour l'étude approfondie de la religion, elle les conserva jusqu'à la fin. Infirme déjà, elle préparait avec soin et faisait avec un zèle touchant ses catéchismes. Elle insinuait le même amour à ses filles. surtout aux Sœurs institutrices qui ont à soigner des enfants de la première communion. Elle leur recommandait non seulement de ne point négliger l'instruction religieuse de leurs élèves, mais de s'y dévouer avec une pieuse ardeur.

Une professe, obligée de faire parfois la lecture spirituelle en son particulier, la pria de lui prêter un ouvrage bien beau, bien joli, selon sa propre expression. La sage Supérieure lui donna le catéchisme du Diocèse. Surprise de ce choix, mais comprenant la pensée de la chère Mère, la Sœur le parcourut avec une respectueuse attention. « Je ne puis dire, a-t-elle affirmé, tout le bien que ce livre par excellence a fait à mon âme. J'y puisai, plusieurs mois durant, le sujet de toutes mes méditations. Je n'avais point imaginé jusqu'alors que cet humble recueil renfermât tant de beautés !... » La Révérende Mère avait bien su les découvrir et les apprécier à la lumière divine.

Elle ajoutait aussi une importance majeure aux exercices spirituels dont elle s'acquittait avec une exactitude et une attention qui n'avaient d'égale que sa vive foi. Elle insistait fortement sur ce point dans ses avis, soit particuliers, soit généraux. Elle voulait que ses chères filles les considérassent comme la plus grave et la plus glorieuse de leurs fonctions. « Le point essentiel pour vous, disait-elle à une jeune professe, c'est la fidélité aux exercices religieux. Faites bien votre oraison. Allez-y non pour y chercher des goûts sensibles, mais pour y apprendre la vanité de tout ce qui passe, la futilité de l'estime des créatures, que vous recherchez parfois, enfin pour obtenir le bonheur de connaître et d'aimer notre divin Maître, de vous connaître et de vous mépriser. »

Entre toutes les pratiques de la vie ascétique, la Mère Sainte-Thaïs prisait surtout et conseillait fort l'examen particulier. Elle le faisait très exactement, quelles que fussent ses occupations. Elle enregistrait fidèlement ses actes, ainsi que l'indique la méthode en usage. Prise déjà par la paralysie, on la voyait, de sa main tremblante, tracer à grand'peine le chiffre de ce compte intime ; et, lorsque cela lui fut devenu tout à fait impossible, de ses doigts roidis, elle tirait les grains de son pratiquoir (chapelet à grains mobiles).

Elle observait, pendant l'examen, si les Sœurs notaient leurs victoires et leurs défaites et ne souffrait pas de négligence en ce point. « C'est plus important que vous ne pensez, disait-elle. Si vous ne marquez pas vos actes, vous cesserez d'en faire de bons. »

« Vous n'avez pas vos armes ; ayez soin de vous en munir sans retard et de me les montrer demain », fit-elle à une Sœur qui n'avait pas son petit registre de conscience

« Si une religieuse fait avec soin son examen particulier, si elle est exacte à tenir note de ses fautes et de ses triomphes, à en faire la balance, jour par jour, semaine par semaine, mois par mois, on peut être assuré que tout marche : l'oraison, les exercices de piété se font bien ; l'emploi est rempli avec zèle ; rien ne cloche. Mais, constate-t-on de la paresse, du dégoût sous ce rapport ? Il n'est besoin d'aucun renseignement pour savoir que tout est en souffrance dans une âme. C'est un fait bien prouvé par l'expérience », ajoutait la Révérende Mère.

Son esprit de foi et de piété ne se manifestait pas seulement dans les choses qui se rapportent directement à Dieu et au salut; il dirigeait ses actions les plus ordinaires, ennoblissait toutes ses pensées, s'imprimait sur toute sa personne. Dans les voyages, les promenades, les récréations, elle se servait de tout pour élever le cœur vers le Souverain Bien. C'était d'une manière si agréable, si intéressante, qu'on y trouvait un délassement bien doux.

« Elle avait soin, dit une Sœur, d'égayer, d'instruire et d'édifier ses compagnes de route. Tantôt elle faisait admirer le spectacle de la nature, suggérait de salutaires réflexions ; tantôt elle ouvrait une pieuse conférence, proposait des sujets de méditation ou faisait à haute voix de saint colloques avec le monde surnaturel. Un jour, au sortir d'une gracieuse chapelle de village qu'elle avait visitée sur son chemin, elle me dit : « Le prêtre qui dessert » cette paroisse doit-être un saint. Comme tout respire la » piété dans cette église, comme elle est bien tenue ! Oh ! » que nous serions malheureuses si nous rendions notre » âme indigne de la présence du divin Captif ! Allons, ma » fille, n'est-ce pas que vous aimerez et que vous servirez » généreusement ce Dieu si bon ? » Antoine, notre domestique et conducteur, qui avait écouté attentivement, s'écria : « O ma bonne Mère, on dirait que vous venez du » paradis ! — Et oui, nous en venons et nous parlons avec » plaisir de celui qui en fait tout le bonheur. »

« Je voudrais, disait-elle à une Sœur qui eut l'avantage de la garder quelques jours dans sa résidence, je voudrais passer mes journées dans vos belles montagnes. On y est si bien à contempler les magnificences de la nature ! On y fait si bien la méditation ! » Et quand la conversation roulait sur des choses indifférentes : « Nous serions parfaitement dans ce lieu plein de charmes, faisait-elle, mais nous ne parlons pas assez du bon Dieu. » Elle avait bien vite alors ramené l'entretien sur le terrain religieux ; elle rappelait quelque trait de vertu, racontait une anecdote édifiante, etc.

On comprenait que Dieu était toujours présent à son esprit. Parfois, au milieu des plus pressantes occupations, de sollicitudes sans nombre, ou bien lorsque la douleur s'acharnait à ses pas, elle s'arrêtait soudain, immobile, l'œil fixé vers le ciel, et demeurait un instant silencieuse. Ensuite, avec un air tout céleste, elle reprenait son travail et ses affaires.

Les exhortations qu'elle adressait aux religieuses sont empreintes de cet esprit de foi qui était l'âme de son âme. « Quels profonds sujets de méditation vous avez sans cesse sous les yeux ! disait elle à la Sœur cuisinière. Le feu de votre fourneau doit vous représenter les flammes dévorantes qui consument les âmes du purgatoire. Entendez-les s'écrier : « Ayez pitié de nous ! » Supportez pour leur soulagement la chaleur qui vous incommode. Pensez que vous avez mérité par vos infidélités les tourments qu'elles endurent. Songez aussi au malheur bien plus grand des réprouvés qui brûleront éternellement dans les brasiers de l'enfer. Priez pour les pauvres pécheurs qu'il est temps encore d'arrêter sur le bord de l'abîme. Entretenez-vous dans ces pensées salutaires et faites beaucoup d'actes de mortification. »

Elle suggérait à la Sœur cellérière les considérations suivantes : « Quand vous donnez le vin pour le saint sacrifice, songez qu'il sera changé au sang précieux de Notre Seigneur Jésus-Christ, qu'il deviendra le vin sacré qui fait germer les vierges. Adorez en esprit ce sang divin, répandu sur la croix pour notre rançon, offert tous les jours pour notre justification. Faites des actes d'amour envers notre bon Sauveur. Oh ! si vous étiez recueillie, tout, dans votre office, nourrirait votre foi !

» Lorsque vous servez au réfectoire, souvenez-vous que vous distribuez la nourriture des épouses du Roi des rois. Remerciez-le de l'honneur qu'il daigne vous faire et confessez votre indignité. Vous remplissez les fonctions de la Sainte Vierge qui servait l'Enfant-Dieu et son virginal époux. Représentez-vous la divine Marie présidant une table, saint Joseph une autre et l'Enfant Jésus occupant celle du milieu. Vous pouvez, par ce moyen et autres semblables, vous tenir facilement en la présence du Seigneur et devenir bien intérieure. »

« Ma Sœur, répondait-elle à une de ses filles qui hésitait à se vaincre sur un point très coûteux, voyez ce que peut valoir devant Celui qui pèse tout sur la balance de la vérité et de la justice l'acte qui vous est proposé. Que voudriez-vous avoir fait à l'heure de la mort ?... Songez qu'il ne vous restera alors que ce que vous aurez courageusement accompli pour Dieu en immolant vos inclinations naturelles. »

A une autre qui lui demandait dans quelles dispositions elle devait passer la semaine sainte : « Dans un entier abandon de tout le créé, considérant ce qu'est le monde. ce que vous êtes, ce qu'est Dieu, ce qu'est le ciel !... »

« Vous manquez d'esprit de foi, disait-elle un jour d'examen, après avoir visité les cahiers des novices, vous manquez d'esprit de foi : les premières pages sont plus soignées que les dernières. Cela me prouve que vous n'agissez pas avec pureté d'intention. Est-ce que le bon Dieu ne voit et ne mérite pas la fin comme le commencement ? »

Une Sœur très timide par caractère lui manifestait sa répugnance à recevoir des dames de haut rang. « Allons, mon enfant, lui dit-elle, il faut vous habituer à voir les dames de la terre, car au ciel il y en a de bien plus belles!... »

C'est à la clarté de la lumière céleste que notre très honorée Mère envisageait les épreuves et les croix. « Nous les estimerons plus que tous les trésors, si nous jugeons sainement, disait-elle. Ce n'est que par la souffrance que nous pouvons nous unir à notre bon Sauveur et nous ne voulons pas le comprendre. Que nous avons peu de sens ! »

Elle avait une sagesse profonde, cette sainte Supérieure, lorsqu'elle écrivait à une Sœur, après une injure reçue : « Que je suis donc une heureuse mère puisque mon enfant a été jugée digne de souffrir quelque chose pour l'amour de Notre Seigneur Jésus-Christ ! »

« Mon enfant, dit-elle à une de ses filles, éprouvée par la tribulation, mon enfant, le divin Époux vous traite en amie privilégiée, en favorite de son Cœur. Au lieu de consolations que vous aviez droit d'attendre à l'époque de votre profession, il a eu des rigueurs pour vous. Il ne vous a donné que le fiel qui découle de sa croix. Il a voulu s'assurer de votre amour et vous marquer le sien. Estimez comme une grande grâce votre état souffrant et remerciez-en le bon Dieu de toutes vos forces. »

« Nous devrions aller au-devant de ce qui tue la mauvaise nature, disait-elle dans une autre occurrence. Pour moi, il me serait impossible de vivre sans douleur... »

« Dans une circonstance, comme je lui communiquais mes peines, dit une respectable professe, elle me témoigna une compatissante bonté et me dit entre autres choses : « Il faut désirer de souffrir. Oh! oui, aimons, ma Sœur, » aimons tout ce qui tend, sinon à détruire la mauvaise » nature. chose impossible, du moins à l'affaiblir. » Je suis tellement habituée à sentir le poids de la croix » que je me croirais perdue et abandonnée de Dieu si je » passais un seul jour sans souffrance. »

Une autre de nos chères anciennes rapporte que, dans une de ses tournées. la Révérende Mère faisait part à plusieurs Sœurs réunies des contradictions, des déceptions, des difficultés de tout genre qui s'opposaient au bien de l'Institut. Après un moment de silence, se levant soudain avec son énergie caractéristique, elle s'écria : « O croix, venez toutes dans mon cœur ! Vous serez les bienvenues. Vous êtes le signe auquel on nous reconnaîtra pour les épouses de Jésus-Christ !... »

.·.

Plus la foi a jeté de profondes racines dans un cœur, plus ce cœur se livre au sentiment si doux de la confiance. Cette vertu ne distingua pas moins la Mère Sainte-Thaïs que celle qui en est le principe et la source : ses paroles, ses écrits, ses actes sont marqués à ce coin divin. Essayons de le prouver par quelques exemples : « Toutes les fois, disait-elle, que j'ai compté sur la créature, mon attente a été déçue. Lorsque je me suis uniquement et pleinement confiée dans le secours du Ciel, j'ai toujours vu mes désirs se réaliser et mes entreprises réussir, alors même qu'au jugement humain cela parût absolument impossible. »

Il est peu de points sur lesquels elle se soit efforcée d'attirer l'attention comme sur celui qui nous occupe; rien qu'elle ait combattu avec plus de force qu'une crainte outrée, que le fléau du découragement. Elle recommandait avec insistance un filial abandon entre les mains du Père céleste. Les ligne suivantes, extraites des avis que ses filles conservent religieusement, en font foi.

« Allons au divin Maître avec une humble et entière confiance : ce sentiment lui est très agréable et l'honore beaucoup. Nul ne sait d'une science certaine, au témoignage de la Sainte Ecriture, s'il est digne d'amour ou de haine; mais la croix, les satisfactions, les mérites du divin Rédempteur, dont nous recevons si souvent l'application, ne nous rendent-ils pas un objet de complaisance aux yeux de l'adorable Trinité ?

» Nous ne devons ni nous désespérer, ni nous étonner

de voir que nous tombons. Il faut très souvent considérer
nos fautes mais sans trouble, bien que ce ne soit point là
un tableau enchanteur. Nous avons un Dieu si bon, si
clément ! Il nous aime tant qu'il semble que nous sommes.
avec nos misères et nos chutes, nécessaires à sa gloire...

» Allons à lui avec plus de simplicité et de confiance.
N'est-il pas notre Père ? Ne connaît-il pas notre fragilité ?
Oh ! il sait bien mieux que nous la profondeur de nos
maux ! »

« Croyez-moi, disait-elle à une jeune Sœur, marchez plus
rondement ; ne pensez pas tant à vous; occupez-vous
davantage du Maître adorable que nous servons, de ses
perfections, de ses bienfaits, des jeunes âmes dont vous
êtes chargée. Lorsque la vue de nos infirmités spirituelles
nous porte à l'abattement, il faut un peu cesser de nous
regarder et jeter les yeux sur Jésus. Entrons dans son
Cœur sacré; puisons-y toutes les grâces et les consolations
dont nous avons besoin; prions-le de faire en nous et de
nous tout ce qu'il voudra. Donnons-nous avec tout notre
attirail de misères, et soyons en paix. Laissons-le faire : il
ne nous arrivera que du bien.

» Oh ! qu'il fait bon se jeter à corps perdu dans ce port
assuré ! Lorsque, fatiguées de tout et de nous plus que de
tout le reste, nous chargeons le bon Dieu de tout ce qui
nous intéresse, de notre âme surtout, quelle sécurité, quel
repos ! Ayons, ma Sœur, ayons cette confiance d'enfant.
Non. non, plus d'ennui. plus de découragement ! »

« La miséricorde et la bonté du Seigneur semblent
surpasser ses autres attributs, disait-elle à une Sœur
dominée par une frayeur excessive. Rendons-leur hommage par une douce et ferme espérance. L'Apôtre nous
avertit, il est vrai, d'opérer notre salut avec crainte et
tremblement; mais le Saint-Esprit nous ordonne aussi, à
toutes les pages de nos Saints Livres, d'espérer et d'espérer
toujours. Il faut donc que le sentiment de la confiance
domine en vous tout autre sentiment. Toutefois, ayez soin

d'unir toujours à cette confiance une vraie et sincère humilité, car sans cela ce serait de la présomption. Voici ce que vous ferez si l'ennemi vous suggère encore des pensées de désespoir : vous vous cacherez bien avant dans les plaies de Jésus et vous y demeurerez en parfaite assurance. Si la vue de vos péchés vous épouvante et vous trouble, songez que Notre Seigneur les a noyés dans son sang et a satisfait pour vous. Dites-lui souvent : « O mon
» Jésus, je m'abandonne à votre miséricorde; ne me perdez
» pas, vous qui vous êtes sacrifié pour les pauvres pécheurs.
» Il est vrai que je vous ai bien offensé, mais vous savez
» que je m'en repens de toute mon âme. J'espère toujours
» en votre infinie bonté. Serais-je mille fois plus coupable
» que je ne le suis, j'attendrais encore de vous ma grâce
» et mon pardon. Souvenez-vous de tout ce que vous avez
» souffert pour moi; voyez ces blessures que vous avez
» voulu recevoir pour guérir les miennes! Regardez, ô
» mon Sauveur, ce sang adorable qui découle de votre chef
» auguste et de tout votre corps sacré! C'est pour laver
» mes souillures que vous l'avez répandu : il est à moi ; il
» est mon bien... Je puis, avec ce trésor divin, payer toutes
» mes dettes. Je ne crains plus votre justice... »

Voici comment elle parlait à une autre de ses filles : « Combattez bien le découragement ; c'est le démon qui en est l'auteur. Pourquoi vous décourager? Le bon Dieu ne vous a-t-il pas fait bien des grâces ? Ne vous aime-t-il pas beaucoup, puisqu'il est allé vous choisir entre mille pour vous mettre dans son jardin de prédilection? Et maintenant pourriez-vous douter des faveurs qu'il veut vous faire encore ?...

» Avant de donner entrée à un hôte, on regarde sa mine. Si on comprend qu'il vient dans de mauvaises intentions, on lui ferme sa porte. Vous auriez dû examiner de près ce personnage qu'on nomme découragement et le reconnaître; ce n'est pas bien difficile. Tournez-lui vite le dos.

» Si vous vous découragiez, vous prouveriez que vous

ne vous connaissez pas encore assez. Une âme qui se connaît, sait bien qu'il y a en elle des faiblesses, des misères, des défauts, de mauvais penchants. Elle n'est donc pas étonnée de ses chutes, de ses fautes. Elle s'en humilie, demande pardon à Dieu, puis continue sa route, bien résolue d'être plus vigilante. Faites ainsi, et le découragement ne viendra plus vous assaillir. Le Seigneur est si riche en miséricordes que, quelque grandes et multipliées que soient nos misères spirituelles, il faut toujours espérer. Allons, courage et générosité ! Au ciel, nous goûterons des délices proportionnées à nos combats. »

« Quand on manque de confiance, disait la sage Supérieure dans une autre occasion, c'est qu'on ne connaît pas le bon Dieu. On le rapetisse au niveau de nos esprits étroits et bornés. Dieu est infini en miséricorde et en charité. »

« Portez, mon enfant, faisait-elle à une Sœur abattue par des déceptions et des ennuis particuliers, portez toutes vos peines au Sacré Cœur de Jésus ; en lui seulement vous trouverez des consolations. Oh ! qu'il est bon ! qu'il est bon ! Confiez-vous bien en lui ; remettez-lui le soin de tout ce qui vous regarde, et vous verrez qu'il suppléera admirablement à ce que vous ne recevrez pas des créatures ; ce ne sera que mieux. Occupez-vous beaucoup de Notre Seigneur. Qu'il soit votre Maître, votre conseiller, le tout de votre âme ! Que ses plaies soient votre asile ; son sang précieux, votre espérance ! Que ses souffrances soient souvent présentes à votre souvenir, afin de vous encourager et de vous animer à supporter les vôtres le plus parfaitement possible. Peu à peu, elles s'évanouiront. Ayez bon courage ! »

« Ne craignez pas le diable, disait-elle à une de ses filles un peu pusillanime : n'en ayez pas tant peur : il ne peut rien sans votre consentement. Gardez-vous bien de vous laisser aller à la tristesse. Au lieu de tant penser à votre peu de progrès dans la vertu et de vous désoler, songez à la bonté et à la miséricorde de notre doux Sauveur. Nous ne pouvons rien sans lui ; mais, avec son secours, nous tirerons le bien du mal. »

La confiance de la Révérende Mère s'affirmait sous mille formes. Voici une pratique qui lui était familière et chère. Voulait-elle obtenir quelque grâce spéciale pour la Congrégation ou pour quelqu'un de ses membres ? Désirait-elle assurer la réussite d'une affaire importante ? Elle s'associait sept Sœurs ou sept novices, leur faisait réciter une prière fervente, leur prescrivait une pratique pieuse et avait la joie de voir ses vœux exaucés. « Si, d'après le saint Evangile, disait-elle, sept anges déchus unis ensemble ont la vertu de reconquérir une âme d'où Satan avait été chassé, combien sept justes n'auront-ils pas de puissance sur le cœur du bon Dieu ? »

En certaines circonstances, ce grand Dieu récompensa par une visible intervention l'humble confiance de sa servante. En voici un exemple. C'était à une époque de gêne et de pénurie ; non seulement l'argent faisait défaut, mais on devait une assez forte somme au maître maçon qui réclamait sans délai un payement considérable. Que devenir ? L'ouvrier est au parloir, attendant un juste salaire ; le coffre-fort, véritable coffre-faible, ne peut presque rien fournir : toutes les bourses de la maison réunies ne sauraient réaliser la somme nécessaire. Au lieu de se désoler, la chère Mère tourne ses regards vers le ciel ; elle jette ses inquiétudes dans le sein du Père céleste. Elle envoie les Sœurs à la chapelle demander l'assistance divine et remet toute l'affaire au bon saint Joseph. Puis, assemblant ses conseillères, elle fait déposer sur une table tout l'argent que l'économe et la directrice de l'ouvroir avaient en mains, ordonne d'y verser également le peu dont les novices disposaient, mêle le tout, fait dessus un grand signe de croix et compte, après une fervente prière. O surprise ! Le total, contre toute espérance, s'éleva au-dessus de la somme désirée... Sans crier au miracle, les

Sœurs, convaincues de l'insuffisance des espèces, attribuè-
rent ce merveilleux résultat à la foi et à la confiance de
notre vénérée Mère.

Une particularité non moins remarquable demande à
faire suite à ce fait. La Maison sentait les privations de la
pauvreté ; les pommes de terre, selon les menaces de la
Sainte Vierge à la Salette, subissaient une terrible corruption. Ces tubercules se gâtant donc, la provision dispa-
raissait à vue d'œil et l'on n'avait pas de quoi la renouveler. Fort en peine, la bonne Sœur économe porte son
embarras et son chagrin à la chère Mère, qui lui reproche
son défaut de confiance et lui dit : « Il faut que ces
pommes de terre nous suffisent ; arrangez-vous de les
faire durer jusqu'à l'été prochain (on était encore au cœur
de l'hiver). Chaque fois que vous irez en prendre, formez
dessus le signe de la croix avec une grande piété, et que
votre espérance soit ferme. » La Sœur obéit aveuglément.
La nouvelle récolte était faite que les anciens tubercules
sustentaient encore la Communauté. On savait que la chose
eût été naturellement impossible. Celle qui écrit ce fait l'a
recueilli sur les lèvres mêmes de notre chère et bien
regrettée Sœur Sainte-Philomène, alors économe générale. Elle nous entretenait souvent avec édification de
cette multiplication admirable.

La Mère Sainte-Thaïs, à cette époque où de lourdes
dettes grevaient la Maison, où la cherté des vivres aggravait encore la gêne financière, se voyait presque contrainte de renvoyer, jusqu'à meilleur temps , plusieurs
novices pauvres. Après avoir longtemps hésité, elle finit
par dire : « Je ne puis me résoudre à rendre ces enfants à
leurs familles, ne fût-ce que pour quelques mois. Ne
perdraient-elles pas leur vocation ? Je ne les exposerai
point à ce danger : nous les garderons. La Providence est
pour elles aussi bien que pour nous. »

Dans une autre conjoncture, elle disait : « En envisa-
geant notre pauvreté et le grand nombre de jeunes filles

qui ont besoin d'une faveur pécuniaire pour entrer au noviciat, je me rappelle une leçon de la Révérende Mère de Faillonnet. Je lui exprimais mon embarras et mon hésitation devant difficulté semblable ; voici sa réponse : « Fille de peu de foi ! Est-ce que Celui qui les nourrissait » dans le siècle ne pourra subvenir à leurs besoins dans » la religion ? N'est-il pas leur Père, comme il est le » nôtre ? A Nancy, lorsque nous manquons d'argent, que » nos affaires languissent et s'embrouillent par défaut de » ressources, vite nous adoptons une orpheline, nous rece- » vons une novice pauvre, sans pension et sans dot, et, » infailliblement, nous sommes tirées de peine. Voilà un » secret, ma chère Fille ; essayez de l'expédient. »

« J'ai profité de la remontrance, disait humblement la Mère Sainte-Thaïs ; j'ai suivi ce conseil, et je m'en suis bien trouvée. »

On peut avancer que son espérance devint inébranlable comme la montagne de Sion et sa charité plus forte que la mort.

CHAPITRE II

La vivacité de la foi étant la mesure de la charité, on comprend aisément que la reine des vertus fut la plus belle parure de la Mère Sainte-Thaïs. Ses paroles et ses actes donneront le degré du feu divin qui la consumait.

« Qu'on est heureux, disait-elle un jour, oh! qu'on est heureux quand on aime bien le bon Dieu, quand on ne cherche que lui en toute chose! Qu'y a-t-il de plus facile quand on le veut? La preuve d'un véritable amour, c'est de bien observer la Règle, expression de la volonté divine. »

« Il faut bien vous persuader, répondit-elle à une personne novice encore dans la vertu et qui lui avait demandé le secret pour aimer véritablement, il faut bien vous persuader que l'amour de Dieu et la perfection ne consistent pas à goûter les consolations et les joies intérieures, mais à se vaincre soi-même pour ne suivre que l'impulsion de la grâce. »

A une autre : « Plus vous vous efforcerez de faire ce qui plaît au bon Dieu, plus vous aimerez et plus vous avancerez dans la vertu. Sachez bien que la vie d'une bonne religieuse est un sacrifice perpétuel. Elle doit se considérer comme victime et sacrificateur, car c'est sa condition. Il faut bien vous faire à cette idée, et les petites souffrances de la vie vous trouveront calme et paisible. Vous les envisagerez comme d'heureuses occasions de satisfaire pour vos péchés, de vous rendre agréable à Notre Seigneur et de lui marquer votre amour. Tant que vous n'acceptez pas vos peines en esprit de sacrifice, que vous vous occupez trop de vous, vous n'êtes pas une vraie religieuse. Un cœur généreux s'oublie pour se remplir du Dieu souverainement aimable. »

Elle en était toute pénétrée de cet amour sacré, cette bonne Mère qui n'aurait pu vivre sans souffrir et qui disait : « Dans mes délaissements, je trouve la croix ; dans la vie que je mène, je trouve toujours la croix ; l'impuissance où je suis d'agir vient encore s'ajouter à mes croix : voilà tout autant de marques de bienveillance du divin Maître. »

« Il faudrait une langue céleste, dit une grave religieuse, pour parler de notre vénérée Mère. Ce que je puis certifier, c'est que l'amour de Dieu était le mobile de toutes les œuvres de cette sainte Supérieure ; on sentait qu'elle ne respirait que pour lui. Le chant des cantiques la ravissait ; quelquefois, elle soulageait sa flamme en fredonnant un pieux refrain ou en faisant entonner quelque couplet. Les Sœurs qui ont eu le bonheur de voyager en sa compagnie savent combien fréquemment elle élevait ainsi leur esprit vers le ciel. « Chantons un peu le Bien-Aimé », disait-elle ; et, de sa douce voix, elle exprimait ses saints transports.

» Lorsqu'elle entendait louer le Seigneur, son visage s'épanouissait et, de son œil illuminé, sortaient des rayons de céleste joie. »

Si le propre de l'amour est d'unir à l'objet aimé, on peut affirmer que la Mère Sainte-Thaïs avait à une haute puissance la divine charité, car son union à Dieu était bien étroite, comme l'attestent mille faits. Avant même son entrée en religion, l'esprit de prière et de recueillement était un de ses traits caractéristiques. « Je l'ai connue quand elle était maîtresse de pension, dit une respectable ancienne, et je l'ai toujours considérée comme une âme toute perdue en Dieu. Dans une circonstance, elle fit sur mon esprit une vive et salutaire impression : le Saint Sacrement était exposé dans la cathédrale Saint-Jérôme ; Mlle Delphine faisait son adoration ; une heure durant, modeste et immobile, elle resta humblement prosternée. Elle paraissait anéantie ; on l'eût prise pour un séraphin. »

Ce qui suit nous dira combien le saint exercice de la présence de Dieu lui était familier et cher. C'était au commencement de notre fondation. Elle avait remplacé quelques semaines une Sœur employée à l'externat. Revenant un soir au couvent, la religieuse qui l'accompagnait essaya plusieurs fois d'engager conversation, mais la Mère Sainte-Thaïs ne lui répondit pas un mot. Peu satisfaite : « Tout de même, fit la Sœur, le trajet est un peu long et assez fatigant. Il serait plus agréable de nous reposer après notre classe que de battre ainsi le pavé. — Comment, répondit alors la bonne Mère qui sembla revenir à elle, peut-on trouver le chemin long quand on marche en la présence de Celui devant qui nous ne sommes que des avortons et des néants ? » Confuse et grandement édifiée, la Sœur n'osa plus se plaindre.

Une autre jour, à la même époque encore, revenant à la Maison après la classe, elle s'arrêta un instant pour suivre des yeux une élève qu'elle était chargée de conduire chez ses parents. L'enfant les avait rejoints depuis environ dix minutes, et la pieuse maîtresse restait toujours là, droite, la vue fixe, l'air pensif. Elle était absorbée par une pensée supérieure. « Je n'osais lui parler, dit le témoin de cette scène ; enfin, après avoir assez attendu, réfléchissant que cette immobilité pourrait attirer l'attention des passants et provoquer leur risée, je la tirai de sa méditation. »

« La Révérende Mère, rapporte une grave Sœur, était tellement pénétrée de la présence de Jésus au Tabernacle qu'il lui arrivait assez souvent de s'oublier à ses pieds. Plusieurs fois, les prières étaient terminées et elle ne songeait point à donner le signal d'usage pour sortir. Dans une occasion surtout, c'était pendant les vacances, la Communauté resta ainsi plus d'un quart d'heure à attendre. Notre vénérée Mère, l'œil fixé sur la prison d'amour, le visage enflammé, avait perdu le sentiment de ce qui se passait autour d'elle. Saisies de respect et d'admiration, nous jouissions d'un spectacle ravissant. Que fait notre sainte Supérieure? Que dit-elle à notre adorable Maître et Seigneur ? nous demandions-nous instinctivement. Lorsque enfin elle se releva, elle nous parut environnée d'une auréole céleste. »

Le même fait se reproduisit une autre année encore pendant la réunion générale. Cette fois, ses yeux n'étaient plus élevés vers le Dieu du Tabernacle. Son attitude était celle du prophète implorant le pardon de son peuple. Que sollicitait-elle alors ? Ses supplications et ses larmes n'avaient-elles pas pour objet le retour et le salut de quelque brebis infidèle ? C'est le secret de son cœur. Au sortir de la chapelle, chacune se disait : « N'est-ce pas moi qui afflige une si bonne mère.? N'est-ce pas moi qui lui coûte tant de peines ? »

« Voici une particularité qui m'avait singulièrement frappée, raconte une professe. C'était le matin d'un beau jour. Notre très chère Mère Sainte-Thaïs avait fait la sainte communion. Après l'action de grâces, elle s'arrêta dans le jardin et s'assit sous les noisetiers, continuant son entretien avec le Bien-Aimé. L'ayant aperçue et ignorant son doux colloque, je me précipitai vers elle pour lui faire le salut religieux. Pas de réponse. Surprise de son silence, je la considérai mieux et je la vis les yeux élevés vers le ciel, les mains jointes, le visage radieux : elle était plongée dans une extatique contemplation. Je me retirai alors doucement dans la salle du noviciat, et là, presque vis-à-vis de ma sainte Supérieure, je la considérai tout à mon aise. Elle ne sortait point de son ravissement. Curieuse de mieux savoir ce qui se passe, je m'approche de nouveau, je l'examine de bien près, sans qu'elle se doute de ma présence. Plusieurs de mes compagnes imitent mon indiscrétion ; l'une d'elles eut même la hardiesse de soulever le voile de notre vénérée Mère sans troubler le délicieux état qui nous jetait dans l'étonnement. Nous eussions bien désiré voir la fin de cette véritable extase, mais la cloche tinta et nous fûmes contraintes de nous éloigner. »

« Quand vous ou moi nous verrons brûler la lampe du sanctuaire, nous demanderons l'une pour l'autre que le feu sacré consume notre âme. » Telle est la pratique qu'elle conseillait à une pieuse Sœur. Son amour pour la divine Eucharistie avait quelque chose de frappant et de tendre, disent les personnes qui l'approchèrent de près. On sentait bien que son seprit et son cœur étaient toujours aux pieds de l'adorable Captif. Elle s'efforçait de le consoler et de l'aimer pour les indifférents et les ingrats. « Que nous sommes donc heureuses, s'exclamait-elle parfois, oh ! que nous sommes heureuses d'habiter dans la maison du bon Dieu, de loger sous le même toit que Notre Seigneur Jésus-Christ !... Oh ! quelle consolation !... Huit ou neuf fois, les jours ordinaires, la Règle nous appelle auprès de lui. Nous pouvons lui ouvrir notre cœur...; plusieurs fois par semaine, il daigne même y venir faire sa demeure... Oh ! quand on peut communier et prier, toutes les peines deviennent douces, toutes les croix paraissent légères !... »

Elle faisait avec délices, autant que ses occupations pouvaient le lui permettre, sa visite particulière au Saint Sacrement. Infirme, elle priait qu'on la conduisît le plus souvent possible à la chapelle pour rendre ses devoirs au Seigneur Jésus.

Il n'est rien à quoi elle ait plus fortement exhorté qu'a la fréquente communion. « Nous ne pouvons nous passer de Notre Seigneur, disait-elle : il est notre nourriture, notre force, notre vie... Allons à lui aussi souvent que la Règle et le confesseur nous le permettront. Ce sont nos défauts et nos fautes qu'il faut laisser et non point nos communions. Une personne qui, par négligence ou motif semblable, ne se met pas en peine de faire les communions prescrites ou permises offense le bon Dieu, se prive de très grandes grâces et se prépare de terribles châtiments. » Elle conseillait la salutaire habitude de faire la communion spirituelle, principalement à la visite au Saint Sacrement et avant les repas.

Tous les premiers vendredis du mois, elle envoyait une Sœur faire, en son nom, une demi-heure d'adoration au Sacré-Cœur de Jésus pour lequel elle avait une tendre piété et une amoureuse confiance. « Aimez bien le Cœur de notre tout aimable Sauveur, disait-elle ; confiez-lui bien tous vos intérêts et toutes vos peines. Il comprend tous nos besoins et veut les soulager. Oh ! ne craignez pas : il est si bon, si miséricordieux !... Répandez dans cet océan d'amour toutes vos misères, toutes vos douleurs. Oui, allez souvent au pied du Tabernacle vous consoler avec le céleste Epoux. Versez votre pauvre âme comme une eau claire et limpide dans le sein de ce très doux et très compatissant ami. Dites-lui bien tout avec une grande simplicité. Il vous répondra et daignera vous instruire, si vous êtes attentive et recueillie. Oh ! si nous connaissions le Cœur de Jésus, que nous serions heureuses ! Quel trésor ! Quel abîme de tendresse !... »

Sa dévotion à la Passion du divin Rédempteur ne le cédait point à son amour pour l'Eucharistie. De bonne heure, on l'a vu précédemment, elle embrassa avec ferveur la pratique de l'Heure Sainte, pratique qui lui fut toujours bien chère. Elle avait un attrait spécial pour l'exercice du chemin de la croix qu'elle faisait tous les soirs avant de s'endormir, tenant avec respect entre ses doigts paralysés un petit crucifix indulgencié. Elle fut toujours très fidèle à cette sainte pratique, même au plus fort de ses souffrances : la veille de sa bienheureuse mort, elle s'en acquitta avec une admirable piété. Pendant les jours de la santé, elle la faisait quelquefois la face contre terre.

Tous les soirs aussi, avant de se livrer au sommeil, elle prononçait, avec un profond respect, vingt-quatre fois les noms sacrés de Jésus, Marie, Joseph, en expiation de toutes les fautes commises pendant les heures de la journée.

L'œuvre de la Communion réparatrice, comme celle de l'Apostolat, avaient toute son estime et son affection. Elle y fit affilier toute la Congrégation et déploya un grand zèle pour leur gagner de nombreux associés.

Si l'on ne peut aimer véritablement Notre Seigneur sans avoir une tendre dévotion pour sa divine Mère, la très pure Vierge Marie, on peut aisément supposer combien filiale et ardente fut la piété de la Mère Sainte-Thaïs envers l'auguste Reine du ciel. Elle l'honorait singulièrement et, en toute rencontre, lui témoignait la plus entière confiance et le plus affectueux dévouement. Son culte, si suave et si doux, fut toujours plein de charmes pour son cœur. Elle aimait à la saluer comme Reine des Anges et avait dès longtemps l'habitude de l'invoquer sous ce vocable pour obtenir le don d'une chasteté parfaite. A cet effet, elle récitait chaque soir trois *Ave*, pratique qu'elle recommandait à ses religieuses.

Parmi les prérogatives de la bienheureuse Vierge, elle portait une spéciale vénération à sa Conception Immaculée. La promulgation de ce glorieux dogme l'avait transportée d'une consolation indicible. Elle en célébrait la fête avec un bonheur et une piété toujours plus sensibles. C'est à sa foi et à sa confiance en Marie que la Communauté attribua, en 1866, la guérison inespérée et bien merveilleuse d'une

jeune malade. Elle lui avait enjoint de solliciter de l'Immaculée, au nom de Pie IX qui l'a tant exaltée, une cure que
les hommes de l'art avaient déclarée impossible. Nos
Annales ont relaté ce fait avec des détails fort intéressants.

La dévotion de la Révérende Mère au scapulaire était
bien remarquable et bien connue. Elle n'aurait pu fermer
l'œil si, aux jours de son infirmité, on avait oublié de l'en
revêtir. Aussi, s'est-on fait un devoir de le lui laisser en
l'ensevelissant.

Elle aimait à s'intituler l'humble servante de Marie
qu'elle considérait comme investie de toute autorité dans
l'Institut. C'est sur la Très Sainte Vierge qu'elle se reposait
entièrement pour le spirituel et le temporel. Ce n'est pas
en vain qu'elle l'implora dans les moments critiques : 1851,
1854, 1870 et 1871 sont des dates mémorables. Elles disent
bien haut la toute-puissante, intervention de notre divine
Reine. « On ne saurait imaginer, disait la digne Supérieure,
de combien de périls la bonne Mère nous a préservées. Je
sais, de source certaine, que bien des Sœurs n'ont échappé
à de graves dangers que par son secours. Elle nous a
visiblement assistées en mille rencontres. »

La vénérée Mère nous exhortait spécialement à invoquer
Marie avant d'entreprendre un voyage quelconque. « Aimons bien la Sainte Vierge, disait-elle souvent ; elle nous
gardera de tout mal. Honorons-la en imitant ses vertus.
Inspirez bien, mes Sœurs, à vos élèves la confiance et
l'amour envers notre divine Mère. »

Voici les paroles qu'elle adressait à une jeune professe,
envoyée pour la première fois en qualité de directrice :
« Marie, notre première Supérieure, vous prendra tout
particulièrement sous sa protection ; elle vous inspirera,
vous dirigera ; seulement, soyez-lui bien dévouée. Sachez
reconnaître votre dépendance à son égard en la consultant
en tout et partout. »

« Allez à l'école de la Très Sainte Vierge, disait-elle à
une autre, et parlez-lui ainsi : « Ma bonne Mère, veuillez

» être mon précepteur; apprenez-moi à méditer. Voyez
» comme je suis ignorante dans la science des saints ! »
Écoutez ensuite, mon enfant, oui, écoutez l'instruction
qu'elle vous fera. Vous me communiquerez les leçons que
vous aurez reçues de notre divine Maîtresse. »

Ce recours filial, elle le recommandait surtout aux
heures difficiles : « Lorsque vous ne saurez à quoi vous
résoudre, conseillait-elle à une Sœur dans une situation
délicate, tournez-vous vers Marie ; demandez-lui conseil.
Elle est la Supérieure et la Reine de la Congrégation et,
par conséquent, obligée de vous venir en aide. Je sais,
par expérience, qu'elle ne repousse jamais une prière
fervente. Combien de fois, dans de cruelles perplexités,
me jetant à ses pieds, je l'ai suppliée de m'accorder son
assistance. Toujours je l'ai trouvée favorable à mes vœux.
En exécutant ce qu'elle m'avait suggéré, tout m'a réussi. »

Ls culte du virginal Epoux de Marie était très cher
aussi à notre vénérée Mère. Elle invoquait surtout saint
Joseph comme le Maître de la vie intérieure et le pour-
voyeur de la Communauté dans les besoins temporels.

L'amour divin renferme, outre une sincère piété envers
la Très Sainte Vierge et les Saints, un grand zèle pour la
gloire de l'Objet aimé. Ce caractère de la charité, la Mère
Sainte-Thaïs le possédait à un très haut degré. Sa joie
était manifeste quand elle apprenait le triomphe de la
religion, les honneurs rendus à son Dieu. Rien, par contre,
ne saurait peindre sa douleur, au récit, à la seule pensée
même des outrages faits à la Souveraine Majesté.

« Notre digne Mère nous arriva un jour mourante de
fatigue et de douleur, rapporte une de nos chères anciennes.
Elle avait eu beaucoup à souffrir de la part du cocher,
homme sans éducation et sans foi. Comme le roulement
de la voiture lui procurait des nausées, elle avait été
contrainte de la faire arrêter plusieurs fois et de suivre un
moment à pied. Le conducteur, se laissant emporter par
la colère, proférait alors d'horribles imprécations, ce qui

avait plongé notre chère Mère dans une profonde tristesse. L'offense de Dieu la désolait au point qu'elle n'eut pas la force de nous parler au premier abord. »

Son ardente charité lui faisait justement apprécier notre sainte vocation, si propre à faire connaître et aimer la beauté souveraine, et lui donnait le talent d'y attacher nos cœurs. « Que nous sommes heureuses d'appartenir à Jésus, disait-elle, d'être appelées à étendre son règne ! Oh ! si nous l'aimions véritablement, nous chéririons nos modestes fonctions avec tout ce qu'elles ont de pénible et de rebutant ; nous serions fières du choix qu'il a daigné faire de nous et nous nous immolerions généreusement pour sa gloire ! »

En toute occasion, la Révérende Mère inspirait la plus haute idée de l'état religieux. Voici les paroles qu'elle adressait à l'une de ses filles, la veille de sa profession : « Vous allez être reine dans toute la force du terme. Jusqu'à présent, vous n'étiez que fiancée ; désormais, vous serez irrévocablement unie à Jésus-Christ comme son épouse, et l'alliance sera éternelle. Pour reconnaître tout l'amour du céleste Époux, il faut vous humilier et aimer beaucoup. Il vous a choisie, malgré votre indignité, pour vous vaincre par la générosité de son amour. N'enviez pas le sort de vos cousines : leurs époux ont beau les aimer, jamais, jamais ils ne feront pour elles ce que le vôtre fait pour vous. Aimez Jésus comme il vous aime. »

Elle agissait toujours, devons-nous ajouter, avec des intentions très pures et par les motifs les plus saints. C'est le témoignage que lui rendait, après la vénérable Fondatrice, le digne M. Ventre qui la connut si parfaitement. A la mort de notre Mère bien-aimée, il disait : « Si elle a failli, si elle s'est trompée quelquefois dans ses dispositions, si sa conduite a pu, en certaines occasions, choquer ceux qui ne voient que l'extérieur, devant Dieu, loin d'être répréhensible, elle était digne d'admiration et d'éloges : elle avait des vues si droites et si pures ! »

Après une parole si grave et si autorisée, s'il fallait une assurance plus particulière encore, on n'aurait qu'à citer une repartie de la Révérende Mère qui s'est trahie sans y songer. Surprise de la voir s'occuper avec grand soin d'une très petite chose : « Vous pensez à tout, ma bonne Mère, lui avait dit une Sœur. — Dieu, l'Eglise et mon devoir : voilà ce à quoi je m'applique ! » L'expression qui accompagnait ces mots impressionna vivement les témoins.

Elle insistait souvent et fortement sur la pureté d'intention, comme le grand moyen de sanctification, la preuve la moins équivoque de notre amour pour Dieu.

« Une religieuse, disait-elle à une de ses filles, ne doit vivre et agir que pour Dieu. Ne travaillez donc point pour acquérir l'estime des créatures, car vous n'amasseriez que du vent pour cette vie et des supplices pour le purgatoire. Tenez-vous humblement sous les yeux de Celui qui sait tout ; ne cherchez que son approbation et ses complaisances : ainsi thésauriserez-vous pour l'éternité. »

L'amour divin, d'après la Sainte Ecriture, ne serait qu'une illusion sans la charité pour le prochain. Cette erreur n'a jamais pu être imputée à notre vénérée Mère. On a vu, dans le cours de cet ouvrage, comment elle savait s'oublier et se sacrifier pour les autres ; on a pu juger de son zèle et de son dévouement pour le bien général et particulier. Nous ne nous étendrons pas davantage sur ce sujet, bien qu'il y eût encore immensément à dire ; nous reproduirons seulement, avec toute l'exactitude possible, quelques-uns de ses précieux avis. Elle était tout feu quand elle nous exhortait à la charité mutuelle ; elle aurait voulu graver dans nos cœurs les sentiments du sien. « O mes Sœurs, s'écria-t-elle bien des fois, aimez-vous bien les unes les autres, estimez-vous, respectez-vous surnaturellement. Je désire de toute l'ardeur de mon âme que nous soyons bien unies, que nous n'ayons toutes qu'un cœur et qu'une âme. Une religieuse bien charitable a le règne de Dieu au milieu d'elle-même. Soyons donc bien bonnes, bien indulgentes, bien patientes les unes envers les autres.

» Le support mutuel est un des principaux moyens de sanctification. L'opposition des caractères et des goûts doit disparaître entre les épouses de Jésus-Christ ou plutôt elle doit rendre l'union des cœurs plus solide et plus pure, au lieu de l'altérer et de la troubler. Les pierres du torrent se polissent par le frottement, de même, par le contact avec des personnes d'humeur antipathique, la vertu s'épure et se perfectionne. Il faut nous faire violence et nous aimer sincèrement en Dieu et pour Dieu. »

La Mère Sainte-Thaïs était d'une rigueur excessive pour les fautes contraires à la charité. La détraction, les procédés offensants, les paroles blessantes ne trouvaient point grâce à ses yeux. Il fallait les réparer promptement ou s'attendre à une sévère pénitence.

C'est particulièrement aux approches des vacances et pendant la réunion annuelle qu'elle insistait sur la charité fraternelle. Recueillons avec respect les salutaires recommandations tombées de ses lèvres bénies. Qu'elles servent à notre édification et soient la règle de notre vie !

« Voici, disait-elle à la Communauté de la Maison Mère avant l'arrivée de nos Sœurs des divers établissements, voici que nos chères absentes vont bientôt rentrer. Depuis longtemps, elles soupirent après les douceurs de la famille, après le bonheur de se retremper dans l'esprit de notre sainte vocation. Accueillons leur retour avec une grande et joyeuse cordialité. Soyons pleines de prévenance et de dévouement à leur égard. Rendons-leur gracieusement tous les petits services en notre pouvoir ; soyons pour elles bonnes et aimables, afin de leur faire oublier les peines qu'elles ont souffertes. Ce sont les enfants du Père de famille qui, après avoir bien travaillé à sa vigne, viennent un peu se reposer.

» Il faut que ces chères Sœurs trouvent dans chacune

de nous des modèles de parfaite régularité. Elles ont droit de l'attendre. Nous avons vécu et comme nagé au centre des grâces et des secours célestes, tandis que la plupart ont souffert toutes sortes de privations : privation de la sainte messe et de la sainte communion; privation d'instructions et de conseils appropriés à leur état; privation de consolations et d'encouragements. Et cependant il y en a parmi elles qui sont plus ferventes que nous. Soyons remplies d'estime pour leur vertu et humilions-nous profondément devant Dieu. Traitons-nous toutes avec beaucoup de respect parce que nous sommes les épouses de Notre Seigneur Jésus-Christ.

» Que notre grande application pendant ce mois soit de nous édifier mutuellement, de nous exciter au bien par nos exemples et nos paroles! Renouvelons-nous dans la fidélité aux plus petits points de la Règle et aux recommandations faites dans le courant de l'année : nos Sœurs des établissements, qui peuvent avoir oublié certains usages religieux, certaines observances régulières, nous les voyant bien pratiquer, s'y remettront aussitôt. Oh ! je vous le répète, édifions bien nos chères Sœurs; édifions-les surtout par la charité et l'humilité. Que nos rapports soient toujours affectueux et bienveillants! Que nos paroles soient sages et réservées ! Témoignons-leur la plus douce sympathie. Ne craignons pas de nous fatiguer pour leur être utiles ; soyons gaies et complaisantes, mais jamais au détriment de la Règle. Que le silence soit exactement observé dans les salles et surtout dans les lieux réguliers ! Quand les Sœurs arrivent hors le temps des récréations, il faut certes leur faire bon accueil, les embrasser cordialement, mais sans bruit et sans engager conversation. Renvoyons à un moment plus opportun le plaisir de les entretenir à l'aise.

» Je vous recommande instamment de vous interdire toute confidence indiscrète, toute question curieuse, toute parole imprudente. Oh ! si vous saviez le mal que l'on peut se faire par des coups de langue, lancés à droite et à gauche ! Il ne manque pas de choses utiles à dire sans se raconter ce qui s'est passé dans les divers postes, sans rappeler certains événements peu propres à édifier et qui donnent lieu de faire des conjectures et de blâmer même les supérieurs.

» Parlez du bonheur de la vie religieuse, des avantages de la paix et de l'union des cœurs; résumez les belles lectures que nous faisons tous les jours, comme cela se pratique en temps ordinaire; faites-vous une joie de répéter à nos Sœurs les intructions que nous avons entendues pendant leur absence; dites-leur enfin tout ce qui peut faire du bien à l'âme, et le bon Dieu sera glorifié et nous bénira. »

La Révérende Mère n'exhortait pas moins chaleureusement celles de ses filles qui rentraient pour les grandes vacances. La charité mutuelle était toujours le point sur lequel elle insistait le plus fortement. Résumons encore ici les avis et les conseils qu'elle leur adressait. Ils ont été recueillis textuellement et conservés avec une pieuse vénération.

« Resserrons bien, pendant ce mois, les liens de l'amour surnaturel ; soyons fidèles au grand commandement du divin Maître, afin qu'il règne au milieu de nous. N'ayez aucune particularité dans vos affections; trouvez-vous également volontiers avec tous les membres de la Communauté. Que les Sœurs d'un même établissement ou celles qui sont liées par les nœuds de la parenté et de la nature ne soient pas toujours ensemble : cela nuirait à la charité et pourrait donner lieu à des confidences, à des recherches de l'amour-propre, etc. Ici, nous ne formons qu'une grande famille de véritables Sœurs; il n'y a plus ni directrices, ni adjointes, mais une seule Supérieure, une seule âme, un seul cœur.

« Vous ne sauriez trop, mes chères Filles, vous prémunir contre la médisance, la curiosité, les entretiens frivoles ; gardez-vous bien aussi de l'indiscrétion dans les paroles.

Il est souvent impossible de réparer le mal causé par des paroles imprudentes et légères ; et, ce qui est à craindre, ce qui doit faire trembler, c'est que l'on ne se confesse jamais bien de ces fautes parce qu'on ne peut savoir le mal qu'elles ont fait. Ne regardez point comme une bagatelle ce qui peut blesser la divine charité, car, au témoignage de l'Esprit-Saint, le médisant est homicide.

» Parlez, dans vos récréations, de choses édifiantes et pieuses, au lieu de vous communiquer ce qui s'est produit dans vos postes respectifs. Ne rapportez pas ce qui concerne un tel ou une telle ; surtout, je vous en prie, je vous le recommande expressément, ne vous occupez point de MM. les ecclésiastiques. Vous n'avez pas à les juger et vous devez respecter leur ministère. S'ils disent la sainte messe à une heure qui vous convient, bénissez-en le bon Dieu ; sinon, résignez-vous et ne les condamnez pas. S'ils ont la bonté de vous donner la sainte communion hors le temps du divin sacrifice, soyez-en très reconnaissantes ; si cette consolation vous est refusée, ne vous en troublez pas : Notre Seigneur suppléera lui-même, soyez-en convaincues, aux secours dont vous êtes privées. Il ne faut pas oublier que nous sommes toujours traitées au-dessus de nos mérites : nous ne sommes dignes que de mépris.

» Celles qui ont été changées l'année dernière n'ont point à demander sur quel pied ont marché les affaires dans leur ancien poste ; quelles ont été les relations avec les autorités locales ; si les Sœurs ont encore à souffrir de telle personne ; si telle autre est bienveillante ou non ; de quel œil on a vu leur changement, etc.

» N'allez pas non plus, mes Sœurs, vous communiquer vos ennuis et vos peines. Vous venez ici pour les oublier ; ne vous en rappelez donc pas le souvenir les unes aux autres. Les directrices qui ont eu certaines adjointes dont elles étaient peu satisfaites ne doivent pas quêter des renseignements sur leur compte. D'une question à l'autre, la conversation pourrait insensiblement tourner en médisances et en critiques. Ne tombez jamais dans une si criante injustice. Oui, iujustice, dis-je, car la Sœur en cause, quelque coupable qu'elle ait pu être, aura sans doute fait de sérieuses réflexions et de généreux efforts pour réparer ses torts et vivre en sainte religieuse. D'ailleurs, dès qu'elle n'est plus dans un établissemement, il faut laisser le soin de sa conduite à qui de droit et ne plus s'en occuper. Notez bien aussi qu'il est assez ordinaire que tel sujet ait donné de l'ennui parce qu'on n'a pas su le prendre. Ainsi, par justice et par charité, on doit s'imposer un silence absolu en pareille occurrence.

» Les Sœurs adjointes doivent se garder de toute curiosité à l'égard de leurs anciennes supérieures. Celles qui seraient indiscrètement questionnées n'ont rien à répondre. N'ouvrez pas le récit ou plutôt le chapitre des doléances, des critiques, des blâmes. Jeunes Sœurs, ne vous croyez pas de petites perfections ; ne faites pas les précieuses; songez à vos défauts et souffrez humblement d'être reprises et corrigées. C'est l'amour-propre qui vous persuaderait que vous avez à souffrir de vos directrices. Soyez humbles et vous serez heureuses avec elles toutes et surtout vous ne vous permettrez jamais de rien dire à leur charge. N'oubliez donc pas que vous n'avez qu'à vous taire et à obéir aveuglément.

» C'est surtout au moment des départs qu'on doit se prémunir contre la démangeaison de parler. Ne cherchez pas à tout savoir et à tout dire inconsidérément. Laissez à votre Supérieure le soin d'annoncer les placements et de donner les avis et les renseignements utiles. Pour vous, tenez-vous dans le recueillement et la sainte indifférence ; ne vous mettez point en peine de conjecturer ce qui n'est pas de votre ressort ; ne jouez pas de finesse pour apprendre ceci ou cela. Soyez très prudentes et très réservées, je vous le répète et vous en prie ; qu'une scrupuleuse charité inspire vos paroles. Par des réticences, par des airs significatifs, par un mot, on pourrait jeter des préventions, des froideurs, des répugnances dans les âmes et préparer à plusieurs des misères et des souffrances insupportables. Peut-être faudrait-il bientôt en venir à un changement. Telle Sœur qui a bien fait sa retraite, qui est dans d'excellentes dispositions, qui va très volontiers où l'obéissance l'envoie et peut y opérer le bien, serait tout à coup changée, partirait avec tristesse et passerait une année de martyre, si elle était prévenue contre son poste et contre ses Sœurs. Oh ! je vous en conjure, que semblable imprudence n'ait jamais lieu. Quiconque s'en rendrait coupable assumerait devant Dieu une terrible responsabilité. Lui seul connaît toute la profondeur de ce mal. Il est très difficile et souvent impossible de guérir les blessures faites par la langue. Prudence, discrétion, grande délicatesse à l'endroit de la charité ! Oui, mes chères Sœurs, aimons-nous bien les unes les autres ; défendons-nous, soutenons-nous toujours. Chacune de nos Sœurs est une autre nous-même : la toucher, l'attaquer serait nous blesser à la prunelle de l'œil. Ne le souffrons pas ; mais que notre affection, comme celle des Saints, aussi tendre que forte, consiste surtout à nous porter mutuellement à la vertu par nos paroles et par nos bons exemples. »

Ce qu'il a été impossible de reproduire dans ces précieuses pages, ce qui remuait et impressionnait toujours salutairement, c'est le ton pénétré de la voix, la vivacité et l'onction de la parole. La Mère Sainte-Thaïs, pour tout dire en terminant ce chapitre, n'eut pas de plus vive sollicitude que l'observation du grand précepte du Seigneur.

CHAPITRE III

Elle avait bien étudié aussi et bien compris cette autre leçon du Maître : « Apprenez que je suis humble de cœur », celle qui, dès les premiers jours de son printemps jusqu'à l'arrière-saison de sa vie, eut un attrait puissant et comme une sainte passion pour l'obscurité et la vie cachée. Toujours simple et modeste, ennemie de la gloire et de l'éclat, elle eut à cœur de se faire oublier, de fuir les regards humains ; toujours aussi, les parfums de son humilité lui valurent l'estime et la vénération. Appuyons cette assertion sur quelques faits bien authentiques.

Peu après sa vêture, le respectable M. Savournin, premier Supérieur de l'Institut, ayant rencontré la nouvelle Sœur Sainte-Thaïs, lui dit : « Eh bien ! Mademoiselle Michel, comment vous trouvez-vous au couvent ? La Communauté est heureuse de vous posséder : vous pouvez lui rendre d'éminents services. » Le digne prêtre ajouta d'autres paroles flatteuses qui couvrirent de confusion l'humble Sœur. Les yeux baissés et la rougeur au front, elle répondit : « Oh ! je suis trop heureuse que la Congrégation ait consenti à me recevoir et je tiendrai à grand honneur qu'elle veuille bien me supporter jusqu'à la fin. »

Elle ne se prévalait ni de son intelligence rare, ni de son érudition. On l'eût prise pour une personne très ordinaire, tant elle était attentive à cacher ses mérites et son savoir. Elle recherchait adroitement les occupations les plus viles et les plus pénibles. « Combien de fois, dit une grave professe, l'ai-je surprise choisissant les emplois les plus bas, lavant les linges des malades, nettoyant les commodités de la maison, mettant l'ordre dans la four-rière, etc. Il arriva qu'un jour les novices trouvèrent, au retour d'une grande promenade, leurs chaussures du dimanche toutes brillantes. « Qui a pu si bien les cirer ? » se demandait-on. Après bien des recherches, on finit par découvrir que c'était la bonne Mère Sainte-Thaïs, alors assistante et maîtresse au noviciat. »

En tête de ses élèves, elle prenait part à certains tra-vaux des champs qui leur étaient dévolus. Avec une humble simplicité, elle disait parfois : « Voyez si je fais bien ? Est-ce que je ne gâte pas la besogne ? »

Elle aimait à consulter, même ses inférieures, suivait volontiers les avis d'autrui et employait sans peine les moyens de succès qui lui étaient suggérés. Elle avait même une étonnante facilité pour adopter une opinion opposée à la sienne, dès qu'elle en voyait la justesse et l'opportunité. Lui arrivait-il de s'oublier, de se tromper en quelque chose ? Elle n'hésitait point à réparer sa faute ou son erreur et s'humiliait franchement, même devant les dernières de ses filles. En voici des exemples.

Une jeune professe, lui ayant demandé une pénitence pour certains manquements à la Règle, reçut cette ré-ponse : « Vous penserez à la parole sèche et dure que je vous ai dite en pleine Communauté. » Cette parole, que la Révérende Mère regrettait tant, la Sœur vainement la chercha au fond de sa mémoire.

Dans une autre circonstance, la même Sœur, lui ayant fait certaine communication dont on l'avait chargée, fut

accueillie et congédiée un peu froidement. Mais, le lendemain, dès qu'il fut permis de parler, la bonne Mère la
manda et lui dit avec une humble douceur : « Je vous ai
peut-être scandalisée en vous parlant hier avec indignation de N... Je n'ai pu dormir en songeant à la mauvaise
impression que j'ai dû vous faire. Vous n'êtes pour rien
dans ce qui m'a déplu. » L'humble Supérieure aurait continué à se confondre et à s'accuser, si la Sœur ne l'eût
aussitôt assurée qu'elle n'avait nullement été mal édifiée,
que tout son chagrin était de lui en avoir procuré.

Dans une occasion, la vénérée Mère s'humilia profondément auprès de la Sœur économe, feu notre chère Sœur
Sainte-Philomène. Elle lui avait adressé des reproches
immérités. Ayant bientôt reconnu son erreur, elle l'appela
et lui dit : « C'est moi qui dois faire la pénitence que je
vous ai imposée, parce que c'est moi qui ai tort. J'ai fait
ce matin la sainte communion; mais, auparavant, je me
suis confessée de mon injuste rigueur. Je vous demande
bien pardon de la peine que je vous ai causée. » La bonne
Sœur fut aussi confuse qu'édifiée d'une humilité si
profonde.

Cette humilité de la digne Supérieure n'impressionna
pas moins salutairement une autre de ses filles, qui lui
avait fait connaître une indisposition assez sérieuse et lui
avait demandé dispense de son emploi. La chère Mère,
fort préoccupée en ce moment, ne lui fit pas bon accueil.
Mais, réfléchissant bientôt, elle rappela la Sœur et, en
termes bien attendrissants, lui fit ses excuses. Elle était
même prête à tomber à genoux, lorsque la Sœur, émue
jusqu'aux larmes, lui protesta que ce petit incident ne
l'avait point affligée, que son cœur lui était trop bien
connu pour jamais en douter.

« Je suis bien fâchée, dit-elle un jour à une nouvelle
professe qui s'était oubliée en sa présence, je suis bien
fâchée de n'avoir pas relevé votre faute devant celles qui
en ont été témoins. J'ai manqué à mon devoir à votre

égard. Je me le suis reproché et j'en ai bien demandé pardon au bon Dieu. »

Dans une autre circonstance, la chère Mère, lui ayant parlé avec vivacité, ne tarda pas à lui dire : « Je me suis trompée ; j'avais mal compris ; mais, après information, je vois que vous avez raison. »

C'est ainsi que les saints savent se rétracter et réparer leurs fautes quand ils ont failli. Ils grandissent devant Dieu et dans l'estime des hommes, d'autant qu'ils s'abaissent et se méprisent sincèrement. La Mère Sainte-Thaïs ne parut jamais si digne de vénération que lorsqu'elle s'humilia devant ses inférieures, ce qui arrivait fréquemment. Nous n'en citerons plus qu'un exemple, pour ne pas prolonger indéfiniment cet article.

Une Sœur lui posa, dans une conférence religieuse, une question que la Révérende Mère crut captieuse ou tout au moins oiseuse. D'un ton un peu sec et d'un air sévère, elle lui enjoignit de s'asseoir et de ne plus prendre la parole pour semblable motif. Ayant ensuite compris la pensée pleine de droiture et de sens de l'interrogatrice, le soir même elle l'appelle et lui dit : « J'ai eu tort de ne pas répondre à votre demande que je reconnais maintenant être très judicieuse. Je vous ai peinée peut-être en vous imposant silence ; mais je réparerai ma faute. » La Sœur eut beau protester qu'elle n'avait point eu lieu de se blesser, notre digne Mère n'en persista pas moins dans sa résolution. A la première réunion, elle commença par dire devant toute la communauté : « J'ai une réparation à faire : l'autre jour, j'ai refusé de répondre à une question très juste, adressée par ma Sœur N... Je vais donc tout d'abord y satisfaire. » Et, avec une grande douceur, elle fit répéter l'interrogation et donna sur ce point des explications aussi claires que savantes.

On sentait qu'elle était heureuse de recueillir une humiliation quelconque. Plusieurs Sœurs, dans leur indignation, voulaient adresser de vifs reproches à une personne très grossière, qui lui avait manqué de respect. « Laissez-la tranquille, fit-elle, Jamais on ne m'avait traitée selon mes mérites. Elle me connaît mieux que vous toutes : je ne mérite que le mépris. »

Cet amour de la vie cachée qu'elle possédait à un degré supérieur, elle l'inspirait avec un soin jaloux. « Une religieuse, disait-elle, ne doit pas se produire au dehors : tant qu'elle est ignorée, elle fait le bien ; mais, dès qu'elle est connue et admirée, tout est compromis. Il faut qu'on ne connaisse une Sœur dans une paroisse que par le bien qu'elle y opère. »

En toute occurrence, elle s'efforçait de flétrir et de combattre l'esprit de vanité, le désir de paraitre et de primer. « Nous sommes les dernières de toutes, l'a-t-on entendue dire maintes fois ; il faut nous regarder comme les Sœurs minimes parmi les plus minimes. Je veux que vous aimiez notre chère Congrégation plus que toutes les autres : c'est là que le bon Dieu vous a appelées et que vous devez vous sanctifier, vivre et mourir ; mais je veux aussi que vous mettiez toutes les autres au-dessus d'elle dans votre estime. »

Terminons ce sujet par quelques maximes et avis pratiques de la Révérende Mère Sainte-Thaïs sur l'humilité.

« Imitons notre divin Maître et modèle en fuyant les regards et les applaudissements des créatures.

» Apprenez, mon enfant, à recevoir les humiliations de tout genre en silence et en paix.

» Un excellent moyen pour avancer dans la vertu est de se rappeler ses fautes passées, sans trouble ni découragement.

» Une humilité profonde et une confiance sans bornes font voler dans la perfection. »

« Le Saint-Esprit vous apprendra, disait la vénérée Mère, comment vous devez vous servir des fautes qui vous échappent, de vos défauts et de vos tentations, pour vous abimer dans votre néant. »

A une Sœur sujette à l'abattement et à la tristesse : « Quand on est tombé dans une faute, la première chose à faire est de demander pardon à Dieu ; la seconde, de le remercier de l'humiliation survenue. Je tiens cette excellente pratique de notre sainte Fondatrice. Voici, ajouta-t-elle, ce que notre digne Père Pascal conseillait dans le même cas : « Après une chute, au lieu de se désoler et de » se décourager, il faut dire dans un profond sentiment » d'humilité : Je vous rends grâces, Seigneur, de m'avoir » empêchée de tomber plus bas encore, car si votre main » ne m'avait retenue, j'aurais roulé jusques au fond de » l'abîme. »

.·.

Si la vertu c'est la force, la patience est, sans contredit, la plus haute puissance de cette force. Cette vertu si difficile, la Mère Sainte-Thaïs la porta jusqu'à l'héroïsme. Dieu seul a pu connaître et apprécier les combats incessants qu'elle soutint contre elle-même : sa fougueuse nature, son caractère véhément lui donnèrent de l'exercice. De bonne heure, elle les maîtrisa ; à peine entrée dans la carrière de l'enseignement, elle sut faire taire sa vivacité et garder le calme et la paix dans les rencontres fâcheuses. Ainsi, acquit-elle sur ses élèves cet empire qui opère des merveilles.

Plus tard, sa qualité de Supérieure lui imposa bien des sacrifices, fournit ample matière à sa patience ; en maintes circonstances délicates, elle dévora en secret de poignantes douleurs. Quand ont songe à tout ce qu'elle eut à souffrir, à son courage et à sa générosité, on est saisi d'admiration et de respect. « Mes chères Filles, disait notre vénérable Évêque, Mgr Meirieu, après la mort de notre bien-aimée Mère, il est une vertu que vous n'avez pas été à même d'apprécier dans votre chère défunte ; cette vertu, c'est la violence. Oui, la violence fut sa vertu spéciale, sa marque distinctive. Je l'ai vue faire des efforts surhumains pour se dominer et se vaincre. »

Cette intrépidité dont la Mère Sainte-Thaïs s'arma pour dompter la nature et seconder la grâce lui valut des triomphes bien glorieux et de nombreux mérites. Mais c'est dans ses longues et douloureuses infirmités que sa vertu brilla d'un vif éclat. Plus de dix ans durant, elle a été en proie à d'intolérables souffrances, et sa patience a toujours été à la hauteur de ses maux. Qui pourrait concevoir le martyre qu'elle a enduré, elle si active et si prompte, clouée sur la croix par la paralysie, dans l'impuissance de se mouvoir et d'agir ? Néanmoins, soumise et résignée, elle adora toujours la volonté divine et ne se laissa point aller à la plainte ni au murmure. Comme plusieurs personnes s'apitoyaient un jour sur son état, disant que le Seigneur la traitait bien rigoureusement, elle repartit : « Le bon Dieu est infiniment juste et sage ; il est le maître de reprendre ce qu'il a gratuitement donné. Il m'avait accordé la liberté de mes mouvements ; il me l'a enlevée : il ne m'a fait aucun tort. Il aurait bien pu me rendre percluse trente ans plus tôt !... Je n'ai pas à me plaindre. »

A une Sœur qui lui souhaitait une bonne nuit, elle répondit : « Demandez pour moi la patience, et la nuit sera excellente. »

Et à un souhait du même genre : « Si le bon Dieu se charge de la patience, moi je me charge de souffrir. »

Satisfait de tant de soumission, le divin Maître l'en récompensait par un surcroît de douleurs, surtout aux jours de fête et de grande solennité. C'est ce qu'on a maintes fois remarqué. Il n'était pas moins frappant que toujours ses souffrances acquéraient plus d'intensité lorsqu'une neuvaine ou prière quelconque se faisait en communauté pour son soulagement et sa guérison. Toujours aussi, la patience et le courage, croissant dans le même rapport, la rendaient de plus en plus digne de vénération.

C'est ainsi que le divin Roi crucifié unissait à son Cœur cette fidèle épouse pour lui faire plus large part ensuite de son triomphe et de sa gloire.

Patience et douceur sont inséparables; leur similitude est si frappante qu'on peut aisément les confondre. La mansuétude, la douceur chrétienne, c'est la fleur de la charité; c'est Jésus-Christ lui-même reproduit dans l'âme pieuse avec des charmes indescriptibles. La Révérende Mère s'appliqua constamment à la culture de cette aimable vertu, indispensable à toute personne investie de l'autorité. L'excellente éducation qu'elle avait reçue lui avait donné de bonne heure, malgré l'impétuosité de sa nature, ces manières simples et dignes, ce langage doux et poli qui rendent le commerce agréable et facile. La piété et la vertu perfectionnèrent ce que l'urbanité et la pratique des bienséances avaient si bien établi. Nous savons que notre vénérée Mère fit longtemps son examen particulier sur la douceur et qu'elle saisit fidèlement les occasions d'en faire des actes. « On ne doit pas changer souvent la matière de cet examen, dit-elle à une personne qui la consultait à ce sujet. Pour ce qui me concerne, il y a plus de vingt-huit ans que je le fais sur la douceur. » Ceci se passait quelques années avant sa sainte mort.

Ce zèle persévérant de la Mère Sainte-Thaïs à poursuivre une vertu si chère au divin Maître lui valut de la posséder à un très haut degré. A voir la sérénité de son regard, la grâce de ses gestes, l'amabilité de ses paroles, on ne se serait jamais douté de la fougue de sa nature, de l'ardeur de son caractère. Tout en elle exhalait la bonne odeur de Jésus-Christ; son extérieur réalisait l'idéal de la suavité. Son air, son sourire surtout avaient quelque chose de céleste qui dilatait et réjouissait le cœur. « D'où vient, ma chère Mère, que votre souris me fait tant de bien? lui disait un jour une naïve Sœur. — C'est, mon enfant, que trop tôt vous avez été privée des caresses d'une mère; aussi, êtes-vous plus sensible qu'une autre à mon affection, et faut-il bien que j'aie pour vous une attention spéciale ! »

« Il m'a toujours été impossible, dit une professe, de ne pas éprouver sous ce regard si doux et si bon, si perçant et si ferme, quelque chose qui me remuait jusqu'au fond de l'âme et m'excitait à la vertu. Lorsque j'eus le bonheur d'entrer dans cette sainte Maison et que je fus présentée à la digne Supérieure, la bénignité empreinte sur sa noble figure me frappa et me fit bien vite oublier cette vive peine causée par la séparation d'une famille bien-aimée. J'ai toujours depuis attaché beaucoup de prix à ce regard si maternel et si puissant, qui fut pour moi, à lui seul, un baume et une précieuse consolation. »

Bien des Sœurs en ont reçu la même impression et les mêmes salutaires effets. Si la charité la rendait toujours aimable et bonne, c'est surtout pendant les heures de récréation qu'elle apparaissait toute revêtue de douceur et de grâce. Ce n'était pas alors cette Supérieure à l'air imposant et majestueux, au maintien réservé ; c'était la mère tendre, avec l'ineffable sourire de son amour et la joie sereine de sa charité.

Une jeune religieuse, qui n'avait jamais approché la chère Mère dans ces réunions de famille, ne pouvait contenir son admiration en la voyant se livrer à une franche gaîté. « On dirait, s'exclama-t-elle, que notre vénérée Mère n'a point de souci, point de chagrin, et qu'elle est encore aux premiers jours de son printemps ! »

Puisque le sujet nous a transportées en récréation, jouissons un moment encore du doux commerce de notre bien-aimée Mère. Si les séculiers savaient les charmes de cette vie de communauté, loin de nous plaindre comme sevrées de toute jouissance, ils porteraient envie aux délices vraies, aux plaisirs purs qui nous sont échus en partage. Voyons donc mieux à l'aise et la mère et les filles dans ces délicieuses relations. La sage Supérieure estimait comme très importants ces moments de relâche, accordés par la Règle. Elle tenait à ce que toutes les Sœurs, non empêchées par de bonnes raisons, s'y rendissent exactement. « Il faut que chacune prenne part à la conversation et aux jeux communs, que toutes s'y montrent joyeuses et fournissent gracieusement leur quote-part à la récréation », disait-elle.

Quant à ce qui la concernait, elle avait des attentions, des propos charmants. Venait-elle de rapporter un fait intéressant, une nouvelle édifiante, et une Sœur arrivait-elle quand le récit était terminé ? « Approchez, venez vite ! Voici une chose qui vous fera plaisir ! » Et, radieuse, elle recommençait, pour répéter encore après aussi gracieusement à une nouvelle venue.

Parfois, même lorsque l'âge et les infirmités faisaient déjà sentir leur poids, elle encourageait celles qu'animait encore une humeur joviale à se livrer à des exercices de leur goût. Aussi, une toute jeune Sœur, n'ayant trouvé personne qui secondât son désir de chanter quelques rondes, alla-t-elle tout droit lui en porter ses plaintes. « Eh bien ! puisqu'aucune de vos Sœurs ne veut vous satisfaire, nous jouerons ensemble », dit-elle. Et aussitôt elle fit quelque tours avec la naïve enfant.

S'il se présentait quelque distraction de circonstance, elle ne voulait pas que, par indifférence ou par soi-disant mortification, on refusât d'y prendre part. Elle administra un jour une vive réprimande à deux religieuses qui, sans motif valable, avaient dédaigné d'aller, comme les autres, voir une éclipse de soleil.

On se rappelle le goût particulier de la Révérende Mère pour les énigmes, charades, logogriphes, etc., où l'esprit joute contre l'esprit, lutte contre un subtil adversaire. Pour le dire en passant, la victoire était ordinairement pour elle, et, si parfois la défaite la suivait, elle jouissait du triomphe de ses antagonistes. « Allons donc, paresseuse, cherchez, cherchez encore ! disait-elle à l'impatiente qui donnait trop tôt sa langue au chat. Il faut prendre un peu de peine ! » Et, devant l'inutilité des efforts, elle riait à cœur joie.

« Vous avez plus d'esprit que moi, petite Sœur, dit-elle gracieusement à l'une de ses filles qui avait trouvé sans effort une devinette. Je n'y suis pas tombée sans avoir cherché longtemps. »

Souvent, plusieurs Sœurs lui racontaient en détail la même chose croyant lui en porter la première nouvelle. Elle écoutait toujours avec la même bienveillance, interrogeait avec bonté, comme s'il se fût agit d'un fait inconnu et fort intéressant. Mais si la récréation devait tout son charme à sa présence, à ses joyeux et aimables procédés, elle lui était bien plus redevable du profit spirituel qui en résultait.

Une religieuse d'un autre ordre ayant passé quelques semaines dans notre Communauté fut ravie du laisser-aller, de l'abandon plein de respect et de simplicité des Sœurs et surtout de l'aménité et de la douce complaisance de la Révérende Mère.

En toute circonstance, ses leçons et ses exemples nous prêchèrent éloquemment une vertu sans laquelle on ne saurait faire aucun bien aux enfants. « Notre Seigneur est notre modèle, disait-elle à une Sœur institutrice. Voyez comme il est doux envers ces chétives créatures que les mères lui présentent, comme il les accueille avec bonté ! Faites de même et réprimez les impatiences et les saillies d'humeur. Cela ne fait pas l'œuvre du bon Dieu ; c'est, au contraire, un obstacle qui paralyse le bien. Soyez donc bien douce, bien patiente avec vos élèves. »

A une autre, naturellement impétueuse : « Soyez humble, et vous serez douce. Sans cela, vous resteriez toujours à l'état de sauvageon ; mais, avec les vertus chéries du Cœur de Jésus, la douceur et l'humilité, vous porterez de bons et excellents fruits, et ces précieuses vertus seront pour vous la clef du ciel. »

CHAPITRE IV

Esprit de pauvreté. — Pureté, Mortification.

Jeune encore, la Mère Sainte-Thaïs avait appris à n'estimer que les richesses de la piété et de la grâce ; en avançant en âge, elle ne se laissa point séduire par les faux appas des biens terrestres. Maîtresse de pension, son noble désintéressement, l'austérité de sa vie la prédisposèrent à courir dans la voie du dépouillement évangélique. En religion, nous allons la considérer prenant ses délices dans les rigueurs de la sainte pauvreté.

Simple Sœur, notre vénérée Mère était ingénieuse à se procurer les vêtements les plus usés et les plus rapiécés ; elle se plaisait à se couvrir véritablement de haillons. Devenue supérieure et obligée de traiter souvent avec les personnes séculières, elle fut contrainte d'accepter des habits plus convenables ; elle sut trouver néanmoins encore le secret de porter les glorieux insignes de la pauvreté de Jésus-Christ. Il fallait la tromper pour changer les parties de son costume ou de son trousseau qui étaient hors d'usage, encore ne réussissait-on pas toujours.

Ayant donné une vieille loque de robe à raccommoder, la Sœur chargée de ce soin la trouva en si mauvais état qu'elle craignit de perdre son temps en cherchant à la réparer. Elle la fit examiner à la Mère assistante qui jugea urgent de donner un vêtement neuf. Prévoyant que la Révérende Mère ne serait point satisfaite de l'échange, la bonne Sœur s'avisa d'enlever une large pièce à la robe, pensant la mettre tout à fait hors d'usage. Quelques jours après, notre chère Mère la redemanda et fut très mécontente d'apprendre qu'on l'avait remplacée par une neuve. « Je n'entends point cela, fit-elle. Qu'on me rende celle que j'avais : je veux la mettre encore. — C'est impossible, ma chère Mère ; il en manque un énorme morceau ; nous en faisons une autre. — Si vous l'avez déchirée, réparez-la aussitôt. Je la veux absolument. » Et il fallut la lui remettre sans retard.

Le fait suivant prouve non moins bien son amour pour la sainte pauvreté. Une postulante, nouvellement arrivée, demanda à l'une de ses compagnes un peu plus ancienne dans la Maison : « Comment reconnaître la Supérieure au milieu de tant de Sœurs ? — Je vais vous donner un signe qui ne vous trompera pas, lui fut-il répondu. Examinez la religieuse dont le costume tout reprisé semble plutôt vert que noir. C'est celle-là qui est notre bonne chère Mère. »

Une autre aspirante, qui ne connaissait pas non plus la Révérende Mère, demanda quelques indications pour la distinguer. « Lorsque les Sœurs passeront, lui dit une novice, observez celle qui, parmi toutes, a la plus mauvaise robe et dites sans crainte d'erreur : « La voici ! »

Lorsque la Communauté se rendit à la chapelle, notre postulante, n'oubliant pas le signalement, considéra chaque religieuse : elle en vit une s'agenouiller tout près de l'autel, se prosterner profondément et baiser humblement la terre. A l'air pénétré, au vêtement vieux et tout rapiécé, elle se dit : « Cette sainte personne ne peut être que la Mère Supérieure. » Elle ne se trompait point.

Tous les objets de son vestiaire étaient en rapport. Elle portait des souliers et des pantoufles si usés que, plusieurs fois, il lui arriva de les perdre dans les corridors. On essaya, en diverses occasions, de les lui cacher pour la contraindre à en accepter d'autres ; ce fut toujours en vain.

Elle fit reporter à la lingerie quelques chemises neuves qui lui étaient destinées, disant : « Donnez m'en des Sœurs défuntes. C'est bien assez pour moi. A mon âge, je ne crains rien. »

L'usage des mitaines lui ayant été prescrit, vu les douleurs qu'elle ressentait dans le bras droit, elle ne voulut en mettre, deux ans durant, qu'une seule, disant que l'autre était bien inutile.

M. le Supérieur lui avait ordonné de se servir de tabac pour raison de santé ; elle se soumit, mais ne voulut pour toute tabatière qu'une petite topette. Quelques années plus tard. le bon M. Ventre, touché d'un si grand esprit de pauvreté, lui acheta une modeste tabatière dont elle usa par déférence pour le digne Aumônier.

Tout ce dont elle se servait devait porter le sceau de la sainte pauvreté. Bien longtemps, elle garda une paire de ciseaux dont une partie tenait par un fil de fer.

Après s'être servie plus de quinze ans d'un même couvert, la fourchette étant tout usée, on ne pouvait lui en faire agréer un autre. Voyant qu'elle avait grand'peine à saisir les mets avec ce méchant instrument, deux Sœurs s'avisèrent de le changer à son insu. Mais la chère Mère, les en réprimanda fort, les mit à genoux et se fit rendre son pauvre couvert.

Elle n'eut longtemps pour déposer son aiguière qu'un vieux tronçon d'arbre. La Sœur économe, profitant d'une absence de la Supérieure, fit placer pour cette fin une encoignure dans sa cellule.

La Mère Sainte-Thaïs excellait dans l'esprit de désappropriation ; elle se considérait comme une indigente vivant d'emprunt et se trouvait toujours trop bien partagée.

« Il faut, disait-elle, considérer ce qui appartient à la

Communauté comme consacré à Dieu, en user avec respect et le conserver soigneusement. »

C'est cet esprit de foi qui lui inspirait des précautions minutieuses, lui faisait prévoir mille petites circonstances pour ne point endommager le bien des pauvres, ni laisser détériorer les objets quelconques.

« Les gens du monde appelleraient ces attentions petitesses, avarice sordide. Pour une religieuse qui a l'esprit de son état, ce n'est pas même simple économie ; c'est vertu de pauvreté. Faisons beaucoup de ces actes, mes chères Sœurs, ajoutait-elle, les occasions sont semées sous nos pas, et, devant Dieu, rien n'est petit. »

Elle ne trouvait pas trop infime de ramasser soit un haricot, soit un éclat de bois ou de charbon, soit quelque brindille, oubliés dans une cour ou une allée, et de les porter en lieu et place. On rapporte même qu'elle fit vider le bassin, situé devant la cuisine, pour prendre plusieurs lentilles tombées au fond. Ce n'était pourtant point une personne à vues étroites que la Mère Sainte-Thaïs, mais une âme noble et grande, pour qui le plus léger bien spirituel était plus précieux que tous les trésors de l'univers.

Sa grande maxime était que chaque religieuse doit avoir à cœur de mettre la Communauté à même de faire beaucoup d'aumônes. « Ce sera facile, disait-elle, si l'on évite toute dépense superflue, si l'on a partout de l'ordre et de l'économie. »

Elle fut toujours l'ennemie jurée des particularités, exigeant qu'on la servît sans distinction aucune. S'apercevait-elle qu'on lui destinait à table quelque chose de spécial, aussitôt elle le portait à l'économe ou à la cellérière et demandait les mets communs. En maladie même, elle refusait les soulagements et les douceurs qu'on lui ménageait. Il fallut faire intervenir le Supérieur pour vaincre ses résistances. Contrainte de se soumettre par obéissance, surtout dans les dernières années de sa vie, on l'entendit plusieurs fois dire tristement : « On me tyrannise. Ce sont les violences qu'on m'impose qui me font du mal et non le régime de la Communauté. Laissez-moi donc faire comme les autres ! »

Quand, pendant les jours de sa douloureuse infirmité, on lui offrait quelques primeurs ou lui préparait quelque mets spécial pour exciter son appétit, on lui causait un vrai déplaisir. « C'est violer la Règle, disait-elle ; je n'y toucherai pas. Les pauvres ne se procurent point pareilles satisfactions. »

L'excellente Mère pouvait bien exhorter ses filles à l'amour de la sainte pauvreté, elle qui en était l'amante passionnée. Non seulement elle ne se servait que d'objets simples et communs, mais elle ne gardait rien qui ne lui fût strictement nécessaire.

Elle fit, un mois avant sa mort, donner sa montre à la Sœur économe. « Qu'on l'emporte, dit-elle, je ne puis m'en servir ; elle m'est tout à fait inutile. »

Elle était dénuée de tout, au point qu'une de ses parentes ayant demandé un pieux souvenir, on ne put rien trouver à lui offrir ayant appartenu à notre vénérée Supérieure.

Cette digne Mère exerçait soigneusement les Sœurs au dépouillement religieux. « Vous allez me remettre tout ce que vous gardez d'inutile », disait-elle, quand on y pensait le moins. Ou bien : « Vous tenez à telle ou telle chose ; vous la conservez trop précieusement : apportez-la moi aussitôt. »

« S'attacher à un objet terrestre, quelque saint et utile qu'il soit, c'est se rendre esclave et digne de mépris. On n'est véritablement riche et libre que lorsqu'on ne possède rien. »

Elle avait coutume de dire que les pauvres doivent, par nécessité et par convenance, aimer le travail et la peine. « Notre temps n'est pas à nous, disait-elle. Il appartient à la Congrégation, et nous le devons tout à son service. Il ne nous est pas permis de le consacrer à qui que ce soit, pas même à nos familles respectives. Celle qui travaillerait à des riens, serait oisive ou s'occuperait pour le dehors, sans autorisation légitime, pècherait tout comme le serviteur ou l'ouvrier négligeant ce à quoi ils sont tenus. Les pauvres, ajoutait-elle, doivent se faire à une vie dure, se plaire dans les privations. »

Elle recommandait fortement le soin de la santé par esprit de pauvreté et de zèle. « Le tort le plus considérable qu'on puisse causer à la Communauté, c'est de négliger et de ruiner sa santé par des imprudences et des indiscrétions », disait-elle souvent. Aussi, punissait-elle sévèrement ces sortes de fautes.

La Mère Sainte-Thaïs était aussi généreuse que délicate. Elle ne souffrait point qu'on touchât au bien d'autrui, jusque-là qu'elle se montrait d'une rigidité étonnante, scrupuleuse même, pour réparer les plus petites fautes à ce sujet. Ainsi, elle fit reporter à une novice deux amandes dans un champ très éloigné où elle les avait prises. Une Sœur dut aller réciter un acte de contrition les bras en croix sous un arbre du voisinage où elle avait cueilli un fruit vert. Une autre fut condamnée à aller elle-même restituer au Supérieur du Petit Séminaire quelques amandes ramassées sous les arbres de l'établissement, après la cueillette.

Une de nos Sœurs hospitalières, ayant fait beaucoup de coulis de tomates, en apporta un petit bocal en venant au Couvent. Notre vénérée Mère l'en blâma fort et lui certifia qu'elle ne l'accepterait point. Elle permit seulement qu'on l'échangeât contre quelque chose de plus utile à l'hospice d'où il provenait.

Elle exigeait un soin scrupuleux de tout ce qui est destiné aux indigents. « Respectez-vous ce qui appartient à l'établissement ? disait-elle à une religieuse placée dans un hôpital. N'en usez-vous pas à votre gré ? Ne prenez-vous pas de temps en temps quelques aiguillées de fil ? Il ne faut pas toucher au bien des pauvres ; c'est une chose sacrée. »

Son désintéressement et sa délicatesse s'affirmaient partout. Elle recommandait aux Sœurs chargées d'acheter les provisions de payer ce qui était convenable, sans trop marchander quand le prix est juste. « Il faut, disait-elle, que tout le monde puisse gagner sa vie. Quand vous aurez affaire à des enfants ou à des personnes sans jugement qui vous demanderont moins que ne valent les marchandises, donnez-leur-en consciencieusement le prix. N'achetez pas ce qu'il y a de meilleur ; cela ne convient point à des religieuses qui ont embrassé une vie pauvre ; ne choisissez pas non plus ce qu'il y a de moindre ; ce serait mal comprendre la pauvreté : il faudrait suppléer à la qualité par la quantité. »

Jalouse d'éprouver les effets d'une vertu qui lui fut toujours bien chère, la Révérende Mère ne se montra néanmoins jamais parcimonieuse. Elle voulait qu'on fît toutes choses convenablement, que la mise des Sœurs fût toujours digne et modeste. « La pauvreté, disait-elle, n'est ni l'avarice, ni le désordre ; une épouse de Notre Seigneur ne doit point porter des habits sales et déchirés ; tout son luxe doit être l'ordre et la propreté. »

« S'il faut que les Sœurs ne s'inquiètent pas de ce qui les concerne et reçoivent humblement ce qui leur est donné, il faut aussi que la Supérieure et les officières ne laissent souffrir personne, qu'elles ne fassent pas trop attendre ce qui est demandé et le donnent gracieusement. » Ainsi parlait notre vénérée Mère, alliant avec sagesse toutes les vertus. Terminons ce sujet par un petit trait qui nous dira l'estime qu'elle faisait des biens terrestres.

« Revenant dans la Maison Mère, dit une respectable Sœur, je lui présentai, tout heureuse, un peu d'argent, fruit de mon travail et de mes petites économies. A peine y jeta-t-elle un coup d'œil ; puis, me regardant un instant, comme si elle avait lu dans mes yeux une certaine complaisance : « J'aimerais bien mieux, me fit-elle, que vous m'eussiez » apporté une bonne dose de vertu et d'esprit religieux. »

.·.

Continuons à étudier cet esprit vraiment religieux dans celle qui en fut un grand et parfait modèle, et voyons à qnel éminent degré notre vénérée Mère porta deux vertus justement inséparables.

L'éblouissante fleur spirituelle qui assimile l'homme à l'ange, cette parure si délicate, ce trésor si précieux, mais si fragile, qui a nom la sainte pureté, la Mère Sainte-Thaïs l'aima d'un amour passionné, l'entoura des soins les plus attentifs. Elle ne se laissa point éprendre par le faux attrait des créatures ; les plaisirs mondains ne souillèrent pas les jours de sa jeunesse. La réserve et la vigilance gardèrent son cœur, suppléant à l'expérience et à la maturité de l'âge, alors que, loin de l'œil maternel, elle se trouva livrée à elle-même au milieu d'une grande ville. Plus tard, elle cultiva toujours avec un zèle spécial l'angélique vertu : ses actes, ses paroles, ses gestes, ses regards, l'air de son visage, tout en sa personne respirait l'innocence et la candeur. Tant qu'elle put se servir de ses membres, elle ne permit pas qu'on la touchât pour lui donner aucun soin. Dieu seul connaît le martyre qu'elle endura lorsque, paralysée de tous ses membres, elle dut recevoir d'une main étrangère toutes sortes de services !...

Quand la Révérende Mère parlait de la belle vertu, sa figure s'illuminait; elle ravissait d'admiration. « Oh ! que notre vœu de chasteté est beau ! disait-elle un jour. Que c'est beau d'être l'épouse de Jésus-Christ !... Par ce vœu, nous devenons des vases sacrés, des tabernacles où repose le Saint des saints. Oh ! n'oublions pas que nous sommes consacrées à Dieu ! Une religieuse ne doit jamais perdre de vue sa haute dignité; seule, comme en compagnie, elle évitera tout ce qui ressent la nonchalance, le dégoût, l'ennui. »

Elle ne souffrait point, dans ses filles, ces airs mondains et légers, ces paroles tendres et bouffonnes qui blessent plus ou moins la plus délicate des vertus. Elle combattait tout ce qui aurait pu introduire dans la Communauté des habitudes tant soit peu contraires à la gravité et à la modestie religieuses, comme de se toucher, de se donner le bras sans nécessité. Elle flétrissait tout ce qui sentait le siècle, la sensualité, la mauvaise nature. « Les vierges, disait-elle, doivent être plus réservées qu'aimables, plus graves que gracieuses. »

Elle exhortait vivement les religieuses chargées de l'éducation des jeunes filles à veiller avec grand soin à la conservation de leur innocence. « Ayez l'œil toujours ouvert, l'entendait-on dire souvent : une maitresse peu vigilante se prépare de terribles reproches au jugement de Dieu. Il ne faut quelquefois qu'une légère imprudence, un mot, un geste, pour causer un préjudice irréparable à la pureté des enfants. Ce qui manque à la plupart des mères doit se trouver en nous. Aimons bien nos élèves, mais surnaturellement : gardons-les comme un trésor précieux et préservons-les du péché. »

Elle poursuivait à outrance la peste des âmes, connue sous le nom d'amitiés particulières. Ce grand obstacle à la perfection et à la pureté du cœur ne trouvait point grâce à ses yeux. « C'est un mal contagieux, disait-elle ; fuyez-le avec horreur toute votre vie. Plusieurs y ont trouvé la perte de leur vocation. C'est un larcin, un vol sacrilège, un outrage sanglant fait à Notre Seigneur. Tenez-vous en garde contre semblable infidélité. »

Une Sœur affirme que la Révérende Mère exerça sur elle une surveillance attentive au sujet d'une attache naturelle très vive qu'elle nourrissait de gaîté de cœur. Lui ayant fait dans une circonstance des reproches plus forts que jamais, elle l'envoya devant le Saint Sacrement prononcer l'amende honorable suivante, dictée de sa propre bouche et dont la Sœur a toujours retenu le texte : « Mon Seigneur Jésus-Christ, je confesse humblement à vos pieds mon infidélité et mon ingratitude. Vous m'avez donné un cœur pour vous aimer préférablement à tout, et je l'ai tourné vers la créature. O mon Dieu, j'ai été une indigne : vous m'avez appelée dans votre sainte maison pour vous y vouer tous mes sentiments ; votre bonté infinie m'invitait à vous consacrer toutes mes affections, et je vous ai fait l'injure de vous les refuser pour les donner à un être vil et méprisable. Vous n'aviez nul besoin de mon amour, Dieu éternel et infiniment heureux ; c'est pour mon bonheur que vous me le demandiez, et je vous ai résisté. Vous me le reprochiez, et moi, malheureuse, je me trompais volontairement parce que je voulais me satisfaire et non me corriger. Je reconnais mon illusion et je la déplore ; pardonnez-moi ; oubliez mon infidélité, je vous en conjure. Arrachez de mon cœur toute affection humaine ; purifiez-le entièrement ; consacrez-le, immolez-le tout à votre bon plaisir. Je vous promets, ô mon divin Maître, de ne plus m'attacher à rien de créé. Je n'aimerai plus personne que dans les règles de votre sainte charité, etc. »

Elle suivit de près deux toutes jeunes Sœurs qui se donnaient des démonstrations d'une trop vive tendresse et travailla prudemment à détacher leurs cœurs. L'une d'elles étant tombée gravement malade, notre digne Mère redoubla de sollicitude et de zèle pour la tourner entièrement vers Dieu et briser l'idole de son amitié naturelle. Défense expresse fut faite à l'objet de son affection d'aller la voir. Après le décès de la malade, voulant détruire, jusqu'à sa plus profonde racine, la funeste passion dans l'âme de la survivante, elle la conduisit auprès du cadavre de sa compagne, ferma la porte et lui parla ainsi : « Voyez ce visage informe et décoloré qui vous charmait ! Considérez ces yeux avec lesquels vous échangiez tant de

regards légers ! Hélas ! ils sont éteints pour toujours !...
Cette bouche qui vous disait des paroles tendres et si
nuisibles à la piété, elle est muette pour toujours !...
Touchez ces pieds qui l'ont portée tant de fois vers vous :
ils sont immobiles pour toujours... Tout ce corps que vous
chérissiez comme un trésor va tomber en poussière, après
avoir passé par une horrible corruption !... L'affection que
votre défunte amie a eue pour vous, elle la maudit à
l'heure présente... Combien de degrés de gloire ne lui
a-t-elle pas ravis pour le ciel !... Combien de temps, hélas !
restera-t-elle en purgatoire pour en faire pénitence !...
Pourquoi n'êtes-vous pas à sa place ? Ah ! c'est par une
grâce insigne de la divine miséricorde. Vous avez tant à
réparer ! Profitez donc des moyens de conversion qui vous
sont offerts. O mon enfant, avant de mourir, donnez-moi
la consolation de vous voir sincèrement changée. »

Cette consolation, la jeune Sœur la donna généreusement à sa bonne Supérieure qui, bientôt, la sachant pour
jamais détachée des créatures, s'écria, en levant au ciel
des yeux mouillés de larmes : « Dieu soit béni ! »

« Qui sait, disait-elle à une autre de ses filles, désolée
de quitter ses élèves, qui sait si vous n'étiez pas trop
attachée à ces enfants ? Cela ne me surprend point ; mais
il faut surnaturaliser cette affection. Il faut voir en elles
d'autres Jésus, des temples du Saint-Esprit, ne jamais
laisser comprendre qu'on a un faible pour quelqu'une :
cela ferait beaucoup de mal. Rien n'est si regrettable et si
nuisible dans une classe que les privautés de la maîtresse
pour telle ou telle petite fille. Tenez-vous bien en garde
contre ce défaut. »

Si la Mère Sainte-Thais conserva dans toute sa fraîcheur
le beau lis de la virginité, c'est qu'elle sut toujours, dès
ses jeunes années, s'envelopper de prière et de vigilance
et s'armer d'une sainte rigueur contre elle-même. A dix-
huit ans, elle prenait déjà fréquemment la discipline et
s'essayait à d'autres pratiques crucifiantes. Plus tard, elle

renchérit encore en austérités. Une religieuse découvrit plusieurs des mortifications que notre vénérée Mère prenait grand soin de cacher. Occupant une cellule voisine de la sienne, elle entendait souvent du bruit au milieu de la nuit. Curieuse d'en savoir la cause, elle eut quelques fois la hardiesse de regarder par la serrure et même d'entr'ouvrir la porte de sa Supérieure qu'elle trouvait se flagellant rudement. Remplie d'admiration, mais très peinée de la voir se châtier sans pitié, elle si sainte et déjà tout infirme, la Sœur se retirait doucement, tout émue. La Révérende Mère portait fréquemment un bracelet et une ceinture de fer, même lorsque la paralysie se faisait déjà sentir.

A l'exemple de plusieurs saints illustres et de son digne père, elle interrompait souvent son sommeil pour se livrer au saint exercice de la prière. Une Sœur assure l'avoir suivie à la chapelle après le couvre-feu et l'avoir vue, à certaines époques, faire le chemin de la croix tout le temps la face contre terre.

La même Sœur rapporte qu'ayant eu l'avantage de l'accompagner au sanctuaire du Laus, la chère Mère, recueillie et pénétrée d'un religieux respect, voulut gravir pieds nus la montagne honorée jadis par la présence de la Reine du ciel.

Pendant l'hiver, une autre pénitence lui était familière : elle enlevait le matelas de son lit et couchait sur la dure ; mais, avant de quitter sa chambre, elle avait grand soin de remettre son matelas en place. L'indiscrétion découvrit enfin ce manège, et, à la grande stupéfaction de l'humble Mère, M. le Supérieur lui défendit ce genre de mortification.

Une autre qu'elle pratiquait invariablement et conseillait fort était de prendre toujours à peu près la même quantité de nourriture et de manger indifféremment quoi que ce fût, sans en parler jamais. « Refuser un aliment parce qu'il plaît, c'est affecter une vertu qui perd son prix; en user avec peu de mesure, c'est un vice grossier; mais l'accepter avec indifférence, c'est le mieux, disait-elle. Repousser, au contraire, ce qui répugne ou y toucher à peine, c'est une délicatesse impardonnable, même dans une personne simplement chrétienne. »

Pareille délicatesse, elle ne se la permit jamais. On a su, vers la fin de sa vie, que son estomac avait eu de tout temps une répulsion naturelle très vive pour certains mets qu'on lui servait souvent et dont elle usait sans manifester la moindre répugnance. « Lorsque j'étais en santé, je pouvais me surmonter et prendre même ce qui me donnait des nausées, disait-elle; maintenant, cela me devient impossible. »

Non seulement, cette âme vraiment mortifiée ne repoussait point ce qui révoltait son goût, mais elle était ingénieuse à le repaître des plus désagréables aliments. On affirme l'avoir surprise mangeant des pommes gâtées, choisissant du pain et autres choses moisies.

Bien des personnes avaient remarqué que jamais, étant assise, la Révérende Mère ne s'appuyait au dossier de son siège. Jamais non plus elle ne se plaignait des intempéries de la saison. « C'est Dieu, disait-elle, qui envoie le froid et le chaud : nous devons tout recevoir de sa main et le bénir en tout temps.

En terminant, citons une mortification d'un autre ordre et apprenons à rougir de notre délicatesse et de notre sensualité. Après la mort de notre première Sœur Saint-Laurent (1853), elle demanda humblement à la lingère de lui donner toujours désormais des chemises de la défunte. Or, il faut savoir que celle-ci était de très petite taille et n'avait pas un trousseau de première qualité. « Ce n'est pas possible, ma chère Mère, dit la Sœur, que vous puissiez mettre ces chemises. Elles sont si étroites, si rudes ! — Ma Sœur, vous m'en donnerez par obéissance. J'en désire une tout de suite. » Quelque peine qu'elle en éprouvât, la lingère dut se rendre à la volonté formelle de sa Supérieure. Plusieurs mois durant, la Révérende Mère usa donc d'un linge semblable à de la serge; elle aurait continué de s'en servir, si la bonne Sœur ne se fût avisée d'en confectionner de méchants torchons. « J'ai été désapprouvée, dit-elle, mais je ne pouvais me résoudre à lui donner toujours un vrai cilice. »

CHAPITRE V

Vie d'obéissance et de régularité. — Amour de l'Église et du Pape.

Ceux qui aiment véritablement le divin Maître font
leurs délices de son bon plaisir. Ainsi, la Mère Sainte-
Thaïs mit-elle son bonheur et sa joie dans l'accomplissement de son adorable volonté. Tendre enfant, jeune
adolescente, elle fut dressée à l'obéissance et, correspon-
dant généreusement dès lors à l'action de la grâce et aux
soins de ses vertueux parents dont elle devint la consolation et la joie, elle triompha d'un naturel absolu et entier.
Désirant vivre d'une vie sérieusement pieuse et méritoire,
à un âge où l'amour de la liberté et de l'indépendance
égare tant d'âmes, elle voulut donner à tous ses actes la
plus infaillible des règles : elle s'astreignit à un règlement
approuvé par un directeur éclairé. Nous n'entrerons point
dans des détails entrevus ou devinés déjà ; reposons
seulement nos regards sur le modèle de parfaite régularité que notre vénérée Mère nous offrit toujours dans sa
carrière religieuse.

Malgré son âge mûr et ses rares qualités, elle se montra
toujours pleine de déférence et de respect pour toutes les
supérieures qui eurent autorité sur elle : les moindres
désirs de la Fondatrice étaient sacrés à ses yeux et la

trouvaient toujours affectueusement soumise et dévouée. Elle pratiqua, on le sait, après le départ de la Mère des Anges, une obéissance héroïque et fut, par son humble soumission, l'édification de toute la Communauté. Elle ne céda qu'à la volonté divine, formellement exprimée, pour accepter le supériorat et trouva dans cette redoutable charge l'occasion d'une immolation perpétuelle. Plus enchaînée que jamais par devoir, elle voulut être la joyeuse esclave de la Règle et des observances religieuses. Considérons-la dans sa promptitude à s'y conformer. Elle était parfaite en ce point : une demi-seconde de retard lui paraissait intolérable. Le son de la cloche l'électrisait : avec la vivacité de l'éclair, elle se levait pour se rendre partout où la volonté divine l'appelait. Elle ne se dispensait point des exercices communs, à moins de raisons majeures. Infirme déjà, elle s'en faisait encore un devoir et un bonheur, quelque incommodité qu'elle y trouvât. Un jour, elle ne se rendit pas à l'adoration de quatre heures, vu qu'elle était tout en sueur. Les Sœurs qui se trouvaient auprès d'elle étaient à peine sorties pour y aller, qu'elle rappela son assistante et lui dit : « Peut-être que je ne transpire pas assez pour rester ici ? »

Son amour pour la régularité lui faisait craindre d'y porter la plus légère atteinte. Etant restée endormie un matin à l'heure du réveil, la Sœur qui occupait la cellule voisine se garda bien de l'avertir, ce dont la Révérende Mère lui fit des reproches. « Oh ! je vous en prie, ne me grondez pas, répondit timidement la Sœur. Vous aviez tant besoin de repos ! — Le devoir pour une Supérieure passe avant le besoin. Promettez-moi de me réveiller promptement une autre fois, sinon je fais coucher à votre place une Sœur plus exacte et plus fidèle que vous à me rendre ce service. Je dois être en tout et partout à la tête de la Communauté. »

On rapporte qu'un samedi soir, lorsque sonna le grand silence, elle n'avait plus qu'une seule maille pour finir le bas qu'elle avait tricoté. Eh bien ! cette unique maille, sitôt faite pourtant, elle la laissa sur son aiguille jusqu'au lundi suivant... La Sœur qui remarqua cette petite circonstance en fut profondément édifiée. « Notre bonne chère Mère, se dit-elle, peut bien nous recommander l'obéissance prompte : son exemple nous la prêche bien haut. »

Aussi, tenait-elle fortement à cette exactitude et se montrait-elle sévère envers les retardataires pour les exercices communs. Elle voulait que la lectrice tînt le livre ouvert d'avance afin de commencer au premier coup de cloche, comme elle exigeait qu'elle cessât aussitôt quand on sonnait la fin. Il ne fallait pas même achever le mot commencé.

Cette fidélité aux petites observances que le bon M. Ventre admira maintes fois et qu'il appelait la délicatesse de l'amour de Dieu, la Révérende Mère la pratiqua jusque sur son lit de mort. Elle put à ce moment suprême nous la recommander avec une autorité toute puissante, ainsi que nous le verrons plus loin. Disons que la plus grande consolation de sa belle âme fut toujours de faire la volonté du bon Dieu.

« Que nous sommes heureuses, ma chère enfant, disait-elle à une pieuse Sœur, que nous sommes heureuses d'être religieuses! Tout, dans notre vocation, doit se faire par obéissance, conséquemment selon la volonté du divin Maître. Oh ! si nous observons bien la Règle et la charité, nous sommes très agréables au bon Dieu. La religieuse qui s'y rend bien fidèle est une sainte. Elle est heureuse ici-bas parce qu'elle est toujours en paix, d'abord avec ses supérieurs qu'elle satisfait, ensuite avec ses Sœurs qu'elle édifie et enfin avec elle-même parce que sa conscience ne lui fait pas de reproches. C'est de notre générosité à observer la Règle que dépend notre perfection. Ce n'est point le costume qui sanctifie, mais les saintes observances de la religion. Si nous n'étions pas affectionnées à nos

Règles, l'habit religieux serait notre accusateur. Le monde, tout pervers qu'il est, nous veut tout à Dieu. Si nous nous relâchons dans son service, il sait bien le comprendre et ne se gêne pas de le dire. »

« Quand même, disait-elle dans une conférence, une religieuse observerait parfaitement la pauvreté, la chasteté et les autres vertus, si elle n'est pas obéissante, elle n'est rien devant Dieu. Mais celle qui sait en tout immoler généreusement sa volonté propre, celle-là est religieuse en esprit et en vérité. Que de fois j'ai entendu des Sœurs ferventes me dire sur leur lit de mort. « S'il est une conso- » lation pour moi en ce moment terrible, c'est le témoignage » que la conscience me rend d'avoir accompli de mon » mieux ma sainte Règle. » Si vous voulez, poursuivait notre vénérée Mère, une religieuse qui prie bien, qui fasse bien la méditation, prenez celle qui observe bien la Règle, surtout la Règle du silence. »

Cette loi du silence, elle l'avait en singulière estime et l'observait avec un soin extrême. Elle était fort attentive à éviter toute inutilité de parole. Un mot suffisait-il, elle n'en disait point deux, et encore le prononçait-elle à voix basse. Elle se contentait même d'un simple signe, lorsque ce moyen manifestait assez clairement sa pensée. Elle recommandait d'éviter, comme contraire à l'esprit de recueillement, toute espèce de bruit, ce qu'elle avait grand soin d'observer elle-même.

Les Sœurs portières avaient-elles à lui parler pendant le grand silence ? Elle ne les entendait jamais devant la Communauté, mais les entraînait dans sa cellule pour les écouter et leur répondre brièvement.

Notre bonne Mère disait souvent. « Une maison où règne le silence est un vrai paradis. Loin de trouver étrange la fidélité à l'observer, les personnes séculières en sont édifiées. Cela les impressionne salutairement. Elles sont convaincues que le silence est le parfum de la sainteté.

» Un établissement où l'on parle beaucoup est le théâtre

d'une foule de désordres et de péchés. Il n'y a ni recueillement, ni esprit intérieur, ni charité, ni régularité. On n'y
fait point de méditation. Tenons fortement au silence,
mes Sœurs, sous peine de voir renverser tout l'édifice
religieux. »

Elle voulait que toutes ses filles fissent leur bonheur et
leur vie de l'obéissance à la Règle. « Quand on est dans
un poste ou un emploi par obéissance et qu'on y observe
exactement ses constitutions, on n'a rien à craindre ; on
est à l'abri de tout danger. »

Elle disait encore à une Sœur, au moment du départ :
« Soyez d'une fidélité, d'une obéissance parfaites, d'une
scrupuleuse exactitude à la sainte Règle, d'une grande
soumission envers votre directrice, et vous serez reine au
ciel. »

A une autre, lui parlant des avantages de notre saint
état : « Gardez bien la sainte Règle et les saints vœux, et
vous serez parfaite. Mettez celui de pauvreté entre les
mains de Saint Joseph ; celui de chasteté, sous la garde de
la Sainte Vierge; celui d'obéissance, dans les mains de
l'adorable Enfant Jésus. Voyez-le à Nazareth, ce grand
modèle de la soumission religieuse. »

Un Sœur, sous le couvert du zèle, agissait sans dépendance et sans permission. « Vous vous aveuglez, ma Fille,
sur vos véritables intérêts, lui dit la Révérende Mère.
Vous travaillez beaucoup ; vous vous donnez bien du
mal : mais vos œuvres n'ont pas de valeur devant Dieu,
entachées qu'elles sont de la volonté propre. Que vous en
restera-t il, sinon un long purgatoire? Car tenez pour
certain que tout ce qui ne portera pas le cachet de la vraie
obéissance passera par le feu. Que répondrez-vous au
Souverain Juge lorsqu'il vous dira : « Avez-vous obéi ? »
Tout l'interrogatoire d'une religieuse se réduira à cette
question ; ne l'oubliez plus. Il ne sera pas admis de raison-
nement à ce tribunal redoutable. Alors le bandeau sera
levé, et l'illusion impossible. Ne vous aveuglez et ne vous

opiniâtrez pas davantage. Là où il n'y a pas obéissance et soumission d'esprit, il n'y a qu'erreur et orgueil. C'est la vérité : mon devoir et l'affection que je vous porte m'obligent à vous la dire. Allez aux pieds de Jésus méditer ses enseignements et ses exemples sur l'obéissance. »

« Il y a, disait parfois la Révérende Mère, il y a des personnes qui veulent obéir tout en faisant leur volonté. Il en est qui font jouer des ressorts secrets pour arriver à leur fin ; elles font agir celui-ci, celle-là, pour obtenir ce qui leur plaît. Est-ce là chercher Dieu et observer un vœu d'obéissance ? A-t-on droit, après cela, aux grâces et aux bénédictions célestes ?

» Il vaut bien mieux faire comme une bonne Sœur, rappelée naguère de son poste et que les autorités locales voulaient absolument y retenir. Elle a empêché M. le Curé et M. le Maire de m'en écrire, disant : « Ma Supérieure a » parlé, je n'ai pas à hésiter. Je dois obéir promptement. » Et elle est partie, malgré les instances et les oppositions qu'on lui faisait. Elle a pratiqué la vraie obéissance. Le bon Maître a dû en être bien satisfait, et moi j'ai été bien consolée de sa conduite. »

La Mère Sainte-Thaïs obéissait elle-même aveuglément au moindre signe de l'autorité. Etant partie pour aller visiter au loin plusieurs de nos postes, le temps devint soudain si mauvais qu'elle crut devoir ne pas s'exposer à aggraver son infirmité naissante et revint sur ses pas. M. le Supérieur trouva un peu étrange qu'elle eût ainsi interrompu son voyage. Très peinée d'avoir agi contre son intention, la vénérée Mère repartit le lendemain même, bien que la température fût aussi inclémente. Elle permit seulement qu'une Sœur l'accompagnât pour lui rendre quelques petits services.

Après l'une de ses dépositions, alors que, selon les statuts récemment adoptés (1), un mois devait s'écouler

---

(1) Ceux de la Congrégation de la Doctrine-Chrétienne de Nancy.

avant une élection nouvelle, elle donna l'exemple de la soumission la plus parfaite. « J'en profitai, dit la Sœur infirmière, pour lui faire prendre tout ce que je crus bon pour sa précieuse santé. Elle qui tenait si fort à la vie commune, qui refusait le moindre adoucissement, étant Supérieure, fit tout ce que je voulus et ce avec une docilité d'enfant. Elle eut, pendant ce temps, une tumeur au doigt, et j'admirai avec quelle ponctualité elle arrivait à l'infirmerie à l'heure précise pour le pansement, attendant avec patience que je pusse lui donner mes soins. »

A une époque moins reculée, une autre religieuse, chargée de soigner sa supérieure malade, eut lieu d'être constamment édifiée, aussi bien de son humble soumission que de son inaltérable patience. Elle acceptait tout avec une aimable indifférence, et lorsque parfois elle ne se sentait pas de prendre ce qui lui était présenté, elle disait simplement : « Je crois, ma Sœur, que cela me ferait du mal. Cependant je le prendrai par obéissance, si vous le voulez. »

Non seulement elle reprenait toute infraction tant soit peu notable à la Règle, mais elle châtiait souvent sur elle-même les fautes de ses inférieures. A ce sujet, nous pourrions dire qu'ayant su, de source aussi probable et certaine que possible, les tourments longs et effrayants endurés dans le purgatoire par une de ses filles défuntes, elle s'imposa, pour la soulager, de sévères pénitences. D'après le témoignage d'une Sœur grave et bien renseignée, la Révérende Mère passa six fois de suite à genoux nus le seuil d'une porte pour expier la désobéissance que l'âme souffrante avait commise en entrant dans ce lieu (1) contre la défense portée.

Toujours elle eut à cœur d'enchaîner les volontés à Celui qui s'est fait obéissant jusqu'à la mort de la croix ;

---

(1) La cuisine de l'infirmerie.

mais ses exemples furent les moyens de succès les plus persuasifs et les plus forts. Aussi, à travers les sanglots et les pleurs, entendit-on autour de son cercueil ce cri unanime, ce magnifique éloge : « Nous avons perdu notre règle vivante !.... »

.·.

Nous pourrions étudier encore avec un filial orgueil diverses qualités et vertus de notre Mère bien-aimée : sa prudence consommée, sa parfaite discrétion, sa grande générosité, etc. ; mais ils faut nous borner et reprendre le cours des événements. Toutefois, disons en passant quelques mots d'un trait saillant de sa piété ; voyons son amour pour l'Eglise et pour le Pape. On peut affirmer que ce fut sa passion favorite, sa dévotion privilégiée.

Comme elle remerciait le Ciel de l'avoir fait naître dans la vraie Religion, de l'avoir rendue enfant de l'Eglise catholique ! Chaque fois qu'elle parlait de cet insigne bienfait, les paroles sortaient brûlantes de ses lèvres. Elle recommandait souvent les besoins de la sainte Épouse du Christ aux prières de la Communauté et offrait ses peines et ses actions pour son triomphe. Ses yeux se mouillaient de pieuses larmes à la pensée des tribulations dont cette Mère commune est saturée en ces temps malheureux. « Oh ! quand donc, quand enfin la paix sera-t-elle donnée à la glorieuse persécutée ? » s'écriait notre digne Supérieure.

Les écrits relatant les combats et les triomphes de cette immortelle Eglise avaient un charme spécial pour sa grande âme. Jeune encore, elle en faisait son étude chérie ; plus tard, elle parcourait avec une religieuse avidité le récit développé des événements qui intéressent la société chrétienne. La dernière année de sa vie, elle approfondit à nouveau l'histoire générale de l'Eglise. C'était le sujet ordinaire de sa conversation, le bonheur de sa vie. C'est dans ce livre favori qu'on lui fit, sur sa demande, la lecture spirituelle, la veille de sa mort.

De son ardent amour pour la sainte Eglise, découlait naturellement celui qu'elle portait à son Chef vénéré. Parmi tous les Pontifes romains, elle révérait l'auguste Pie IX, si grand dans les revers, si saint au milieu d'un siècle pervers et impie. Sa dévotion envers ce Pape de l'Immaculée Conception avait un cachet spécialement affectueux et touchant. En parler, était sa consolation et sa joie. Aussi, la trouvions-nous triste et souffrante, nous lui parlions du Saint Père, et soudain son front se rassérénait, elle oubliait ses douleurs. Les nouvelles de Rome, de la suave bonté de Pie IX, l'intéressaient et l'attendrissaient toujours. « Nous étions bien persuadées, dit une Sœur, que semblables entretiens avaient un pouvoir magique sur l'esprit de notre vénérée Mère. Aussi, deux jours avant sa mort, voyant que ces paroles ne la faisaient plus tressaillir, ne la tiraient même pas de sa profonde léthargie, nous nous dîmes : « Hélas ! elle n'est plus de » ce monde ! »

Le lendemain, se trouvant moins affaissée, elle demanda, de sa voix mourante, des nouvelles de Notre Très Saint Père le Pape à M. le Supérieur et à M. l'Aumônier.

Le filial dévouement de la Mère Sainte-Thaïs envers le Souverain Pontife se manifestait tout particulièrement quand il s'agissait de lui envoyer des secours pécuniaires. Elle était alors toute radieuse, oubliant volontiers les besoins de sa pauvre Maison pour donner généreusement à l'auguste Captif, dépouillé par la révolution.

« La profonde piété de la Révérende Mère envers Notre Saint Père le Pape m'a singulièrement édifiée, dit une Sœur. Je ne crois pas l'avoir entretenue en particulier sans qu'elle m'ait parlé du Saint Père. « Unissez bien tout » ce qui vous fait souffrir aux amertumes dont l'abreuvent » des enfants dénaturés devenus ses persécuteurs. » Elle se plaisait à me mettre en présence du Pontife de sa pré-

dilection, à me le proposer pour modèle : « Considérez, me
» faisait-elle, sa douceur, sa mansuétude envers ceux qui
» l'outragent. Agissez de cette manière en telle circonstance
» pénible et vous aurez la gloire d'imiter le grand Pie IX. »
Une autre fois : « Pensez et croyez ceci, et vous serez
» d'accord avec tout ce qu'il y a de génies nobles et élevés
» et vous aurez l'esprit de notre Père bien-aimé qui lui-
» même pense et agit comme son adorable Maître, etc., etc. »
Elle se servait de tout enfin pour communiquer à mon âme
son ardent amour pour le Vicaire de Jésus-Christ. Dans ma
dernière conversation avec elle, je fus frappée du feu avec
lequel ma sainte Supérieure me recommanda le dévouement au Pape, la prière et le sacrifice pour le triomphe de
l'Église. »

Son attachement et sa vénération pour l'immortel Pie IX
s'étaient considérablement accrus depuis que, livré aux
hordes garibaldiennes, ce grand Roi était prisonnier au
fond du Vatican. La déplorable situation faite à la Papauté
par l'apostasie officielle de la première nation chrétienne,
était pour la Mère Sainte-Thaïs un sujet de gémissements
et de larmes. Elle sentait vivement, comme Française, la
défection de notre patrie et aurait voulu laver sa honte.
Un jour, parlant des tristes événements de 1870, elle s'anima
devant M. le Supérieur qui lui dit : « Chère Mère, vous
êtes une bonne penseuse !... En suivant vos principes, tout
marcherait bien. »

« Notre infortuné Pays, nous disait-elle, s'est couvert de
boue. Il a renoncé à son honneur, répudié ses gloires. Il a
failli à son devoir le plus sacré et le plus doux. Demandons
grâce et pardon pour un si énorme attentat. Oui, il faut
pleurer et expier une si lâche défection. Dieu fera miséricorde quand la coupable aura confessé publiquement ses
forfaits, qu'elle en aura subi le châtiment et la confusion.
Demandons instamment le repentir et la conversion de
notre pauvre France; nous solliciterons par là même son
salut et sa vie. Elle redeviendra digne de son glorieux titre

de Fille aînée de l'Église et procurera son triomphe dans les âges futurs. »

Les douleurs et la captivité du Souverain Pontife préoccupèrent les derniers jours de la Mère Sainte-Thaïs. Elle a sans doute offert ses souffrances et sa vie pour l'exaltation de la sainte Épouse du Christ et la délivrance de son Vicaire. Aussi, lui appliquerons-nous volontiers la parole d'un grave et illustre auteur contemporain : « J'ai la confiance invincible, a dit le R. P. Faber, que tous ceux qui auront particulièrement aimé le Pape qui a défini le dogme de l'Immaculée Conception de Marie seront bien accueillis au ciel. »

CHAPITRE VI

Sainte mort de la Révérende Mère Sainte-Thaïs.

Après avoir étudié le sage gouvernement de notre vénérée Mère, après nous être embaumées du parfum de ses vertus, reprenons le récit longtemps interrompu et voyons comment meurent les prédestinés.

Chaque fois que le Seigneur appelait à lui quelqu'une de ses filles, la Mère Sainte-Thaïs, enviant son bonheur, réitérait ses soupirs vers la sainte Sion. « Pourquoi faut-il que j'en voie tant me précéder dans la Patrie, tandis que je suis toujours reléguée avec les habitants de Cédar sur la terre étrangère ? Oh ! quand donc m'en irai-je à mon Dieu ?... »

Cette pensée ne la quittait plus, depuis surtout que son infirmité, l'empêchant d'accomplir tous les devoirs de sa charge, elle se croyait une cause de relâchement.

Cependant l'heure approchait où elle devait recevoir la récompense de ses travaux et de son long martyre. Les chaleurs de l'été faillirent lui arracher le peu de vie qui lui restait. Nos chères Sœurs, rentrant vers la fin août, eurent la douleur de la trouver sous le pressoir de la souffrance. La réunion de 1871, que de malheureuses circonstances avaient fait si vivement désirer, ces jours de repos au sein de la famille bien-aimée, jours que la dispersion forcée de l'année précédente devait rendre si précieux et si doux, furent pleins de douleurs et d'angoisses. Si l'on parvenait jusqu'à la Révérende Mère, le cœur se serrait, les yeux se mouillaient de pleurs, en la voyant broyée et comme anéantie. Elle n'avait souvent pas même la force d'adresser une parole aux chères visiteuses.

Après les vacances, l'état de la vénérée malade ne s'était point amélioré. Le départ fut imprégné d'une inexprimable tristesse. En s'éloignant, chacune se disait : « Je ne la reverrai plus !... » Hélas ! cette prévision allait devenir une réalité !...

Toutefois, dans le commencement d'octobre, se manifesta un mieux sensible qui se soutint jusque vers la mi-décembre et ramena dans tous les cœurs l'espérance et la joie. Ce ne devait pas être pour longtemps : le bon Dieu, qui nous préparait une immense affliction, nous laissait un moment reprendre courage pour ne pas défaillir sous le faix de la croix.

Notre digne et excellente Mère se trouvant donc moins souffrante voulut entretenir chacune des Sœurs de la Maison Mère et leur donner une fois encore ses sages avis. Sans pressentir que ce tête à tête de l'intimité et de la confiance dût être le suprême colloque et comme l'éternel adieu d'une Mère, bien des Sœurs furent frappées de la tendre expansion et de l'affectueuse bonté qu'elles remarquèrent en cette circonstance. « La chère Mère connaissait assurément sa fin prochaine », se disait-on plus tard.

« Elle m'a bien tracé la ligne de conduite que j'aurai à suivre désormais, affirme une professe ; aussi, je ne puis douter qu'elle ne connût tout ce qui devait se passer après son décès. »

Et une autre : « Elle m'a demandé mille choses que je ne songeais pas à lui dire et m'a parlé avec une étonnante tendresse. Il semblait qu'elle ne pût tarir en maternelles exhortations. Je ne me rendais point compte de cette douce familiarité ; mais j'ai compris depuis qu'en me quittant elle voulait me laisser sans inquiétude et sans peine. »

Cependant le mois des larmes et de notre plus grand deuil était ouvert. Une fervente religieuse, notre chère Sœur Marie du Crucifix, se disposait avec joie à la mort. Lorsqu'elle se vit comme assurée de son prochain départ pour le ciel, elle en porta, tout heureuse, la nouvelle à sa Supérieure dont elle excita la sainte jalousie. La chère Mère lui dit avec un accent d'inexprimable douleur : « Comment ! vous aurez encore, vous, l'avantage sur moi ? Oh ! c'est une mauvaise manière que vous me faites là !... » Puis, avec autorité : « Quand vous serez au ciel, n'ayez pas le cœur de me laisser plus longtemps dans le triste état où je suis... Je vous ordonne de venir me chercher au plus tôt. »

La bonne Sœur du Crucifix, que distinguaient un grand esprit de foi et une parfaite obéissance, fut aussi stupéfaite qu'embarrassée. « Je n'ai jamais voulu résister à ma Supérieure, se dit-elle ; mais, après ma mort, serai-je encore obligée de lui obéir, surtout en chose semblable ? » Dans sa perplexité, elle consulta une personne de sa confiance, la Mère Sainte-Marie, qui avait été sa maîtresse au noviciat. La question était fort délicate. Voici comment, après réflexion, il y fut répondu : « Vous connaîtrez, quand vous serez dans le sein de Dieu, ce qui sera le plus agréable à ce Dieu d'infinie bonté et vous ferez ce qu'il vous inspirera. Cependant je ne puis vous dire de demander la mort de celle qui nous est si chère. Conjurez seulement le Seigneur d'avoir pitié d'elle et de nous, car sa position est insoutenable et toute la Maison est en souffrance. »

La chère mourante goûta cet avis. Nous allons voir si, au delà de la tombe, on respecte encore les prescriptions de l'autorité. D'abord, quelques jours après ce qui vient d'être dit. Sœur Marie du Crucifix, sur le point d'expirer, promettait d'emmener avec elle la pauvre petite Clélie. Alsacienne adoptée par la Congrégation, lors de la guerre, et qui endurait, depuis longtemps, un cruel martyre. L'engagement fut exactement rempli : le 19, notre pieuse Sœur s'endormait du sommeil des Justes ; dans la nuit du 19 au 20, l'aimable Clélie allait se joindre aux esprits angéliques dont elle avait la grâce et la candeur.

Cette particularité frappa les personnes qui savaient l'ordre donné par la Mère Sainte-Thaïs à sa chère défunte. Elles se prirent à trembler, dans l'appréhension du malheur qui allait nous frapper. Hélas ! les alarmes étaient bien fondées !...

Dès le 19, au soir, la chère Mère parut très agitée ; jusqu'au matin, elle fut dans ce pénible état. Vers les huit heures, précisément pendant les obsèques de notre bien-aimée Sœur du Crucifix, elle éprouva un étouffement qui inspira des craintes. On se rassura bientôt par la pensée que ce n'était qu'une crise nerveuse. On était dans l'erreur : cet incident préludait à un coup fatal. Le 24, en effet, une fluxion de poitrine se déclarait ; on crut d'abord à un grand rhume ; mais une fièvre ardente, un assoupissement profond ne tardèrent pas à jeter dans l'inquiétude. La joyeuse fête de Noël fut un jour de consternation et de pleurs. Le 26, la vénérée malade était moins abattue ; vers le soir, elle parut reprendre toute sa liberté d'esprit ; elle parla gracieusement aux Sœurs qui l'entouraient, ce qui fit concevoir quelque espérance. Hélas ! l'illusion s'évanouit bientôt comme un vain rêve !

Dans la nuit, une oppression extraordinaire, un redoublement de fièvre annoncèrent que le moment du grand sacrifice approchait. Les hommes de l'art déclarèrent l'imminence du danger et l'impuissance de leurs ressources pour le conjurer. La respectable Mère n'avait pas attendu leur avis pour solliciter les derniers sacrements, qui lui

furent administrés, le 27, à neuf heures du matin. M. le
Chanoine Cruvellier, notre Supérieur, présidait la cérémonie, étant assisté de MM. Ventre, Supérieur du Petit
Séminaire, notre ex-aumônier, et Andrau, son successeur.
Avant de recevoir le saint Viatique, la Mère Sainte-Thaïs
voulut, malgré sa grande suffocation, prendre la parole
pour affirmer sa foi et sans doute aussi pour s'humilier;
mais le Révérend Père la prévint : « Nous connaissons
bien vos sentiments, dit-il; ne vous fatiguez pas. » Et il
essaya de lui adresser quelques mots que l'émotion
l'empêcha d'achever. La Communauté, agenouillée à
l'entrée de la chambre, avait grand'peine à comprimer
ses sanglots. Les larmes étaient la seule prière de bien
des âmes.

Dans le courant de cette mémorable journée, toutes les
Sœurs se pressèrent auprès de leur vénérée Mère, jalouses
de recueillir un dernier souvenir de son cœur. Quelques-
unes furent assez heureuses pour entendre une suprême
recommandation, un précieux avis, tombés de ses lèvres
mourantes. Toutes reçurent un bienveillant accueil, un
regard de bonté. Peu eurent la force de lui parler, et
cependant chacune sentait le besoin de lui exprimer de
pieux désirs, de lui faire de consolantes promesses.

Son zèle pour l'observance de la Règle s'accentua jusque
sous l'étreinte de la mort : ayant remarqué que deux
Sœurs parlaient tout bas dans l'embrasure de la fenêtre
et jugeant que c'était sans utilité, elle leur dit : « Vous
manquez au silence ! »

Lorsque sonna la lecture spirituelle, elle congédia toutes
celles dont la présence n'était pas nécessaire, les envoya à
l'exercice et voulut que ses infirmières accomplissent
auprès d'elle ce que prescrivait la Règle.

Dans la nuit du 27 au 28, comme elle s'affaiblissait,
M. l'Aumônier fut appelé pour faire les prières des agoni-
sants. La chère Mère s'y unit avec un calme admirable,
ainsi qu'au saint sacrifice célébré le matin à son intention.

Elle conserva jusqu'au dernier moment le parfait usage de ses facultés; son visage respirait une paix inaltérable, un céleste bonheur. Sa patience fut le sujet d'une grande édification : il ne sortit pas de sa bouche un seul mot de plainte. La Mère assistante lui ayant demandé si elle souffrait beaucoup : « Je ne souffre guère, répondit-elle ; mais j'ai peur de guérir. » Cependant elle baissait toujours ; l'heure suprême était proche...; les prières et les larmes remplissaient toute la maison. Seule, la bien-aimée mourante restait dans une profonde tranquillité. Sous le poids des dernières douleurs, dans le travail de la mort, elle avait encore des pensées et des attentions pour ses chères filles. Ainsi, nos Sœurs de la ville étant venues de grand matin prendre de ses nouvelles : « Faites-les vite chauffer », dit-elle avec effort. Dans la matinée, elle demanda si on n'avait pas reçu de lettres de nos Sœurs absentes, s'il n'y en avait pas de malades. On lui fit observer peu après que les jeunes novices sollicitaient à genoux sa bénédiction. Elle les regarda avec une tendre bonté, en balbutiant quelques mots inintelligibles, vu l'oppression toujours croissante.

Faisant violence à son cœur, la Mère Saint-Xavier la pria de faire connaître ses dernières volontés, d'exprimer les avis qu'elle désirait laisser à toute la Congrégation. Aussitôt, avec une énergie dont elle ne paraissait plus capable : « *Je recommande*, dit-elle, *que l'on observe bien la sainte Règle. Tout est là. Si l'on commet des péchés, cela vient de ce qu'on n'a pas observé la Règle. S'il y a des religieuses qui perdent leur vocation, c'est parce qu'elles n'ont pas observé la Règle.* »

Maîtrisant de nouveau son émotion, la Mère assistante ajouta : « Ma chère Mère, quelles grâces demanderez-vous pour toute la Communauté quand vous serez au ciel ? » De nouveau, sans la moindre hésitation, la sainte Supérieure reprit : « *Je demanderai que la sainte Règle soit bien observée. Je demanderai l'esprit religieux. —*

Voulez-vous bien bénir toutes les Sœurs ? — *Oui, de tout mon cœur* », dit-elle avec un doux sourire.

Après avoir recueilli les dernières volontés d'une Mère agonisante, après avoir reçu de sa voix défaillante un testament sacré, on sent le besoin de se recueillir. On est saisi de respect pour les saintes lois de la religion; on éprouve un désir ardent de s'y conformer généreusement.

« Il faut bien que la chère Mère ait compris l'importance de la Règle, disait le bon et regretté M. Ventre, puisqu'elle n'a pas cru devoir conseiller rien de plus utile au bien général et particulier que l'accomplissement de cette sainte Règle. Elle l'aimait tant et l'observait si bien ! Elle a estimé que la faveur la plus précieuse qu'elle puisse demander pour sa chère famille est son exacte observance. »

Une respectable professe, la priant de lui obtenir une grâce, quand elle serait dans la gloire, reçut cette réponse : « Je comprends de quoi il s'agit; mais le plus parfait est de faire la volonté de Dieu. » — « Je n'avais rien dit absolument, affirme la religieuse en question, qui pût faire soupçonner ce que j'avais en vue. Cependant elle devina le fond de ma pensée. A mon grand déplaisir, elle n'eut point égard à ma demande. »

Quant à elle, joyeusement soumise aux desseins de la divine Providence, elle envisageait sans effroi son dernier moment. « Je suis bien contente, avait-elle dit; une seule chose me peine : c'est le chagrin que je vais causer aux Sœurs. » Excellente Mère, la plus poignante douleur de vos filles est de n'avoir pas toujours répondu à votre charité !... Ah ! qu'en ce moment elles voudraient vous prodiguer de dédommagements et de consolations !...

Les prières et les pieuses pratiques, offertes sans interruption durant cette journée d'agonie, firent sans doute descendre sur la chère mourante les secours célestes. Depuis dix heures du matin, elle n'avait plus avalé une seule goutte de liquide; la fièvre était de plus en plus intense; les yeux toujours clos.

Enfin, vers les trois heures, son visage enflammé se couvrit soudain de la pâleur du linceul ; ses paupières se rouvrirent ; elle promena ses yeux éteints tout autour de la cellule, remua ses lèvres expirantes, comme pour dire un suprême adieu ; puis, élevant ses regards vers le ciel, elle exhala son dernier soupir. C'était un vendredi, le septième anniversaire du décès de notre fondateur, le saint M. Pascal, d'heureuse mémoire. Cette coïncidence, ce jour, cette heure n'échappèrent point à notre attention ; une particulière disposition de la miséricordieuse Providence était manifeste.

La Communauté, réunie dans la chambre mortuaire ou dans le vestibule attenant, éclatait en sanglots. « C'en est fait, elle nous a quittées pour toujours, celle que nous chérissions à si justes titres. Elle est allée recevoir la récompense de ses souffrances et de ses pénibles labeurs. Nous sommes orphelines !... » se disait-on. Et les pleurs redoublaient, et les soupirs s'élevaient plus déchirants de toutes parts. C'était un vaste chœur de regrets et d'amour filial. Rien ne saurait peindre cette scène.

On apprit peu après qu'à ce moment même Mgr Meirieu était venu sonner au couvent. Sa Grandeur, n'ayant pu se faire entrendre, fut obligée de s'éloigner sans avoir accompli auprès de nous son office de paternité. Toutefois, la vénérée Mère, en quittant l'exil, emportait la bénédiction de son Évêque qui, le matin, avait daigné la lui envoyer, craignant de ne pouvoir venir à la Sainte-Enfance à cause d'une indisposition dont il souffrait.

Le grand coup avait brisé tous les cœurs. Oh ! que volontiers nous aurions secoué le fardeau de la vie alors que, agenouillées autour de la couche funèbre, nous donnions cours à notre vive douleur ! Si la religion n'avait répandu son divin baume dans nos âmes, nous nous fussions égarées. Notre digne Aumônier, qui n'avait point cessé de nous encourager, de suivre et d'assister notre bien-aimée Mère, essaya de nous consoler en nous rappelant les fortifiantes pensées de la foi. « Si votre bonne Mère, nous dit-il, pouvait encore élever la voix, elle vous exhorterait à la prière et à la résignation. Elle vous engagerait aussi à vaquer à vos occupations respectives sans désordre et sans trouble. Dieu vous éprouve bien, il est vrai ; mais ne doutez point de son amour ; inclinez-vous sous sa main. Toutes les Sœurs que vous avez perdues sont mortes dans sa grâce : ce sont des Saintes. Votre Révérende Mère, après de long travaux et de cruelles souffrances, est allée les rejoindre. Bénissons-en le Seigneur. Il vous sera toujours possible de la faire revivre par la pratique de ses conseils et l'imitation de ses vertus. Vos larmes sont bien légitimes ; mais il faut quelque chose de mieux : des prières et du courage. Retirez-vous donc ; vous ne pouvez rester toutes plus longtemps ici ; il y a des dispositions à prendre. Vous reviendrez plus tard encore ; il vous sera permis de revoir ces restes précieux. »

On ne s'empressait point de répondre à cette invitation ; une douleur violente rendait insensible à tout autre sentiment. Cependant peu à peu le calme de la foi succéda à cette première et si vive explosion ; la cellule désemplit insensiblement. On alla se jeter au pied de Celui qui s'émut jadis sur le sort de son ami Lazare ; on lui confia ses soupirs et ses peines et, après avoir longtemps prié pour la bien-aimée défunte, on se releva armé d'une généreuse soumission.

Une profonde tristesse se lisait sur tous les fronts ; le silence s'était établi majestueux ; on ne se parlait qu'avec des larmes. Lorsque, quelques heures plus tard, M. le Supérieur voulut adresser la parole à la Communauté, lui prescrire certaines mesures, lui donner connaissance des dernières volontés de la très chère Mère Sainte-Thaïs, une indéfinissable émotion agita tous les rangs ; les sanglots redoublèrent. « Oui, s'écrièrent ensuite les Sœurs ; nous respecterons la volonté de notre si bonne Mère.

nous observerons scrupuleusement notre sainte Règle ;
nous vivrons d'une manière digne de notre vocation !... »

« Ah ! maintenant, dit une professe (1), tout nous est
indifférent ici-bas. Ne songeons qu'à imiter celle que nous
pleurons, afin de bientôt la rejoindre. Pour lui prouver
notre amour et notre reconnaissance, nous serons dociles
et très obéissantes. Un bâton eût-il autorité sur nous, nous
lui porterions respect et lui montrerions dévouement et
soumission filiale. Désormais, Dieu et Dieu seul ! »

Cette solennelle soirée fut suivie d'une douloureuse nuit.
Toutes avaient ambitionné l'honneur d'ensevelir la chère
dépouille ; toutes auraient voulu passer auprès d'elle les
heures de cette veille mémorable. Cette consolation fut le
privilège du petit nombre ; mais le 29, dès le lever, on se
pressa autour de la vénérée défunte ; on y passa toute la
journée dans le silence et la prière. Des pensées et des
sentiments divers s'élevaient en foule dans les âmes ; de
cette bouche, pour toujours close, semblaient sortir encore
des instructions, des encouragements, des reproches
maternels... On les méditait ; on repassait mille pieux
souvenirs. On croyait voir briller ce regard, naguère si
expressif et si pénétrant. Rien ne pouvait nous distraire
d'une si navrante contemplation, nous arracher d'un lieu si
cher. Jusqu'à l'heure des funérailles, les Sœurs persévérè-
rent dans la prière pour leur bien-aimée Mère ; elles lui
adressèrent aussi d'humbles supplications, de nombreuses
demandes. De saintes résolutions furent déposées dans
son cercueil, et des promesses énergiques exprimées en
présence de son corps vénéré. Ces oreilles, pour jamais
fermées aux bruits mortels, semblaient devoir les entendre
avec complaisance.

Avec un religieux empressement, on déposait entre
ses mains glacées quantité d'objets pieux, le livre des

---

(1) Feu notre chère Sœur Saint-Charles.

Constitutions surtout. Ce livre sacré, on le faisait reposer aussi longtemps que possible sur son cœur, comme pour solliciter la grâce d'aimer et d'accomplir parfaitement tout ce qu'il prescrit.

Les obsèques donnèrent lieu à la plus touchante démonstration. Le chant liturgique réveillait la douleur qui, mal contenue, y répondait par des sanglots. M. Fortoul, Vicaire général, notre ancien Supérieur, présidait la cérémonie. Il était entouré d'une vingtaine de prêtres, au nombre desquels figuraient : M. Barbaroux, Vicaire général, M. notre vénérable Supérieur, MM. les Secrétaires de l'Évêché, MM. les Supérieurs du Grand, du Petit Séminaire et de la Maîtrise, accompagnés de la plupart des professeurs de ces établissements ; le R. P. Faïn, Supérieur des Missionnaires de Sainte-Garde, M. l'Aumônier des Dames Ursulines et M. notre Aumônier.

Un bon nombre de religieuses trinitaires et de religieuses de l'Orphelinat Saint-Martin assistaient aux funérailles, ainsi qu'une foule de personnes de la ville. L'éloge de notre vénérée défunte était sur toutes les lèvres. Au cimetière, il y eut une imposante manifestation de l'amour filial, une scène déchirante : toute la Communauté se pressait pour contempler une fois encore les traits d'une mère chérie ; les Sœurs qui purent s'approcher embrassèrent avec effusion ses précieux restes. Tous les spectateurs étaient émus... La tombe se referma bientôt sur la chère dépouille objet de tant de larmes. La pierre tumulaire portait, avec ses noms et titre, la date du décès et cette inscription : *Charité, abnégation, intelligence, souffrance, force et patience : voilà sa vie.*

Il semble que le Seigneur, dans sa miséricorde, se soit plu à réaliser tous les vœux de sa servante en ce qui touche à son heureux trépas. D'abord, il a daigné accomplir sa volonté exprimée à la pieuse Sœur du Crucifix ; ensuite, il a exaucé un désir ardent de son cœur. Plusieurs fois, on l'avait entendue dire qu'elle souhaitait mourir en même temps qu'une de ses filles et se présenter en sa compagnie devant le Souverain Juge. Il est à remarquer qu'une heure environ avant sa Supérieure, expirait, en jetant un cri de glorification à la Très Sainte Trinité, notre aimable et bien chère petite Sœur Sainte-Eugénie. Cette Sœur, dont l'esprit de droiture et de simplicité, ainsi que l'humeur joviale faisaient le bonheur de la famille, ne semblait pas devoir nous quitter de sitôt. Atteinte d'un érysipèle, son état s'était aggravé par un refroidissement, sans paraître désespéré. Telle n'était point toutefois sa propre conviction. Deux jours avant, elle nous annonçait qu'elle mourrait bientôt, mais qu'elle ne partirait pas seule. « Comment se trouve celle qui souffre et qui doit mourir avec moi ? disait-elle à sa garde-malade. — Mais de qui voulez-vous parler ? — Ah ! c'est de celle qui va mourir avec moi. » Ce fut toute sa réponse. Il faut bien noter qu'on lui laissait ignorer que la Révérende Mère touchait à sa fin.

Le 28, après midi, des Sœurs l'entretenaient de divers sujets édifiants, lorsque, soudain, la malade se met à chanter : « *Gloria Patri, gloria semper Filio, gloria tibi Spiritus...* » A ce mot, elle s'arrête...; elle rendait le dernier soupir !... L'impression des témoins était saisissante. On croyait entendre la pieuse Sœur achever dans la patrie la doxologie catholique et prévenir les bienheureux habitants de la sainte Cité de l'arrivée immédiate de la Mère Sainte-Thaïs.

Ces morts ont un cachet de prédestination qui n'échappe point à l'admiration et à l'envie de notre foi. Ajoutons un détail, en soi de mince importance, mais montrant avec évidence que le Seigneur se plaît à faire la volonté de ceux qui l'aiment de tout leur cœur.

Dans son langage plaisant, la bonne petite Sœur Sainte-Eugénie disait parfois : « Je voudrais qu'on me fît un bel enterrement quand je mourrai, qu'il y eût beaucoup de prêtres. » On lui avait répondu sur le même ton : « Il faudra mourir le même jour que la chère Mère, et vous

serez satisfaite en cela. » Cette particularité insignifiante
était depuis longtemps oubliée lors des tristes événements
de décembre 1871. Notre bien-aimée Sœur Sainte-Eugénie
fut aux honneurs funèbres, mais les regrets et les pleurs
se concentraient sur celle qui nous était à toutes plus
chère qu'une mère.

Immédiatement après le décès, Mgr Meirieu daignait,
dans sa bonté paternelle, annoncer la triste nouvelle à
tous nos établissements. Sa circulaire, que nous couchons
ici, renferme, avec des consolations et des encouragements,
un bel éloge de la vénérée défunte.

« Mes très chères Filles.

» Dieu vient de nous envoyer une grande affliction.
Votre Mère vous a été enlevée aujourd'hui. La mesure de
ses mérites étant remplie, elle est allée recevoir la récompense due à ses vertus. Vous savez avec quel dévouement
et quelle charité elle a travaillé à la sanctification de vos
âmes. Depuis de longues années, jusqu'au dernier moment,
malgré ses infirmités et ses souffrances, elle a consacré
toutes ses forces au bien de la Communauté. Elle a été
pour vous le canal des grâces divines, l'instrument dont
Dieu s'est servi pour vous inspirer l'esprit religieux et
l'amour de vos devoirs. Elle continuera de remplir cet
office de charité par le souvenir des conseils et des
exemples qu'elle vous a donnés et surtout par les prières
qu'elle ne cessera d'adresser à Dieu pour la Communauté ;
en sorte que, mes chères Filles, elle vous sera plus utile
après sa mort qu'elle ne le fut dans sa vie.

» Vous aurez soin de lui témoigner votre reconnaissance
par un redoublement de régularité et de ferveur, vous
souvenant que, si la Supérieure vous est ravie par la
mort, Dieu, le premier Supérieur, vous reste. Vous savez
ce qu'il demande de vous ; il vous a manifesté ses volontés
par la Règle qui vous a été donnée et que vous allez

observer avec plus de ponctualité et plus de rigueur que jamais.

» Vous n'oublierez pas que la mort de votre chère Mère vous impose l'obligation de prier pour elle. Le degré de sainteté qu'elle avait acquis a pu lui laisser quelque tache à laver, quelque faute à expier. Vous remplirez ce devoir de charité et de justice avec empressement et ferveur, et celle que vous pleurez aujourd'hui vous le rendra abondamment dans le ciel.

» Je vous bénis, mes chères Filles, et vous offre mes sentiments de dévouement et d'affection en Notre Seigneur.

« † MARIE-JULIEN, *Évêque de Digne.* »

Le 29, après les obsèques, Sa Grandeur vint nous adresser une touchante allocution qu'on a reproduite aussi dans l'histoire de la Congrégation. Nous n'en citerons que quelques phrases, prises çà et là : « Il n'y a qu'un mot à dire aujourd'hui, mes chères Filles : Que la volonté de Dieu soit faite !... Votre Mère aura porté devant lui ce dévouement, cette sollicitude qu'elle avait pour vous toutes. Elle continuera dans le ciel l'office de charité qu'elle exerçait sur la terre ; elle vous sera d'un plus grand secours que par le passé. Ne vous éloignez pas de cette bonne Mère ; vivez de l'esprit qu'elle vous a inspiré. Vous lui prouverez votre reconnaissance par un redoublement de ferveur dans l'accomplissement de tous vos devoirs, dans l'observance stricte de votre Règle. Oh ! que c'est beau de voir toute une Communauté renouvelée parce qu'elle a perdu sa Supérieure ! Quelle ineffable consolation, cette Supérieure n'éprouvera-t-elle pas en voyant, du haut du ciel, celles qui la pleurent marcher fidèlement sur ses traces, imiter les vertus qu'elle a pratiquées !... »

Les paroles sympathiques de Monseigneur furent un baume pour les cœurs, une force pour les volontés. Ce qui consola beaucoup aussi la Congrégation orpheline, ce

furent les nombreux témoignages d'estime et de vénération
rendus à la mémoire de la Révérende Mère Sainte-Thaïs.
Toutes les personnes qui avaient pu la connaitre et l'apprécier lui accordaient de magnifiques louanges. Nos bienfai-
teurs et nos amies partagèrent largement notre perte et
nous marquèrent une délicate sympathie. Il n'est pas
jusqu'à des inconnus et des étrangers dont les sentiments
de condoléance ne nous soient arrivés promptement. La
réception d'une simple lettre de faire part, la connaissance
même indirecte de notre deuil nous amenaient des marques
d'intérêt et de bienveillance. Ce concert unanime de regrets,
ces pieux hommages, en honorant notre bien-aimée
défunte, adoucissaient notre profonde douleur.

Quelques citations textuelles se placeraient naturellement ici ; nous ne saurions toutefois les y admettre, vu la
longueur de ce chapitre. Nommons seulement, en passant,
quelques-unes des personnes qui nous exprimèrent les
meilleurs sentiments et à la sympathie desquelles nous
attachons le plus grand prix.

C'étaient d'abord le digne et toujours vénéré M. Gamel,
alors Vicaire général de Fréjus, puis les RR. PP. Mombur
et Ripert, jésuites, qui nous avaient prêché naguère les
saints exercices. Au lendemain des funérailles, ce fut aussi
Mme Saint-Bruno (1), alors Supérieure de la Présentation de
Manosque, qui nous adressa un touchant témoignage
d'affection et de regrets. Un peu plus tard, la Révérende
Mère Mélanie, Supérieure générale de la Doctrine-
Chrétienne de Nancy, nous faisait parvenir une bonne

---

(1) Mme Saint-Bruno avait été provisoirement notre Supérieure, de la fin
août 1842 jusqu'au 21 décembre 1843. La Mère Sainte-Thaïs lui succéda et
conserva toujours pour elle les meilleurs souvenirs d'estime et de respect. Elle
se faisait un devoir de la visiter en passant à Manosque. En 1858, M. Pascal
lui ménagea l'avantage de passer plusieurs jours à la Présentation. « Mes
chères Filles, j'ai cloîtré votre Mère », nous dit-il en riant.

lettre, empreinte du véritable esprit de famille. Aussi l'a-t-on insérée textuellement dans nos Annales.

Cependant, malgré les consolations que nous prodiguaient des âmes nobles et dévouées, le vide le plus navrant se faisait sentir, le plus profond silence régnait dans la Maison ; les pleurs y résonnaient seuls ; les récréations restaient muettes pour tout objet profane ; la conversation roulait uniquement sur notre Mère regrettée. On rappelait ses vertus, ses leçons, ses souffrances ; on citait quelque beau trait de vertu ; on se la représentait au milieu de la Communauté, puis dans le ciel, etc., etc.

Les membres du Conseil adressèrent à nos Sœurs absentes une longue lettre, relatant tout ce qui touchait aux derniers jours et à la mort de la Révérende Mère Sainte-Thaïs. « Nous vous recommandons, disait la circulaire, de noter exactement les avis, les maximes, les exemples de vertu, les traits intéressants que vous pouvez connaître de notre Mère bien-aimée. Vous nous remettrez le tout en temps opportun, ainsi que les lettres que vous avez pu en conserver. Nous composerons ainsi une biographie très édifiante, et notre chère défunte vivra toujours dans la Congrégation. »

Immense fut la douleur de toutes les Sœurs de la Sainte-Enfance, disséminées en divers lieux et postes. Comme celles de la Maison Mère, elles manifestèrent les plus religieux sentiments. Leurs lettres à la Mère assistante et aux Conseillères générales sont un magnifique témoignage de la piété filiale et de la profonde vénération vouées à la digne Supérieure. Elles composent son plus beau panégyrique. On y trouve également une révélation et comme un monument de ce bon esprit, de cet esprit vraiment religieux qui assure la prospérité des Congrégations. Nous ne pouvons en reproduire que quelques phrases, prises sans choix.

« Les tristes nouvelles que nous avons reçues nous ont plongées dans la douleur la plus profonde. Jamais la mort ne nous avait frappées d'une manière si cruelle. Elle nous a tout enlevé en nous enlevant notre Mère vénérée... Il faut vraiment se dire que c'est la volonté de Dieu qui s'accomplit pour supporter un coup si terrible... Il nous semblait que nous devions toujours conserver cette victime. Malgré ses infirmités et ses souffrances, nous aurions voulu la rendre immortelle ; nous aimant trop nous mêmes, égoïstes, nous aurions voulu la retenir sur cette terre d'exil... Qu'il nous est dur d'être séparées d'une Mère si bonne et si sainte ! Elle aurait donné mille fois sa vie pour nous. Quelle riche et belle couronne elle aura reçue en récompense de tant de vertus, de peines et de souffrances ! Comme elle aura été bien accueillie par le divin Maitre et par toutes nos Sœurs qui l'ont précédée au céleste séjour !

» Il nous semble qu'elle demande de nous l'abandon le plus parfait à la divine Providence, amour, respect, obéissance à celle qui doit nous conduire désormais. Oui, nous vous promettons, avec nos prières, la plus entière soumission et le plus grand dévouement possibles ! »

« Cent fois, dit une autre lettre, j'ai commencé à vous écrire au nom de toutes mes Sœurs, et je n'en ai point eu encore la force. Plus nos larmes coulent et plus elles sont abondantes... Il nous semble qu'il n'y a plus pour nous de Maison Mère. Le vide qui s'est fait dans nos cœurs nous laisse croire que nous n'avons plus rien ici-bas... Ah! il nous reste le souvenir des œuvres, des talents, des vertus d'une Mère qui fut une sainte.

» Nous vous promettons de vous être soumises et obéissantes, comme à celle que nous pleurons. Nous prions beaucoup pour vous toutes, nos bonnes Mères et bien chères Sœurs, et surtout pour celle qui sera chargée du lourd fardeau de la Supériorité. Nous avons la conviction que c'était Dieu qui nous gouvernait et que ce sera lui qui nous conduira toujours. »

« Il nous a fallu bien du temps, lisons-nous ailleurs, pour nous remettre un peu du coup violent que la sainte main du bon Dieu a porté à nos cœurs. Il nous soumet à une bien grande épreuve en nous enlevant celle qui était notre plus chère consolation. Mais non, elle n'est point morte cette Mère chérie : elle est dans le céleste séjour; elle est aussi au milieu de nous. Non, ses vertus, ses avis, ses exemples ne sont pas morts; ils vivront dans notre chère Communauté.

» Nous supplions le divin Sauveur de vous donner à toutes, nos bonnes Mères, lumière, force et courage. Nous vous prions de compter toujours sur notre pleine et entière soumission à toutes vos volontés. »

C'étaient partout les mêmes sentiments de vive douleur, de pieuse reconnaissance, de profonde vénération; partout aussi de consolantes promesses et de saintes résolutions pour se montrer dignes de la Mère bien-aimée qu'on pleurait. Mais, si sa pensée remplissait tous les esprits, de son côté, elle n'oubliait point sa chère famille. On sentait sa présence, son action dans toutes nos maisons; partout sa mort produisit des effets bien salutaires, une heureuse rénovation spirituelle. On éprouvait le besoin de la générosité; on voulait, par respect pour ses dernières volontés, observer la Règle avec perfection, réformer tout ce qui, dans la conduite, était en désaccord avec ses désirs. Sa protection se montra éclatante en plusieurs circonstances, notamment dans le renouvellement général qui s'accentua surtout pendant la réunion de 1872. Beaucoup de Sœurs ont cru devoir à son intercession des faveurs toutes particulières.

« Depuis plusieurs années, dit l'une d'elles, je demandais une grâce. Quelques jours après la mort de la chère Mère, je la priai avec confiance de s'intéresser à ma cause : j'ai été exaucée d'une manière certaine. »

Une autre religieuse ajoute : « C'est par le secours de notre bien-aimée défunte, après la demande faite sur son tombeau, que la pratique d'une vertu très difficile à ma nature, recommandée avec force et longtemps en vain par cette bonne Mère, m'est devenue non seulement possible, mais délicieuse. »

Un attrait irrésistible poussait vers la tombe d'où on croyait entendre la voix aimée de celle qui savait si bien instruire et fortifier. « Je vais lui demander conseil, lui confier mes peines, disait une Sœur, et j'en reviens toujours consolée. »

Et une autre : « Quand je suis tentée de me négliger, de manquer à la Règle, il me semble que ma bien chère Mère est là qui me regarde et me fait des reproches. »

« Voici, affirme une religieuse, ce qui m'est arrivé. Je ne me mettais point trop en peine, quoique bien éveillée, de me lever à l'heure règlementaire, lorsque, de la photographie de la Mère Sainte-Thaïs, j'entends une voix, la sienne propre, dire tout haut et bien distinctement, selon l'usage régulier : Vivent Jésus et Marie ! Je répondis : Dans nos âmes ! avec une impression indescriptible. »

Oui, dirons-nous en terminant : Vivent Jésus et Marie ! Que leur esprit, que leur amour règnent dans cette humble famille ! Que tous ses membres, après avoir, comme celle dont nous avons étudié la vie, procuré leur gloire ici-bas, aillent les contempler sans fin dans l'immortel séjour !

> Mère, nous t'en prions, entends nos voix plaintives !
> Veille, veille sur nous, garde-nous ton amour.
> Ne nous délaisse pas sur ces lointaines rives !
> Au ciel, bien près de toi, que nous soyons un jour !

APPENDICE

En contruisant notre chapelle, on avait creusé dans le chœur, de chaque côté de l'autel, un caveau sépulcral, destiné, dans la pensée de tous, à recevoir les restes mortels du saint M. Pascal et de notre vénérée Mère Sainte-Thaïs. Quand notre digne Père et Fondateur mourut (28 décembre 1864), les travaux de construction n'étant point terminés, on dut, en attendant les autorisations requises et le moment favorable, l'inhumer dans le champ funèbre, en face du portail de l'église Notre-Dame. Vu les temps malheureux qui suivirent et les dispositions hostiles à la religion, les permissions légales ne furent point données. On conclut par nous déclarer que, les caveaux étant trop rapprochés de l'autel, il fallait renoncer à les occuper. Très peinées de cette déclaration, nos Mères, pour s'en dédommager, obtinrent enfin de pouvoir transférer les ossements de notre pieux Fondateur dans notre petit cimetière, tout près de la tombe de notre très chère Mère Sainte-Thaïs (1).

Nos Annales donnent les détails de cette cérémonie. C'est là que, huit ans encore, les restes précieux d'un Père et d'une Mère vénérés veilleront sur les cendres de leur filles défuntes et attireront les cœurs de celles qui sont voyageuses encore en cette terre d'exil.

Enfin, après une longue attente et bien des démarches longtemps

---

1) 7 juillet 1879.

infructueuses, nous pûmes déposer le double trésor dans un petit caveau creusé pour ce près de l'appui de communion, dans la chapelle de notre Maison Mère. (Voir dans le Registre des Actes religieux le procès-verbal de l'exhumation et de la translation.)

Ce que rien ne saurait peindre, c'est la profonde vénération de nos Sœurs pour les restes bénis. Prévoyant les pieux larcins auxquels elles pourraient se livrer, pour leur épargner aussi de vives émotions, on exhuma les ossements pendant un exercice de communauté (1). Frustrées d'une grande consolation, elles sollicitèrent instamment celle de contempler une fois encore les chères dépouilles. C'était impossible : vissé en présence du Commissaire, ' cercueil était déposé et fermé sous clef dans l'église Notre-Dame. Défense expresse d'ouvrir avant son arrivée, pour la translation. Par un pieux stratagème, on pénétra dans l'antique cathédrale ; on enleva les vis qui fermaient le cercueil et l'on put baiser respectueusement les restes bien-aimés. Plusieurs Sœurs pressèrent affectueusement sur leurs cœurs et arrosèrent de leurs larmes le crâne de celle qu'on avait tant pleurée. Avec une inexprimable sensation, nous contemplions l'ouverture de cette bouche qui, tant de fois, nous avait exhortées, encouragées, parlé de Dieu, des âmes, de nos saintes obligations. Beaucoup auraient voulu soustraire quelques os ; les plus discrètes firent opposition, et, avant l'heure désignée pour la cérémonie, le cercueil et l'église étaient refermés et toutes les Sœurs avaient disparu.

Toutefois, elles se retiraient doublement tristes de ne rien emporter, lorsqu'un trait de lumière traversa leur esprit : au cimetière, on pourrait peut-être satisfaire un pieux désir filial... Un signe a suffi pour faire comprendre et goûter cette idée : on s'y précipite avec la rapidité de l'éclair ; on y cherche ce que l'obscurité de la veille a pu laisser inaperçu. Les plus hardies descendent dans les fosses et cherchent, mêlés à la terre, quelques petits os, des lambeaux de vêtements, etc. L'une d'elles retrouve une partie de la mâchoire, ornée de toutes ses dents. On savait que, malgré ses

______

(1) 9 septembre 1887, à 6 heures du soir.

71 ans, la Mère Sainte-Thaïs n'en avait perdu aucune. Celle qui tient cette riche trouvaille la montre triomphante ; les autres la lui disputent ; enfin ces précieux restes sont charitablement partagés.

C'était un spectacle attendrissant qu'offraient ces religieuses, la plupart graves et dignes par l'âge et le caractère, telle que notre défunte Sœur Saint-Raphaël, courant après ce que la mort a touché !..... Ah ! c'est que rien ne peut détruire dans les âmes ce que la charité divine a édifié !....

Tout cela se passait à l'aube et sans violation aucune du grand silence : les signes modérés avaient seuls exprimé les pensées.

A 6 heures 1/2, la Communauté, organisée en procession, allait, en présence de M. le Commissaire de police, prendre le précieux cercueil. Placé sur un brancard, recouvert d'un drap d'honneur blanc, orné de guirlandes et de fleurs, portant, d'un côté, les initiales du vénéré M. Pascal, de l'autre, celles de notre très chère Mère Sainte-Thaïs, il fut porté sur les épaules des Sœurs.

Un catafalque, disposé avec grand soin dans notre chapelle, le reçut. Il y reposa pendant une messe solennelle de *Requiem*, chantée par M. Blanc, Vicaire général, notre Supérieur. Après l'absoute, le célébrant rappela dans un discours ému ce qu'avait été, spécialement pour nous, le saint M. Pascal, son ancien professeur et ami. Il nous parla aussi d'une manière non moins sympathique de notre très regrettée Mère, qu'il avait connue et beaucoup estimée.

Descendus ensuite, sous les yeux de l'agent de police, dans le petit caveau scrupuleusement fermé par lui, les précieux ossements nous restent comme un paratonnerre et une richesse véritables...

C'est là qu'on vient, avec amour et confiance, répandre son âme, réfléchir et prier dans les circonstances difficiles, dans les besoins pressants. Ce n'est jamais en vain. On croit devoir à nos pieux Fondateurs, à notre vénéré Père Pascal et à notre bien-aimée Mère Sainte-Thaïs, en particulier, l'obtention de plusieurs grâces signalées qu'on ne peut rapporter ici. Leur crédit auprès de Dieu et leur protection pour l'Institut ont été manifestes en maintes occurrences.

Au ciel, on n'oublie pas !...

18

PETITE NOTICE

SUR LA

MÈRE SAINTE-MARIE

PETITE NOTICE

SUR LA

MÈRE SAINTE-MARIE

~~~~~~

Admise avec Mlle Delphine à la première prise d'habit qui eut lieu dans l'Institut naissant, Mlle Caroline prit le nom de Sœur Sainte-Marie. Depuis lors, le voile du silence l'a complétement dérobée à nos yeux. Réparons un apparent oubli, en esquissant à grands traits la vie religieuse de celle qui, avant d'entraîner sa sœur au couvent, avait toujours, avec elle, vécu d'une même vie.

Sœur Sainte-Marie voua, dès son entrée à la Sainte-Enfance, une profonde estime et une filiale affection à la Mère des Anges. Malgré son âge mûr, elle avait pour la vénérée Fondatrice la docilité d'une petite enfant et une confiance naïve et sans hornes. « Je n'avais rien de caché pour cette bonne Mère », disait-elle souvent dans la suite.

Peu de jours après sa vêture, elle ouvrait à Digne la première école de la Congrégation (1). Quinze ans durant, elle en conserva la

____

(1) Cette école fut installée chez M. le Chanoine Audemard, n° 9, au levant de la cathédrale Saint-Jérôme, en dessus de la place aux Herbes.

Elle fut plus tard transférée à Pié-Cocu, n° 5, puis à la rue Capitoul, n° 1, ensuite à la place aux Herbes, ancienne maison Yvan, n° 4, et enfin à la maison Julion, rue Jeu-de-Paume, n° 2, où elle est encore actuellement.
~~~~~~

direction, en même temps qu'elle était souvent envoyée dans nos divers postes en qualité de visiteuse.

Sollicitée d'accepter les offices confiés à sa sœur, que l'ex-Mère Saint-Jean voulait éloigner, Sœur Sainte-Marie affirma, par un refus catégorique, des vues diamétralement opposées à un programme mondain.

Appelée en 1852 à remplacer la Mère-Maîtresse (Mère Cœur de Marie), gravement atteinte dans sa santé, elle mit tout son zèle et tout son cœur au service du cher noviciat. En 1854, elle en laissa quelques mois encore la conduite à la Mère Cœur de Marie, dont l'état s'était amélioré, appelée qu'elle fut à remplir une mission transitoire. Envoyée à Paris, dans l'établissement de Mme Pape-Carpentier, elle y séjourna quelque temps en qualité d'élève-maîtresse, pour s'y former, ainsi qu'une jeune Sœur, et y prendre le titre de capacité requis pour la direction des écoles maternelles.

A son retour, elle reprit ses fonctions de Maîtresse des novices et les exerça jusqu'en février 1875.

A cette époque, ayant réitéré les instances maintes fois faites d'en être déchargée, elle obtint de Mgr Meirieu l'objet de ses désirs.

Malgré ses 67 ans, elle conservait une activité, une énergie étonnante, qu'elle voulait dépenser encore pour notre cher Institut dans les offices les plus humbles. Telles n'étaient pas la volonté de Dieu et les vues des Supérieurs. Elle fut nommée de nouveau visiteuse et conserva rang et voix au conseil, auquel sa longue expérience et son jugement sûr la rendaient très utile.

Enfin, en 1878, on la désigna pour la charge d'Assistante générale qu'elle conserva jusqu'à sa mort. Dans ces différentes fonctions, elle déploya toutes les ressources de son ardente piété et de son infatigable dévouement.

Nature riche, esprit fécond, cœur généreux, la Mère Sainte-Marie avait, avec le génie inventif et le caractère enthousiaste, le talent ingénieux d'arriver sûrement à ses fins. Avec elle, il ne fallait point reculer devant les difficultés, agir avec lenteur, se désister dans les entreprises. Faire vite et bien était, en effet, sa grande maxime pour le travail. Certaines allures martiales révélaient en elle la fille d'un soldat vaillant.

La Mère Sainte-Marie avait un goût prononcé pour la musique et pour le chant. Sous ses doigts, la guitare et l'harmonium nous charmaient et, en récréation, nous égayaient souvent par les meilleurs passages de son répertoire.

Mais cette richesse de talents et de mérites avait des ombres. C'étaient les défauts des qualités... Une imagination trop vive créait souvent à la bonne Mère des ennuis et des tourments ; un tempérament très nerveux la rendait impressionnable et sensible à l'excès, ce qui obligeait son entourage à des ménagements qu'il fallait dissimuler pour ne point offenser sa délicatesse. Son ardeur allait à l'empressement et à l'impatience. Aussi, la Mère Sainte-Thaïs lui disait-elle parfois : « Sainte-Marie, en purgatoire, le bon Dieu vous fixera au sol pour punir votre empressement. Vous ne pourrez en sortir à votre gré. »

On lui reprochait aussi une surveillance inquiète et trop apparente. Mais on peut avancer qu'elle se connaissait parfaitement et n'épargnait point ses défauts : on se rappelle avec quelle humilité elle s'en accusait publiquement et en détail.

D'ailleurs, malgré certains côtés faibles, cette excellente Mère avait de grandes et rares vertus. Considérons-les, en passant.

Franche et singulièrement expansive envers tous ses Supérieurs, elle était communicative aussi avec quiconque vivait dans sa société. On a eu lieu d'admirer sa droiture et son humble simplicité ; elle aimait à consulter même ses inférieures.

Sa charité pour les pauvres était proverbiale ; c'était bien sa vertu favorite. Elle était ingénieuse pour créer des ressources à ses chers amis et pour tirer parti de tout pour eux. Elle établit au noviciat l'usage si pieux de confectionner, aux approches de la Noël, ce qu'on appelle le trousseau de l'Enfant Jésus : linges et vêtements divers, distribués ensuite aux indigents en l'honneur de la Sainte Famille. Tradition précieuse que l'on maintient avec bonheur.

Toutes les bonnes œuvres la trouvaient sympathique et pleine d'un dévouement empressé.

Ce qui brilla le plus en cette âme ardente, ce fut une foi très vive, un profond attachement pour la sainte Règle, un parfait respect pour l'autorité, une obéissance et une confiance d'enfant envers ses

Supérieurs, une piété aussi tendre que généreuse. Le caractère distinctif de cette piété fut un amour passionné pour le Sacré-Cœur de Jésus et pour la Très Sainte Vierge. Elle introduisit dans la Maison l'usage des exercices en l'honneur du Cœur Sacré de Notre Seigneur pendant le mois de juin. Ils se firent, au début, seulement au noviciat. Un Cœur, fait d'un parement de soutane de Mgr Meirieu, fut d'abord le seul objet placé sur un autel domestique et proposé à la vénération de la jeune famille. Plus tard, un tableau du divin Maître montrant son Cœur domina ce trône modeste. Enfin, en 1873, la Mère-Maîtresse obtint, au prix de certaines industries pieuses, une grande et belle statue du Sacré-Cœur, la première qu'on ait eue dans la Congrégation. Depuis lors, on célébra plus solennellement le mois du Cœur adorable de Jésus, non seulement dans l'intérieur du noviciat, mais dans la chapelle de la Communauté.

Si la bonne Mère Sainte-Marie eut toujours le secret d'insinuer et de répandre la dévotion au Sacré-Cœur, elle ne fut ni moins ingénieuse, ni moins zélée pour faire aimer et honorer l'auguste Marie. On sait avec quel empressement et quel bon goût elle organisait des fêtes, des processions, érigeait des reposoirs et des trônes en son honneur. C'était sa joie, sa vie. Ordinairement très gaie, elle ne se possédait pas quand elle avait pu dresser un autel selon son désir ; on jouissait de son bonheur, de son entrain juvénile.

Quelques jours avant sa mort, fête de l'Ascension, on l'entendit priant avec sa ferveur de jeunesse devant la statue de Notre-Dame de Lourdes, au milieu du jardin, et disant : « Ma bonne Mère, quand viendrez-vous me chercher ? Il y a si longtemps que je vous en conjure ! Venez, ne tardez plus ; je suis impatiente de vous voir ! Oh ! que je vous aime !.... »

Elle disait parfois : « Qu'il me tarde d'aller en purgatoire ! Je sais que, de là, j'irai voir le bon Dieu. Vous ne m'y laisserez pas trop longtemps, j'espère ! »

Le 26 mai 1884, elle dit à une Sœur : « Venez voir mes préparatifs pour l'autel du Sacré-Cœur. Je veux le faire splendide, cette année. Nous l'aimerons bien, n'est-ce pas ? Moi, je ne veux chercher que lui seul. Je viens de me confesser et je le lui ai bien promis. Je ne compterai que sur lui et n'aimerai que lui seul. Oui, Dieu et Dieu seul ! »

Le soir, à la visite au Saint Sacrement, elle chantait, avec une expression, une ardeur touchantes, le cantique :

> Dieu d'amour,
> Quand m'appellerez-vous au céleste séjour ?

Pendant la récréation qui suivit, elle parut plus animée que jamais du désir du Ciel. Elle entonna quelques pieux couplets pour calmer sa flamme et, s'arrêtant devant l'image de l'Immaculée, elle redit avec un feu extraordinaire : « O ma bonne Mère, venez vite me chercher ! Je ne puis plus vivre loin de vous... »

Le lendemain, 27, malgré des douleurs vives ressenties dans le côté gauche, pendant la nuit, elle se levait à cinq heures et se rendait à la chapelle pour l'oraison du matin. Une forte oppression l'empêcha de commencer la psalmodie d'usage ; force lui fut de revenir sur ses pas et de se laisser remettre au lit. Quelques minutes plus tard, elle agonisait, demandant les derniers sacrements qu'on n'eut pas le temps de lui administrer. Elle s'excitait elle-même à la contrition, se recommandait à la Sainte Vierge, invoquait le Sacré-Cœur de Jésus, tandis qu'autour d'elle toutes les Sœurs terrifiées éclataient en sanglots. Une asphyxie du cœur nous l'avait enlevée dans sa soixante-dix-huitième année. On peut bien dire qu'elle était tombée, selon son désir, les armes à la main.

La conviction générale fut que Marie, exauçant les soupirs de sa fidèle servante, avait voulu, sur le déclin de son beau mois, l'introduire pour jamais auprès de Celui qu'elle avait tant aimé.

TABLE DES MATIÈRES

PREMIÈRE PARTIE.

NAISSANCE. — ÉDUCATION. — SOUVENIRS DE FAMILLE.
VIE LABORIEUSE. — SUCCÈS DANS L'ENSEIGNEMENT.

CHAPITRE Ier.

CHAPITRE II.

CHAPITRE III.

DEUXIÈME PARTIE.

VIE RELIGIEUSE ET SUPÉRIORAT DE LA MÈRE SAINTE-THAÏS.
CARACTÈRES DE SON GOUVERNEMENT. — INFIRMITÉS.
DERNIÈRES ANNÉES.

CHAPITRE VIII.

TROISIÈME PARTIE.

VERTUS PARTICULIÈRES DE LA RÉVÉRENDE MÈRE.
SA SAINTE MORT.

CHAPITRE Ier.

CHAPITRE II.

CHAPITRE III.

CHAPITRE IV.

CHAPITRE V.

CHAPITRE VI.

www.ingramcontent.com/pod-product-compliance
Lightning Source LLC
LaVergne TN
LVHW010302190726
843502LV00014B/984